OMGIVEN AV IDIOTER

トーマス・エリクソン［著］

脳科学者 中野信子［監修］

オーグレン英里子［訳］

世界にバカは4人いる

他人を平気で困らせる人々と付き合う方法

フォレスト出版

OMGIVEN AV IDIOTER

監修の辞

本書で説かれている「4人のバカ」とは、いったいどんな人だろう？ と疑問を持たれる方も多いでしょう。この「バカ」とは、皆さんの周りにいる「あの人」のことでもあり、あなた自身のことでもあります。

人は、他人とのコミュニケーションなしに人生を送ることがほぼ不可能です。たとえ引きこもっていたとしてさえ、衣・食・住を完全に1人で賄《まかな》うのは困難でしょうし、むしろネットを介したコミュニケーションや誰かの作成したコンテンツの消費にかなりの時間をかけることを想定すると、いっそうコミュニケーションの比率は高くなるように思えてきます。

言うまでもなくビジネスの現場では、働き手に最も求められているのがコミュニケーション能力です。社会に出てから以下のように咎《とが》められた経験を、おそらく多くの人が持っていると思います。相手を立てろ、論破するよりも黙って笑顔で飲み込め、才能をひけらかすよりも上意下達の組織構造をまず理解しろ等々……。

これらはとても重要な振る舞いの基本であるにもかかわらず、学校では体系立てては教えてもらえないことばかりです。人間関係が出世の早道であることは論を俟《ま》たないでしょうし、どれほど時代が進み、テクノロジーが発達しようと、やはり人間の本質というのはそうは変わらないでしょう。

私はこれまでに、脳という切り口から人間をとらえ直すというスタイルの書籍を刊行してきました。テーマは、サイコパスや不倫といった話題から、成功者や天才、幸せや幸運を導く脳のあり方に至るまで、多岐にわたります。読者の反響は多様ですが、日常生活を送る中ではあまり意識することのない脳の働きという観点から普段の行動を見直してみると、今まで悩んでいたことがスッキリしました、などとご感想をいただけることもしばしばあり、そんなとき私はしみじみと、大きな満足を味わいます。

人間は、自分が思っているよりもずっと愚かです。私も含め、どんな人でもそうです。だからこそ、他者を、自分を、丁寧に分析し、思いやりを持って取り扱っていく必要があるのです。人間とはそうした愛すべき生物であるとも言えますし、また本書のような書物を通じて理解の深度を上げていくことが、皆さんの人生をよりいっそう豊かにしていくことに直結するだろうと確信しています。

フォレスト出版より本書『世界にバカは4人いる』の監修のお話をいただいたとき、「人の性格を4つに分類する本」ということで、はじめは正直やや大雑把すぎる内容なのではないかという危惧を感じないでもありませんでした。しかし、本書は本国スウェーデンで85万部を超えるベストセラーになっていると言います。

すでに40カ国で翻訳が決定、うち12カ国ではすでに出版されているともうかがいました。これは、スウェーデンに限らず、世界中の多くの人がこの内容を必要とし、何とかより良い人生を送りたいと切実に願っているということの証左ではないかと、思いを新たにしました。

たしかに、著者が本文に書き記しているように、人生に関わる諸問題すべてが人を４つのタイプに分類することで解決されるわけではありません。

しかし、このような類型化を試みることには一定の効果があるでしょう。

そして、どんな人でも１人は思いついてしまうであろう、「苦手なあの人」との付き合い方を考えるきっかけにもなっていくでしょう。そして、他者を知ることで同時に、自身についてもより深く掘り下げて理解していくことが可能になるでしょう。

いずれにしても、相手や環境を変えるよりも、自分を変えることのほうがずっと容易です。

この本を手に取られた皆さんが、より豊かで、楽しく、実り多い人生を送っていくことを心より願い、祈念申し上げます。

２０１９年５月

中野信子

まえがき

本書では、約30年間におよぶ私の経験をベースとした分析を試みている。

私はありとあらゆる職業の現場をこれまでに見てきた。カスタマーサービスや営業、テレマーケティング、現場の責任者、インターン生の研修指導、マネジメント・コンサルトといった役職に会った、ないしはコラボレーションの経験がある。さらに営業部署の研修や経営者教育、コーチング、講演を通して何千人もの人を指導する立場にもあった。

総じて、人と常に関わりのある仕事をしてきたと言っていい。つまり、この本は、実体験を通して磨かれてきた人間理解のための複雑なプロセスに関する理論やモデルの運用となっている。

しかしあなたが、本書『世界にバカは4人いる』に書かれているすべてのことに納得がいくというのはないだろうし、それは私が願うところではない。だが、この本がきっかけとなり、視界を広げることで、あなたの生活に何かしらの利益をもたらし、人生がより楽になるかと信じている。

世界中には、人間同士のコミュニケーションを円滑にするための理論やモデルや方式があふれている。この本の基盤となっている「DiSCモデル」は、そうした数ある理論の中の1つであり、ほかにもいろいろな理論はある。

この本は、読みやすさを重視し、明確にわかりやすいように解説を加えたつもりである。読み始めればわかると思うが、かなり簡潔にもしている。私がそうしたのは、読者の人間に対する好奇心を理屈の解釈よりも優先してほしいからである。

したがって本書では、人間の行動に関する基礎的なことだけを取り上げた。だが、本書の内容より上級編にあたる人間の行動科学というのは本当に素晴らしい学問である。

なぜ私にそれがわかるのかって？

それは、今あなたが手にしているこの本は、スウェーデンで85万部以上の売り上げを記録し、40カ国で翻訳されることが決まっているからだ（訳注：すでに12カ国で出版されている）。自慢するわけではないが、それだけ多くの人が人間の行動に対して興味を持っているのだ。それも世界中で。紛争はたくさんだ。人間はそれぞれに異なるという理解が重要ではないだろうか。まずはスタート地点に立ってみよう。

どうぞ本書をお楽しみください。

トーマス・エリクソン

『世界にバカは4人いる』目次

第14章 相性のいい色の組み合わせとその理由

序章

バカとはいったいどんなヤツだろうか？

周りがバカだらけだった経営者の話

「ある特定の人たちとしかウマが合わない」

そう私が初めて気付いたのは高校生のときだった。気軽に話せる友達とは会話をしていても言葉がスラスラと出てくるし、口論をすることもなく、お互いのことを気に入って仲良く付き合っていた。でも、それ以外の人たちとはうまくいかない。話しかけても聞いてもらえず、それがなぜなのかすらもわからなかった。

特に問題もなく会話をできるヤツがいると思えば、会話が進まないヤツもいる。その理由は何なのか？　若い頃はそんなことで悩み、眠れぬ夜を過ごすというようなことはなかった。人と会話が弾むこともあれば、どんなに頑張っても会話すら始まらないこともあるのはなぜだろうと考えたことが何度かはあったが、なぜなのかはまったく理解できなかった。

この謎《なぞ》を解きたいとさまざまな方法を使い、人を観察したこともあった。似たような状況下で同じ発言をして相手の反応を調べたりもした。そんな私の気持ちをまるで読んでいるかのように、議論になったこともあったし、何も起こらなかったこともあった。「こいつ、ほかの惑星から来たヤツなんじゃないか?」と見られたこともあったし、自分でももしかしてそうなんじゃないか、と疑ってしまったほどだ。

若いときは何事も単純に物事を判断しがちだ。「自分の話にきちんと反応をしてくれる友達はいいヤツだ」とか「反応すらしてくれないのはそいつに問題がある。話す相手によってこちらの態度を変えているわけではないから、自分は間違っていない」といった具合に簡単に決めてしまいがちだ。そして、自分を理解してくれない人には近づかないようになる。

世間知らずの若者だった、と片付けてくれてもかまわない。ただ不思議なことに、年齢を重ねるごとに考え方も変わってくるものだ。残念ながら、人間というものは若い頃に考えていたように単純に定義できるものではなかったのだが……。

若かった私も、社会に出て、家庭を築き、キャリアを重ねながら人生の歩みを進めていった。とはいえ、賢くて素晴らしい人がいると思えば、まったく理解できない人もいると、他者を区別してしまうクセは変わらなかった。

私が25歳のとき、自営業をしているステューという男性に会ったことがある。当時60歳だった彼は、何年も会社を経営しているベテラン社長だった。

とあるプロジェクトのためにインタビューを頼まれた私は、ステューの経営方法について話を聞いてみた。そこでステューが口にしたのが「周りはバカばかりだ」というひと言。おかしな発言をするものだと、私はその場で笑ったのを覚えているが、彼は本気でそのような発言をしていたのである。

「A部署には完全なバカ者しかいない、B部署には何も理解できない間抜けなヤツしかいない」と怒りながら説明をするステュー。C部署の話を始める前にバカ者発言が多くあったのだが、それはさらに続いた。「C部署は奇妙な人間の集まりばかりだ。朝会社まで無事にたどり着けるのがおかしなぐらいだ」と不思議でならなかったそうだ。

話を聞けば聞くほど違和感が募り、「周りはバカ者ばかりだと本当に思いますか？」と質問してみた。すると、ステューは私を見据えて「優秀な社員はほとんどいない」と言ってのけたのだ。

さらに驚くことに、ステューは社員に対するその思いを社員らに面と向かって伝えたというのである。躊躇《ちゅうちょ》なく、全社員の前でお前たちはバカだと言い放つステュー。これがきっかけで社員から避けられるようになり、ステューと1対1で話をしたいという社員がいなくなってしまったそうだ。

彼は伝言係の社員をも非難していたらしく、重要な知らせすら彼の元には届かなくなった。また、会社のとあるビルの入り口の受付デスクの上には、警告ランプが目立たないように取り付けられ、ステューが在社時には赤色、外出時は緑色のランプが点灯するように設定されたという。

社員はもちろんのこと、来客ですらそのランプの存在を知っていて、来社するとまず反射的にランプを見て心の準備をするのだ。赤のランプが点灯していると、「あとでまた来社します」と、その場で引き返す人もいた。

当時は若くて、私は怖いもの知らずだった。

こんな質問を思いついて、彼に直に訊《き》いてしまったのだ。

「そのバカ者らを採用したのは誰ですか？」

もちろん、答えは「ステュー自身」だと知っていてあえて質問したのだ。でもそこで「一番のバカ者はあなたですよね？」と伝えたかったということがステューにばれてしまった。

私はその場から追い出されてしまったが、あとで聞いた話によると、ステューは散弾銃を使って、私を撃ち殺そうと思ったらしい。


この出来事がきっかけで、私はいろいろと考えるようになった。退職を間近にひかえたステューは、間違いなく才能ある企業家だったし、その知識の豊富さゆえ業界内では一目置かれる存在ではあった。

でも、そんなステューは人の扱いが極めて下手だったのである。組織にいる、唯一複製《コピー》が不可能な会社の財産である社員を理解することができなかったのだ。そのことをわかっていない当の本人こそが、つまり――バカなのではないだろうか。

私はこの話を第三者の立場で聞いたので、ステューがしでかした誤りにすぐ気付いた。常に自分が思考の元になっていることを知らず、自分と同じようなタイプの人間以外は皆バカ者呼ばわりをしていた。

彼が特定の人物を表現するときは、私も普段使うような「うるさい野郎」「頑固野郎」「厚かましいバカ野郎」「くだらないおしゃべり野郎」といった単語を使った。私は他人をバカ者と直に呼んだりこそしなかったけれど、このような表現をよく使っていた。ということは、周りの人間とうまくやっていけていなかったのはステューだけではなかったのだ。

バカしかいないから仕事にならない、とグチを言い続けているような人生は面白くない。文句ばかり言っていては、人生の可能性に大きな制限をかけてしまう。


そこで私は自らを見つめ直してみた。すぐに答えは出た。

ステューみたいな人間になりたくない。

ステューと、その不幸な社員たちのインタビューは、その場にいた皆が激怒して大失敗に終わり、私は帰りの車の中で腹痛に苦しめられる羽目《はめ》になった。ただ、それがきっかけで、人間について改めて研究しようと思うようになったのも事実だ。

「人間」というのは、何をおいても最重要なテーマではないだろうか。どのような仕事に就いていようが、一生関わり続けなければいけないのが人間だ。人間に関する知識を身につけていれば、何かしらの役に立つのではないか。

有言実行。初めに研究しようと思いたったのは、会ったすぐ直後に「理解できない」と感じてしまうタイプの人間についてだ。

寡黙《かもく》な人もいれば話が止まらない人もいるのはどうしてか？　正直な人もいれば嘘《うそ》つきもいるのはなぜか？　時間をきちんと守る同僚もいれば、なかなかそれができない同僚もいるのはなぜか？

特定の人に対して好きだという感情が、ほかの人に対する感情と比べて大きいのはどうしてか？

最後の質問に関しては、私自身もそういうことがよくあったのだ。研究を通して洞察力が鋭くなり、まるで生まれ変わったような気分である。知識を得たおかげで、人間としての私、友人としての私、同僚としての私、息子としての私、夫としての私、子どもたちの父親としての私に変化が起こったのである。

本書では、心理学でよく知られている方法を使い、人とのコミュニケーションのスタイルにおける相違点をまとめている。20年以上にわたり、さまざまなツールを使ってきたが、その結果は素晴らしいものばかりだ。

誰もが、自分なりのコミュニケーション方法を持っている。

どうしたら性格の違う人間とうまくやっていけるのか？　もちろん、いろいろな方法があるが、まずは基礎を学ぶことが重要である。

知識を実践的に活用できたときに初めて、偽りなく意味のあるスキルを身につけたと言うことができる。これは自転車に乗るのと似ている。まずは自転車に乗らなければ何も始まらない。そこから何をすべきか徐々に気付いていくのだ。

社会における人間の機能を学び、人間性の違いを理解しようと努め始めてから、私はかつての自分とは違う人間になったようだ。今では、人を差別しようと思わないし、自分と異なる性格の人間だからという理由だけで切り捨ててしまうことはない。

性格が自分と正反対の人に対しても、時間はかかったが忍耐力をつけることができた。嘘をつかないで生きていくのが不可能なように、「私は口論に巻き込まれたことはない」と完全に言い切ることはできないが、嘘をつくことも人との争いに巻き込まれることも最近はめったになくなった。

ステューのおかげで「人」に興味を持ち始めたので、彼には感謝している。あの出会いがなければ、この本を書くこともなかっただろう。

なお、この本では、特定の人物を指すとき以外に「彼」という単語を使用しているが、これは決して女性に対する尊敬の念がないからではなく、読みやすさを考えてそうしただけである。身近な例に合わせるため、女性を思い浮かべながら読んでいただいてもかまわない。

性格に関する知識は、まずこの本を読むのが良いスタートだ。初めの3章だけを読んで終わりにはしないでいただきたい。私が20年前に開いた素晴らしい世界への扉を、あなたはあと数分後に開こうとしているのだ。後悔させないという自信はある。

第1章
コミュニケーションにおける決定権は常に相手にある

とある人に何かを伝えたとする。相手はそれをまず、「自身の視点」「偏見」「先入観」といったフィルターを通して受け取る。そして最終的に残ったものを、あなたのメッセージだと理解をする。

つまり、自分が意図した形でメッセージが通じないことがあるわけだ。もちろん話す相手によってどう理解されるかは違ってくるが、自分が望んだ形で相手にメッセージが伝わるということはめったにない。

自分の言葉を相手がどうとらえるかをこちら側で決められないのは不快なものだ。頭を叩《たた》き割ってやりたいという衝動に駆られるが、どうすることもできない。もちろん、挑戦してやろうと試みることもできる。ただ、それは極めて困難で、相手のやり方を変えることはほとんど無理だ。

にもかかわらず、人にはこう見られたい、と人は願う。ただ、このことに神経質になってしまう人が多くいる。ということは、相手の「こう見られたい」という願いにあなたが順応しさえすれば、効率的にコミュニケーションをとることが可能になるということでもある。

コミュニケーションに適応能力はなぜ重要なのか？

自分を理解してもらうには、安心して意思疎通がはかれる場を提供する必要がある。そこでは、話し相手に都合のいい条件を用意しなければならない。相手側に有利な状況でコミュニケーションをとれば、意識をしようとしまいと、相手は話し方を気にもせず、こちらの話を理解しようと努めるようになる。

適応能力を向上させると、バラエティに富んだコミュニケーション方法が身につく。異なる性格の人と会話をするときの順応力を高めることもできる。

どんな方法でコミュニケーションをとろうとも、あなたという人間に似た人は多くいるわけではない。どんなふうに振る舞ったとしても、同じように振る舞ってくれる人が多くいるわけでもない。

自分と違う人間は周りに増えていくばかりだ。自分を基準にして考えることはできない。適応能力を身につけ、他人がいったい何を必要としているかを知る力が身についていれば、コミュニケーション力も上がるというものだ。

人の振る舞い方と話し方を理解すれば、人がどんな行動を起こすかをさまざまな状況下で推測できるようにもなる。相手の心に近づける能力が劇的に上がるのだ。

いずれにしても完璧な方法はない

ただ、この本を読んだからといって、人との意思疎通が完璧《かんぺき》になるというわけではない。人がコミュニケーションをとる際に必要な膨大な量のシグナルを１冊の本に収めることはさすがに困難を極める。

完璧なコミュニケーション方法を網羅した本など存在しない。ボディランゲージ、性別による会話の違い、文化間の違いといった相違点を説明するだけでも1冊の本の分量をゆうに超えてしまう。

しかし、だからこそ面白いのかもしれない。人間というものは、計算をして答えを弾き出せるような存在ではない。複雑すぎて、完全に説明することが困難な存在だ。性格が単純明快で、それほど知識がない人だったとしても、１冊の本で説明し切るのには複雑すぎる。

ただ、すべてを書き記しているわけではなくても、コミュニケーションの基礎知識を身につけることにより、取り返しがつかない大惨事を避けることは可能だろう。

長年されてきた「人の行動」という研究

「人の行動は目に見えるが、その行動を起こす理由は見えてこない。つまり、人が評価や判断されるのはその行動内容からなのだ」

これはカール・グスタフ・ユングの言葉だ。人の行動や性格は単純でない。私たち1人ひとりの人生が生き生きとしているのはそのためだ。

人は何かしらのパターンに沿って行動をする。馴染《なじ》みのある行動パターンもあれば、まったく馴染みがなく理解するのに難しいパターンもある。また、状況によって行動パターンを変えるのは誰でも経験があるだろう。行動パターンを頻繁に変えるというのは、周囲の人にとってありがたいことかもしれないが、イライラする原因の1つでもある。

どの行動が正しくて、どの行動が間違っているかを決めることはできない。どの行動にも正解不正解はない。自分は自分なのだが、その理由すらない。というのも、自分という人間はどんな形であろうとも素晴らしい存在なのだ。どう振る舞おうが、どう理解されようが、分別のある行動内であれば関係はないのだ。

●「私はこういう人間なの。わかった？」

「私はこういう人間なの。だからこれでオッケー。そうやって本にも書いてあったし」と誰もが言い切ることのできる世界があれば、そこは理想的な世界だろう。自分の性格を責める必要もなく、気ままに振る舞える場所があれば幸せではないだろうか。それが実は可能なのだ。そう、正しい状況下でならばできる。

ただし、自分勝手になってもいい条件には、次の2つがある。

1つ目は、誰もいない場所にいることだ。

どんな話し方で話しても何をしてもかまわない。暴言を吐《は》くのもよし、大声を出すのもよし、逆に何もしゃべらず人生最大の謎について考えるもよし。

フレドリック・ラインフェルト（訳注：スウェーデンの元首相）は、どうしていつも悲しそうな顔をしているのかというような謎について考えてみるのもいい。1人でいる限り、好きなように振る舞ってもかまわない。これは簡単な方法である。

2つ目は、自分と同じ性格の人が周りにいる場合だ。

自分が接してもらいたいように他人に接しなさい、と母親から教えられなかっただろうか？　この教訓は誠意の感じられる大変優れた言葉だが、周りにいるのが自分と同じ性格の人ならば、この教訓も意味を持つだろう。

なお、この条件下に自分を置くために唯一すべきことは、リストを作ること。ただしリストには、どんな状況でも自分とまったく同じ考え方をし、同じ行動をする人の名前のみを書くこと。そして、そのリストにいる人を集めて交流を始めるのだ。

逆に、これらの条件以外でわかることもある。それは他人がどう自分を理解するか、また、他人はいったいどんな行動をするのかということだ。

もしそれらについて知りたいと思ったら、先の条件以外の状況のもとで人を観察すればいいわけだ。わざわざその内容のためだけに、この本で章を設けることはないということも、ここに付け加えておく。


「初めに言葉があった。言葉は神とともにあった」（訳注：ヨハネ福音書1 - 1）。

「神は言われた。『光あれ』こうして、光があった」（訳注：創世記1 - 3）。

（訳注：日本語訳は『新共同訳聖書』日本聖書協会発行、1987年）


言葉の力は大きい。でも、どの言葉を選ぶか、そしてそれをどう使うかは人それぞれだ。言葉にはさまざまな解釈方法がある。間違った言葉を使ってしまうと――そう、バカ――になってしまうのだ……。

●周りはバカばっかり……でもない？

いや、でもちょっと考えてみよう。いったいどういうことなのだろうか。

私がここまで述べてきたのは、人の性格は自動車のギアのようなものだということである。車を運転する際にはどのギアも必要だ。ギアチェンジを正すこともあれば、間違ったギアを選んでしまうこともある。車を発進させるのにいきなり5速では無理だ。常に1速発進だ。だが、時速100キロで走っているときに1速を選ぶ人はいない。

人の性格を分類することに反対する人もいる。もしかしたら、あなたも人を類型化すべきではないという考え方を持っているかもしれない。人を型にはめ込むべきではないと。

でも結局のところ、これは誰もがやっていることではないだろうか。人と人との違いに気付いていない人などいない。人はそれぞれだというのは紛《まぎ》れもない事実だし、きちんとした形でそれを伝えることに問題はない。伝えるために使用するツールを間違って使ってしまうと危険だが、その場合、手段そのものよりも手段を選ぶ人間に問題があるとも言える。

この本ではＩＰＵ（自己啓発研究所）からの資料をいくつか利用している。自らの経験を語ってくれて、資料を提供してくれたスーネ・イェルベリ氏とエドゥアルド・レヴィット氏に感謝の念を捧《ささ》げたい。この本を、人の性格や行動、発言などを学ぶ基礎教材として利用していただければと思う。どう使うかはあなた次第である。

どんなにおかしく見える行動も、実は普通の振る舞いだ

◈比較的、予測が可能だ。ただし……

⇓人は、似たような状況下にある場合、そのときそのときの反応は似通っている。

⇓すべての行動を予期することは不可能だ。

●パターン化された一部分である

⇩人間の行動は、たいてい決まっているので、他者の行動パターンを尊重すべきだ。まずは自分自身のパターンを尊重することも大切なのだが。

●変化することもある

⇩変化に対応できるように、人の話の聞き方、対応の仕方、率直にものを言う方法、自分との向き合い方といったことを学ぶべきだ。この本でこれから身につけていくことにも関係してくる。どんな人にも適応能力はある。

●観察が可能

⇩多くの行動パターンを観察し理解してみよう。ここで素人レベルの心理学者を目指す必要はない。「なぜそうなるのか?」と理由を追求するのは誰でもできる。

●理解可能だ

⇩人が、ある気持ちになる理由や、特定の行動をする理由を理解すべきだ。「なぜそうなるのか?」と理由を追求するのは誰でもできる。

◆唯一無二

⇩共通する部分はあるが、1人ひとりの行動パターンは唯一無二だ。自分独自のパターンを確立させてみよう。

◆許されるものだ

⇩個人的な嫉妬《しっと》や不満をまずなくしてしまうことにより、それらについての話ができるようになる。自分や他人に対し、寛容さと忍耐力を身につけよう。

第2章 今の自分はどこからきているのか？

私たちの行動様式は何に起因しているのだろうか？

誰ひとりとして似たような人がいないのはどうしてだろうか？

簡単に言ってしまうと、遺伝と環境の組み合わせが大きな理由である。人は産まれる前からすでに、大人になったときの行動様式の基盤ができ上がっている。

遺伝的な気質や性格は私たちの行動に影響を与える。細かい仕組みは今なお研究の途上だが、遺伝子が関係しているということは確かである。

両親からだけではなく、祖父母や親戚からも特徴は受け継がれる。叔父や叔母に話し方が似ている、容姿がそっくりだと言われることもしばしばあるだろう。私自身、幼少時代はパーティルおじさんに似ていると言われていたが、それは当時、私が赤毛だったからだと思われる。

では、この世に生を受けてからは何が起こるのか？

一般的に、子どもの行動は衝動的で大胆、そして怖いもの知らずだと考えられている。わがままで「イヤだ！」「自分でできるもん！」と主張し、何でもできると信じているのが子どもだ。

この気まぐれで、時には止めることのできない行動に走ってしまうのを望んでいる親などいるはずがない。でも、その個性的だった行動様式が突然、誰かのものに似てくるのだ。似てよかったというケースもあるかもしれないが、逆に悪いケースになってしまうということもある。

子どもは何に影響を受けるか？

子どもの学習方法には2つの方法がある。まずは、不満や不平を「満足」に変える方法。もう1つは、人のマネをするという方法だ。

後者は一般的な学習方法と言われている。典型的なのは一番のモデルとなる同性の親を模倣することだ（本書では、子どもがどうやって親から影響を受けるかに関しては取り扱わないので、これ以上、詳しく説明をしない）。

幼少時代に身につけた基本的価値観

幼少時代に両親から学んだことや学校で身につけたことが自分の中に深く根付き、それらが基本的価値観となり性格を形成していく。それを変えることはかなり難しい。

私が親から教わったのは「勉強をしていい成績を取れば、大人になったらいい仕事に就ける」とか、「暴力はダメ」といった普通のことだった。誰にも手を上げたことはないし、ケンカは小学3年生のとき以来していない。たしか、そのときのケンカで私は負けたと記憶している（ケンカ相手の女の子がとても強かったのだ）。

もう1つ、私の中にある重要な基本的価値観は、人類は皆平等であるということだ。子どもの頃からずっと両親に教えられてきたことなので、出生環境、性別、人種といったことで人を判断することはない。

誰にでもこのような基本的価値観があるはずだ。何が正しいのか間違っているのかをすぐに判断することもできる。私の価値観は誰のものでもなく、私自身のものなのだ。

人の振る舞い方はどこから生まれているのか？

次に、人の振る舞い方について見ていくことにしよう。

人の振る舞いは価値観とは少し違う。ここでいう振る舞い方とは、自らの経験、また学生時代や初めての就職時代に下した結論に基づいた見識のことだ。もちろん、それ以降の人生でも新たな態度は形成されていく。

とある私の親戚《しんせき》の女性は、セールスマンを信用しない。

彼女は、きちんとした態度でセールスマンと向き合おうと決めてもいたが、その「信用しない」

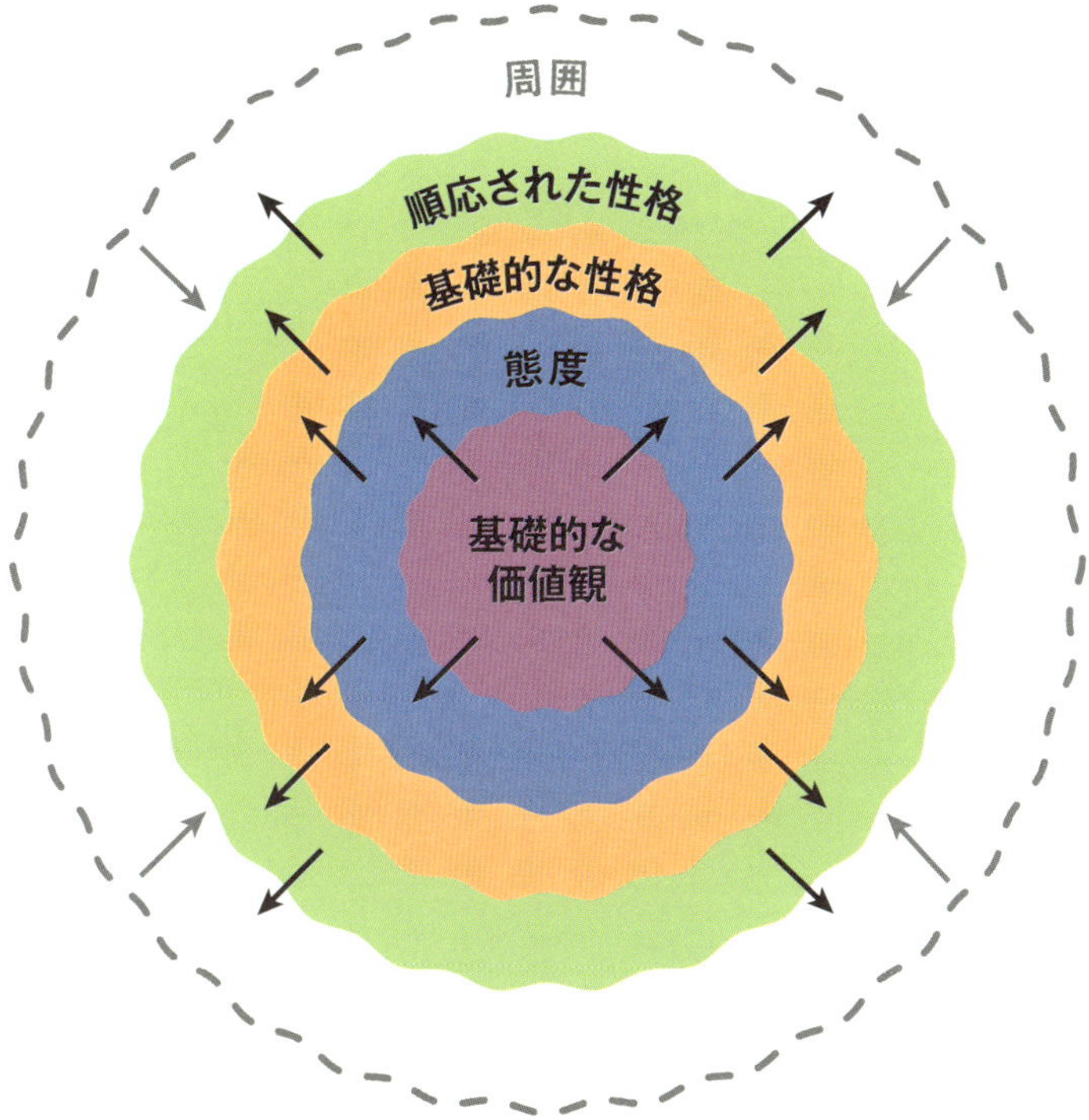

というのは少し奇妙だった。というのも、彼女はセーター、ソファ、車……数え切れないほどのものを買っては返品をするという行為を繰り返していたのだ。

どんな事実も調べなくては気が済まなかったのである。商品情報を事前に得ていても、購入したものは返品しなくては気が済まなかったのだ。

彼女の行動パターンを観察し始めたとき、どうしてそんなことをするのか聞いてみたことがある。すると、「85パーセントのセールスマンは嘘をついている」と答えながら、そこで本来の態度を見せ始めたのだ。

私自身もセールスマンだと説明しても埒《らち》が明かなかった。いまだに私は、セールスマンとして彼女の言う85パーセントに入るのか、残りのラッキーな15パーセントに入るのか不明だが、ここで重要なのは、彼女の態度をそのまま受け取るのではなく、そこから裏にある事実を読み取ることができるということだ。

「彼女は騙《だま》されたことが何度かあるのだろう。だからセールスマンを信用することができないのだな」と分析するのである。もしセールスマンといいやり取りができていたのならば、彼女はまったく逆の態度を見せていたに違いないのだから。

基本的価値観と振る舞い＝人の行動様式

基本的価値観と振る舞いが基盤となり、人は行動様式を決定する。この2つにより、自らなりたいと思う自分の基礎的な行動様式が形成されるのだ。基礎的な行動様式とは他人からの影響なしに自ら自由に取る行動のことを言う。

だが、ここで疑問に思うはずだ。影響をまったく受けることがなくなるのはいつなのだと……。この質問をいろいろな人にしてみたことがあるが、「睡眠中である」と答えた人が圧倒的に多かった。

人それぞれではある。他人の影響をまったく受けず、「自分は自分だから」という考えを常に持っている人たちもいる。逆に意識が強い人ほど、周囲に対して合わせようとする気持ちが強いと言えるだろう。

他人はあなたの何を見ているか？

一般的に、他人の目に映る人の行動というのは、周りに合わせているときの行動だ。人はまず、状況を見て判断し、そこに見合った行動をするが、それこそが他人に認識されている行動である。適応するために被《かぶ》ったペルソナを見られているとでも言うべきだろうか。もちろんペルソナは１つだけとは限らない。同僚といるとき、家族といるときなど、それぞれのペルソナを持っている人は多いだろう。もしかして義理の両親の前で被るペルソナを用意している人もいるかもしれない。

人はまず状況判断し、それから行動に移るということだけをここでは述べておくことにする。心理学を学んでいるわけではないので、これ以上深く見る必要はない。

とにかく、意識しようがしていまいが、周りの状況によってどう行動するかを判断する。この単純な理論を使いながら行動様式が形成されるすべての要素を説明するつもりはないが、人の行動を学ぶには覚えておきたい基礎理論ではある。

人はどのように反応するのだろうか？　次の式を見ていただきたい。

行動＝要素（性格×周りの環境にある要素）

- 行動とは性格と周囲の状況によって機能するもの
- 行動とは観察することができるもの
- 性格とは理解しようとするもの
- 周りの環境にある要素とは我々が影響を与えることができるもの

結論 人は何かしらの形で影響し合いながら生きている。表面下に何が隠されているのかを知ることが大切だ。

第3章

これから学ぶことのイントロダクション

これから人の性格についていろいろと見ていくが、その理論が確立された背景はのちほど述べることにする。それよりも、実践ですぐ使えることが知りたいことかと思うので、このまま読み進めていってほしい。背景について知りたいのならば、第18章（384ページ）をお読みいただきたい。

次ページの図を見ておわかりのように、人の性格には4つの大きなタイプがある。この本では、これら4つのタイプの認識方法に色をつけて見ていく。読み進めるうちに、知り合いの顔が浮かんでくる色が出てくることもあるかもしれない。時にはそれが自分の顔かもしれない。

「自分にも備わっていたらいいのに……」と、願う能力を持っている人に出会うことが多くある。時には嫉妬してしまうこともあるほどだ。そのような人たちは、自分ができないことを簡単にやってのけたりする。

もしかしてあなたは、赤タイプのように決断力のある人になりたいのかもしれない。見ず知らずの人と気軽に付き合うことのできる黄タイプになりたいかもしれない。ストレスを抱えずに落ち着いて行動ができる緑タイプになりたいのかもしれない。あるいは、青タイプが得意なように、メモをきちんと取れるような人間になりたいのかもしれ

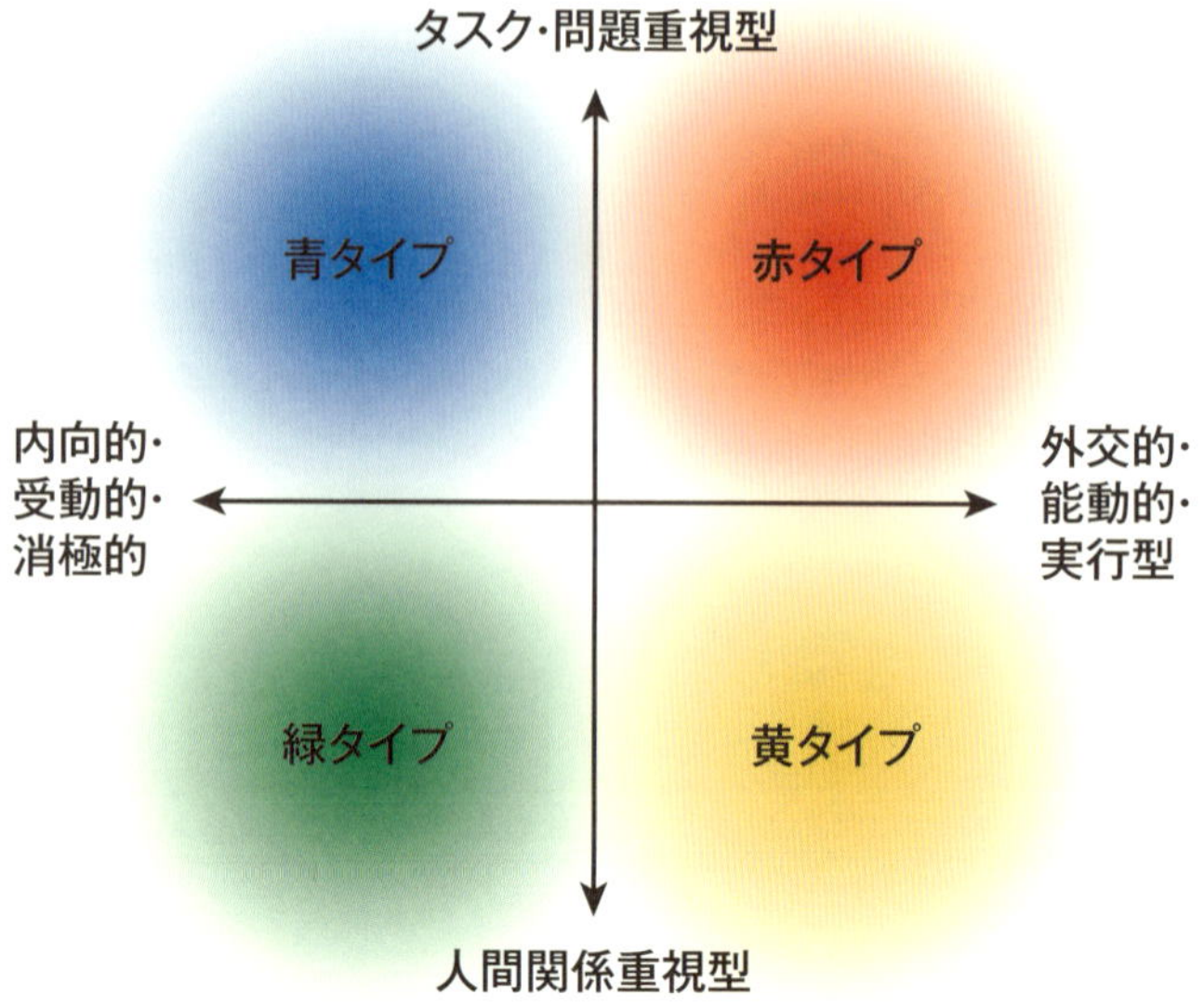

慎重型

・遅い反応
・計画に最大限の努力
・人間関係には興味がない
・時間軸の中心は過去
・慎重に対応
・人との関与を避けたがる傾向

主導型

・素早い反応
・主導権を握るために最大限の努力
・人間関係には慎重ではない
・時間軸の中心は現在
・すぐに対処
・非活動的なことを避けたがる傾向

安定型

・落ち着いた反応
・協力するために最大限の努力
・変化には興味がない
・時間軸の中心は現在
・協力しながら対応
・口論を避けたがる傾向

感化型

・急な反応
・関与するために最大限の努力
・決まりきったことには興味がない
・時間軸の中心は未来
・衝動的に対応
・１人になるのを避ける傾向

赤タイプ	黄タイプ	緑タイプ	青タイプ
主導型	感化型	安定型	分析型
意気軒昂	外向的	忍耐強い	研究型
野望的	説得力のある	信頼できる	注意深い
意思が固い	文字通り	用心深い	型にはまった
目的がはっきりしている	オープン	自制心のある	正確
問題解決者	ポジティブ	親しまれる	慎重
活気的	情深い	聞き上手	論理的
競争心がある	楽観的	気さく	平凡
力強い	創造力豊か	注意深い	他人行儀
好奇心がある	衝動的	支援的	客観的
直接的	感情的	実行者	完璧主義
提案者	インスピレーションを与える	協力的	体系的
頑固	人からの注目が必要	忠実	分析家
忍耐力に欠ける		気遣いがある	規律正しい
強硬			計画的

ない。

この本で、自分の望む色のタイプに近づけるよう、学んでいこう。

もちろんまったく逆の場合もある。自分はちょっと人をこき使いすぎる赤タイプかもしれない、おしゃべりな黄タイプなのかもしれない。あるいは、のんびりして夢中になれることが何もない緑タイプかもしれない。何に対しても懐疑的で常に危険を感じている青タイプなのかも……といったように、この本を通して、自分の性格タイプに気付くことがあるかもしれない。

自らの弱みを知り、それらを乗り越えるためにはどうしたらいいかを学んでいくことにしよう。メモを取ったり、大切だと思うところには線を引いたりして、確認しながら読み進めることをお勧めしたい。

第4章 赤タイプの性格を知る

あなたの周りに、すさまじいほど支配をしたがる人がいるだろうか？

●そんな人たちに関わらないように何をすべきだろうか？

赤タイプは、ヒポクラテスの四体液説で言うと「黄胆汁《おうたんじゅう》」に分類されるタイプだ。マイクロソフト社のワードソフトで右クリックをすると出てくる類義語辞典によると、「黄胆汁」の類義語として、「攻撃的な、癇癪《かんしゃく》持ちの、憤慨しやすい、頭に血が上りやすい、短気」といった単語が出てくる。また、赤タイプは自分の性格を隠そうとしないので、誰が赤タイプの人間かというのはすぐにわかる。

彼らには行動力があり、意気軒昂《いきけんこう》としている。人生の目標を掲げてはいるが、あまりに大きな目標なため、赤タイプ以外の人は「そんなの無理だ」と怖気《おじけ》づいてしまうほどだ。彼らは常に前向きで、力を尽くして目標に向かう。あきらめることはほとんどない。自らの能力を過小評価しない。一生懸命努力して、頑張ればどんな結果でも出せるという信念を持っているのだ。

赤タイプの性格が強い人はタスク指向型、外向的だ。挑戦することを好み、決断力は早く、主導権を握り、リスクを追うことを厭《いと》わない。一般的にリーダー向きだと言われている。皆の指揮をとり、最前線にいたがるのも、このタイプだ。

やる気にあふれているため、障害があっても立ち向かっていく。そんな赤タイプが最大限の力を発揮できるのが、競合相手がいるときだ。だから、会社の社長や、国の首相に赤タイプの性格が多く見られるのは不思議なことではない。

赤タイプのどの行動にも競争心が見られる。常に誰かと競り合っていたいというのは本心ではないかもしれないが、何かを勝ち取ってやろうという意気込みは見えてくる。何を勝ち得るかは重要ではないこともあるが、彼らの駆動力は、勝負をしているときに最大限の力を発揮する。

昔、私にはペッツレというご近所さんがいた。何に対しても競争心を持ったペッツレは、その強さがきっかけで、いろいろなことに興味を持ち始めていった。

私は庭仕事が趣味なので、庭でよく時間を過ごすが、ペッツレは特にそうでもなかった。だが、私の庭の評判をさんざん聞かされてイヤ気がさしたのか、彼も庭であれやこれやといったプロジェクトを始めるようになった。

しかし、その目的は明確だった。それは私に勝つためだ。花壇をつくり、きれいな花をたくさん植えて奥さんを驚かせたり、何ともない普通の芝生をゴルフ場にあるようなきれいな芝生にレベルアップさせたりしていた。

「私ももっといろいろと植えてみますね」と、私がペッレを脅かすだけで、彼は庭仕事をやめることなく「かっこの悪い敗者」にならないため、近くの園芸店へと急いで出かけて行ったのだ。


赤タイプにはほかにも特徴的な行動様式があるが、あなたも、馴染みがあることばかりかと思う。大声で話すのは？　赤タイプ。

何かを説明するときに力を振り絞りながら話すのは？　赤タイプ。

質問に誰よりも早く答えるのは？　赤タイプ。

食事中、どんなことに対しても断固とした意見を述べて、楽しい場を台なしにしてしまうのは？

自分がテレビの番組で得た知識というだけで、世界のどこかの国を非難することができるのは？

赤タイプの周りでは、絶えず何かが起こっているので、自身もじっとしていられない。赤タイプは、何もしていない時間はムダという考え方なのだ。人生は短い、だからすぐ実行だ、と。

あなたの周りにもこんなタイプの人がいるのではないだろうか？　常に進行中。「邪魔だからそこをどいて！」と言いそうになっている人のことである。

●「ここでは、冗談なしで率直にいきますから」

赤タイプは物事をありのまま話す。質問をしても、余計なことは言わず、率直に答える。空っぽな言葉に飾り付けは必要ないのだ。

　また、赤タイプが考えていることはすぐに伝わってくる。というのも、何に対しても意見を言いたがる彼らは、すぐにそれを人に話したがるのだ。

　人に率直にものを言う性格なため、赤タイプは一般的にとても正直だと思われている。当の本人は思ったことをただ述べているだけなのに、それがなぜ正直な性格だととらえられるのかわからないようではあるが……。

　赤タイプが活躍するのに適しているのは、活気が必要なチームやプロジェクトグループなどの場だ。ほかのメンバーがかなり前にあきらめてしまったことを、精を尽くしてやりこなすのが赤タイプである。ただし、必ず成功すると決めたときだけに限る。というのも、興味がなかったり意味のないことには、彼らは見向きもしないのだ。

　私はこの特徴を「奮励《ふんれい》か無視」と呼んでいる。赤タイプにとって重要なタスクならば、たとえ火の中水の中、やり遂げてみせるのだが、自分の目的に必要のないタスクはゴミ箱行き、になるのだ。


赤タイプが自身をどう見ているか？

意気軒昂	競争心がある	時間を意識する
頑固	自立的	説得力がある
野心家	素早い	意思が固い
決断力がある	目標がはっきりしている	結果主義

いかがだろうか？　それでは次へと進んでいくことにしよう。

「何か得るものがあれば参加します」

これまで見てきてわかるように、赤タイプは競争することを好む。競り合う対象がいることをありがたく思ってはいるが、その対象というのは、競い合っている時間そのものだ。そして、その時間というのは赤タイプの頭の中にしか存在しない。

それは、カードゲームで勝負を決めている瞬間かもしれないし、駐車場の場所取りなのかもしれない。夏至祭前夜に遊ぶ、ただ交流を深めるためだけが目的のゲームの場でということもあるかもしれない。ほかの誰ひとりとして競争心はないのだが、彼らにとっては勝たなくてはならない場となるのだ。ここで例を挙げてみよう。

以前に私が働いていた会社の社長は、赤タイプだった。

この社長は、活気があって効率的に仕事をし、そして活動的。典型的な赤タイプの性格だった。社長との会議はいつも短い時間で終わったのはよかったのだが、何かを競争するというときになると、彼の弱点が明らかになるのだ。

彼が社長に就任する前から、会社では毎年春にフロアボール大会が開催されていた。

若い頃からフロアボールをしていた彼は、当然のようにこの大会に参加せざるを得なかった。それまで社長という立場の人間が大会に参加をすることはなかったのだが、特に問題はなかった。

しかし、問題だったのは、彼がフロアボールのスティックを握った瞬間、別の人間に変貌《へんぼう》してしまったことであった。競合心が強すぎて、前から向かってくる人を押し倒しながらゲームをしていたのだ。

毎年の大会で同じことが起こっていたが、あるとき誰かが勇気を振り絞って「ちょっと力を入れすぎじゃないですか？」と社長に伝えたことがあった。

もちろん社長自身は力など入れすぎてはいなかったし、社長にしてみればそんなことを言われる筋合などない。その場で社長は、試合の詳細が記載されていた、届いたばかりの大会招待状を見せながらこう言った。

「大会では勝敗を決める、とあるじゃないか。戦うなら勝つために勝負をする。当たり前のことだ」

この社長の競争心というのは車の運転中、フロアボール中、お店の中で、とさまざまな場所で見られた。どこの場所でも勝負を決めなくては意味がないのだ。

本をどれだけ速く読み終えられるかと、自分自身と競ったこともあるそうだ。赤タイプ以外の人間にとって読書はリラックスする時間だが、彼にとってはそれすらも勝負をする時間だったのだ。

１時間に１００ページぐらいなら楽勝だったようだ。

当時５歳と６歳だった子どもと一緒に神経衰弱ゲームをやることすらも、奥さんに止められていたそうだ。というのも、子どもたちの記憶力のほうが上で、勝つのは常に子どもたちだったため、彼は負けるとイライラしてしまい、子どもたちを怖がらせていたというのだ。

こんな社長に対して同情すらできないと思ってしまう前に、彼の意図するところを考えてみよう。赤タイプは人を支配し、見下した態度を見せるため、このきつくて競争心の強い性格が原因で他人を怒らせてしまうことがよくある。彼の行動に嘘はない。悪意があって取った行動でもない。ただただ勝ちたかっただけなのだ。

他人と付き合うときに赤タイプにとって一番難しくなってくるのが、この競争心が強いという性格である。過激な性格なため、赤タイプに激怒する人も多くいる。彼らの対応方法はのちほど詳しく述べるが、それほど難しいことではないということだけは、今ここで教えておこう。

「時は金なり」は基本中の基本

●単純明快。赤タイプは常に急いでいる。先に進むのみ

赤タイプにとって「素早い」と「良い」は同義語である。会議中、急にほかのことをやり始めた人がいたとしたら、それは議論されていることに興味を示さなくなってしまった赤タイプに違いない。

その人物をよく観察してみると、心ここにあらず状態なのがわかるはずだ。次に話し合う議題について考えているのかもしれない。赤タイプには素早い思考能力が備わっているため、ほかのタイプの人が考え始めていないことまでも、すでに考え始めている。

テンポがゆっくりしていることほど彼らをイライラさせるものはない。会議や議論が長引くと、そこで中止して、これ以上続ける必要はあるのかと問いかけるのが赤タイプだ。

「もう同じことを二十分も話し合っているじゃないか。たった数百万クローナ（訳注・数千万円）足らずの投資だろ？　簡単にできることじゃないか！」といった発言をするのではないだろうか。

よく考えてみると、彼らのこのひと言にも一理はある。赤タイプ以外は、結論が出るまでに時間がかかることがあるが、赤タイプは先に進みたいがために即座に決断を下す。そんな人と仕事をすると、１日中会議をしているといったことはないはずだ。

状況判断をして、それでよければ何か実行をする――ダラダラと話し合いを続けて何もしないより、動いたほうがいいのではないだろうかと。

赤タイプの強みはもうおわかりかと思う。進展がない物事には、時間をムダにしない人たちのことだ。タスクが不明確になったり、時間がかかりそうだとわかった時点で、軌道修正をする。大きなプロジェクト、普段の仕事のタスク、はたまた住宅建設に関することだったりと、何に関わることでも同じことが起こる。とにかく、何事も速く進むのだ。

15年ほど前、社員が10名ほどの小さなコンサルティング会社で働いていたことがある。企業精神が強くきちんとした会社で、事業も勢いづいていたが、その成功の裏には赤タイプの創立者ビョルンの性格があった。ビョルンが関わると何もかもが素早く進んだ。会議では必要事項だけを話し、それで終了、といった感じだった。

仕事を始めて2、3週間経った頃だろうか。渋滞に巻き込まれてしまったとある日、ビョルンから電話があった。当時、新人だった私は、当然のように「もしもし、XX会社のトーマス・エリクソンです」と言いながら電話を取ったのだが、イライラしたビョルンの声がそれを遮《さえぎ》り、急に私に質問をしてきたのだ。

「私に何か用か？」

「いいえ」と答えたのはいいのだが、次に何を言おうか考えている暇もなく「わかった」と彼は言い、電話を切ってしまったのだ。この間、たったの8秒間である。

不愉快だと感じるだろうか？　まぁ、そうかもしれない。当時、ビョルンとはそれほど親しくなかったため、この出来事があってから今後のことが心配になったのも事実だ。

たった3週間しか働いていない新人のもとに直接電話をかけてきたのが、不機嫌そうな声をした上司だったのだ。

その後ビョルンと親しくなり、彼が赤タイプの人間だということに気付いた。そこで彼にその電話のことを聞いてみたことがあった。もちろん詳しくは覚えていなかったが、彼の答えはこうだった。

「自分に用があったのか、なかったのかだけを知りたかったただけなはずだ。用がないとわかったからそれ以上話す必要はなかった」と。

丁寧な挨拶《あいさつ》や、長々とした締めの言葉は彼には必要なかったのだ。

赤タイプの作業能力がほかのタイプに比べるとすこぶる高いのも事実だ。

ビョルンは他人に比べてはるかに多い仕事量を毎日こなしていた。休み時間すらも少しもムダにしないほど多く仕事をしていた。時間が5分でもあれば、メールの対応や電話、プロトコルの確認といった作業をしていたのだ。

端から見ると、仕事の効率性にこだわりすぎているのではないかと思われがちだが、赤タイプにしてみれば、仕事をしていないという状態が耐えられないのだ。常に、何かが起こっていなければならないのだ。そこにスピード感が加わると、仕事を素早くこなすことも可能になるというわけだ。

赤タイプに限界はある？　それとも……？

たとえば、会社の予算編成で当然すぎる予算を組んだとする。赤タイプにとっては、そんな予算編成は器が小さい。限界ギリギリまで挑戦しないと力を発揮できない、それが赤タイプだ。

難解なタスクを好むので、彼らの野望は無限だ。難しい状況に対応したり、タスクをこなす能力があるのが赤タイプとも言える。

彼らが目標を設定すると、その後、さまざまなことが起こる。まず、赤タイプは条件がいい状況下で、どうやったら特定のタスクをうまくこなせるかを知りたがる。タスクに関わるありとあらゆる要素がうまく絡み合い、そこに運が味方についてくれれば、素晴らしい結果をもたらすことが可能なのだ。

赤タイプは、結果につながらないものにまったく興味を示さない。時間がかかったとしても、そこへたどり着く可能性は大いにあり得るからだ。タスクを赤タイプ本人ではなく、他人がやり遂げたとしても、彼らの中ではタスク完了、ということになる。

「不可能なものなどない。時間が少しばかりかかるだけだ」との名言を残したのも赤タイプの人間に違いない。

もちろん、赤タイプが達したいということは目標の内容にもよる。

たとえば、無理だと思われる販売売上高予算だけでは不十分だ。売ることに興味がなければ、売上高予算など彼らにとっては関係ない。赤タイプは何事も自ら決断を下したい人間だから、自らやりたくないと思うことに関して騙されるということはないだろう。

それでも問題にはならない。ほかのタイプが考えすらしないような厳しい目標を自ら掲げ、一生懸命努力するのが赤タイプ。ほかのタイプの人は、赤タイプほど働いていないとは言わないが、どんなに厳しい競合においても、誰の相手にもなり得るのが赤タイプであることは確かだ。

熱心だからという理由で、彼らに権力への欲があるように見えるが、それは違う。彼らは怖いもの知らずだから、トップの地位に就くことは特に問題はない。厳しくて孤独な仕事だということもなんとも思わない。熱心ではあるが、権威あるトップの地位に就くということ自体が目標ではない。ただ、他人の返事を待たずに自ら決定を下したいと願う赤タイプの人間がトップの座に就くのは自然なことだ。

彼らは、人からの評判をそれほど気にしない。我が強いのは事実だが、地位や評判といったことに価値を見いだすことはしない。

その理由は明らかだ。ほかのタイプが気になることは、赤タイプにとってはまったく興味のないことなのだ。だから、彼らは何事も人のためでなく、自らのためにやる。

「聞いてくれ。本当はこういうことなんだ」

何に対しても精魂を注ぐのが赤タイプ、というのはもうおわかりだと思う。自分なりに物事を理解し、それに他人が賛同してくれさえすれば、あとは思い切ってやるだけだ。

私が、とある会議に参加したときこんなことがあった。出席していたのは、今後もしかして一緒に仕事をするかもしれないというコンサルタントたち。顔見知りがほとんどいない会議だった。景気が悪い真っただ中に開催された会議だったので、仕事が激減していることを誰もが心配をしていた。会議が始まる前にも、そんなことを皆で雑談していた。

そんなとき、テーブルの端の席にいたのがエリザベスという女性だった。エリザベスは、何に対しても確固たる意見を持つ女性だ。その彼女が突然、語り出したのだ。

彼女の勤めるX社は週の売り上げが6億クローナ（訳注・約68億円）だと、それも何事もないように話し始めたのだ。不景気にもかかわらず、週の売り上げが6億クローナだと言う。その場にいた50名ほどのコンサルタントは、そうなんですね、と納得している様子だった。高学歴で賢いコンサルタントたちがそろって納得していたのだ。

考えてもみてほしい。「1週間」の売り上げが6億クローナということを！　コンサル業界全体として、この不景気の中どうやって問題を乗り越えていくべきかを彼女が語っているあいだ、私はもう一度この数字を考えてみた。どこの資料からの数字だったかはっきりしなかったため、数字に関して私は何も意見は言えなかった。事実かもしれないし、実際はもっと低い数字なのかもしれない。

正直わからなかった。1週間に6億クローナというと、年間の売り上げはどれほどになるか会議が始まる前に計算してみたが、紙が足りず数字を弾き出すことができないほどだった。

しかし、その会議のあと、話の全貌《ぜんぼう》が明らかになった。次の会議へタクシーで移動中、運転手がつけたラジオからニュースが流れてきた。なんとそのニュースでX社の1週間の売り上げを読み上げていたのだった。

1週間の売り上げは800万～900万クローナ、と。

なるほど、エリザベスが語っていた「X社の1週間の売り上げ」はニュースからの情報だというのがわかる。ただニュースの数字のほうが、彼女の言う6億クローナよりはるかに現実味があった。

でもちょっと考えてみてほしい。彼女の発言に誰も疑問を持たなかったことを。会議室にいた誰ひとりとして、売り上げ金額に関して彼女に問うことはなかった。

なぜなのだろうか？

それは、エリザベスの発言に説得力があったからなのだ！　口元は締まり、顔の表情もキリッとしていた。数字を言うときに、声が震えているということもなかった。

赤タイプはそういう性格である。確信があると、それだけが正しい事実であるかのように人に伝えることができる。X社の1週間の売り上げは、6億ではなく800万クローナだったから、間違ったことがイヤな人にしてみると、彼女の発言は詐欺同様である。

しかし、彼女自身は、正しい数字を伝えていると信じていたと私は思う。もちろん数字が間違っていたことは誰にも否定できない。きっと彼女は、細かいことなど気にしなかったのだろう。

でもここで大切なのは、彼女の説得力の強さだ。2年間の売り上げを1週間の売り上げだと皆に話していたにもかかわらず、皆が納得していたのだから。

あるいは「やり方は2つしかない。私のやり方か、間違ったやり方だ」という私の友人の言葉がしっくりくるかもしれない。

あとはご自身で考えてみてほしい。

流れに沿って動くのは死んだ魚だけだ

赤タイプは草分け的存在で、意思がとても固い。それに結果重視、決断力があるということも付け加えておこう。自分以外のやり方では満足のいかない赤タイプにとって、面倒だからタスクはこなさないというのは、タスクをやらない理由にならない。

赤タイプが決断を下すのに、怖気づくことはない。ほかのタイプは決断前にリスクの可能性などを考えてしまいがちだが、彼らはそんなあいだに、物議を醸《かも》してしまいそうな決断をさっさと下すことがある。駆動力は強く、一度決めたらただそれに突き進んでいくだけなのだ。

赤タイプは何も恐れていないため、「不安だからできない」と、ほかの人ができないようなことも平気でやってのけてみせる。

必死になっているときや、難しい選択、厳しい決断を下さなくてはいけないときに、赤タイプには恐怖心がないことがよくわかる。起業家の多くが赤タイプなのは偶然ではない。会社を設立する、特に1から事業計画を進める場合は、今日の経済状況を考えると臆病な人には不可能だ。

この赤タイプの駆動力の強さが、ただ単にタスクを実行するために動くならば何を傷つけるわけでもない。会社を成長させるには、強い精神力、そして毎日のようにリスクがつきまとうことも、当然のように理解していなければならない。早朝から夜遅くまで、何年も懸命に働くことが大切なのだ。そんなことも、赤タイプには初めから当然のことだ。そして、恐れているものは何もない。

住んでいるマンションに何かしらの問題があって、住民協同組合に取り上げてもらいたい問題があるとしよう。

「電気メーターに問題はありません」と言い張る電気会社がいるとか、請負会社が屋根を直してエレベーターを取り付けたのはいいが、雑なでき上がりにもかかわらず、その後、取り合ってくれないとか、そういうことだと仮定してみよう。

連絡先の電話番号やメールアドレスを探しても見つからず、もうあきらめようとしたあなたはそのとき、近所に住む男性のことを思い出す。

そう言えば、彼は赤タイプの人間かもしれない、と。つい最近の協同組合の会議で、ゴミ処理に関する議論をしていたとき、組合長に思い切り反対意見を言っていたのは彼ではなかったか？　そう、彼だった。

その彼を、問題解決のプロセスの中に巻き込んでみると、結果が見えてくるはずだ。

「これが解決すれば、あなたにとってもプラスになるのよ」と彼に伝え、やる気を与えてみるといい。問題解決へとつながることだろう。ものすごくいいことが起こるに違いない。仕事を雑にしていた請負会社から連絡がくるかもしれない。自分は当然のことをしたのだからという態度の彼は、文句を言った相手から逆ギレされたりしないだろうか、と悩んで眠れない夜が続くといったことはない。

赤タイプのこのような長所は、かなり目立つ。話し方にも特徴があるので、話を聞いただけでこの人は赤タイプだ、とすぐにわかる。

もちろん赤タイプ特有の性格を隠すため、自分なりに抑える人もいるが、すぐにばれてしまう。何も制約のない場では、性格が思いっ切り前面に出てきてしまうのではあるが……。

●「昔は良かった、なんて間違っている。昔のことなんてさっさと忘れろ」

赤タイプに「もっとほかにいい解決方法があるのに」と伝えると、彼らはその意見に耳を傾け、すぐに次へと進むことがある。

その場で新しいことを考え、いけると思ったら軌道修正することにも抵抗はない。この性格のいいところは、自分にはアイデアがないという理由からでも、他人の意見を活かそうとするところだ。前に進めるものならば、誰の考え方でも赤タイプは採用するのだ。

何の前触れもなく、急に赤タイプから決断事項を伝えられることがあるかもしれない。彼らは常に変化を求めていたいのだ。でも、そこからダイナミックさと柔軟性が生み出される。

たとえば、数週間経っても何も変化がなければ、赤タイプはそこで方向転換をすることだろう。赤タイプ以外にしてみたらイライラしてしまうことではある。せっかく調子がいいのに「なぜ急に変えてしまうんですか？」という質問をすると、彼らは「変えられたから」と答えることだろう。

もちろん、赤タイプの性格にはマイナス点もある。目標を達成できたものに対する興味はすぐに失せてしまう。すると周囲の人間は次に何が起こるかわからないのだ。

たとえば、新人の緑と青タイプが、仕事に少しずつ慣れてきて会社の方針がわかり始めた頃、赤タイプはすでに次のことを考えていたりするのだ。

いかがだろうか。赤タイプの性格は、良い性格だろうか、それとも悪い性格であろうか。

第5章

黄タイプの性格を知る

地に足がついていない不安定な人たちと、その足を地に戻してあげる方法

●「この面白そうな作業をやりたい人はいますか？」「私にやらせてください！」

黄タイプは、ヒポクラテスの四体液説でいうと「血液」に分類されるタイプだ。

黄タイプの性格をほかの言葉でどう説明できるだろうか？

「楽観的」とか「人生を肯定する人」「明るい人生観を持った人」といった言葉だろうか。マイクロソフト社のワード類義語辞典によると「可能性を秘《ひ》めた人」である。いかがだろうか？

実はこの表現、黄タイプの性格をまさにぴったりと表している。黄タイプにとって、人生は生きるためにあるもので、常に楽しむことを見いだそうとしている。人生はパーティーのようなもの。だから最大限に楽しもうとするのも黄タイプ。楽しんだり、常に笑っていたいという気持ちが彼らを動かす。

それでいいのではないだろうか？　常に、どこかしらで太陽は輝いているのである。雲がかかった暗い天気のような雰囲気のときですら、太陽が照っているような明るい発言をしたり、何カ月も

いい知らせがないというのに、気にしないで笑っていられるような人をご存じだろうか？

そんな人たちこそ、黄タイプの人間だ。パーティーの場で、いつも多くの人に囲まれている人を見たことがあるだろうか？　そう、その中心にいるのは、黄タイプ。周囲を楽しませる存在だ。場の雰囲気を常に盛り上げ、いいパーティーになるよう注意を向けているのも、黄タイプ。面白くないと思ったら、彼らはもっと楽しそうな場所へと移動する。

誰が黄タイプかはすぐにわかる。常におしゃべりをしている人、質問をするより答えてばかりの人、それも誰も質問していないことに答えている人、それが黄タイプだ。

会話の内容に関係のない昔話をしながら答えたりなんかもする。でも、そんなことは特に気にならない。というのも、彼らと話しているとこちらまで楽しくなってくるからだ。彼らのポジティブさのおかげで、怒ることとすら忘れてしまうほどだ。

黄タイプはどのタイプよりも人に好かれるタイプだ、とまでも言い切ってしまおう。

「なぜそこまで断言できるのか？」という声が聞こえてきそうだが、あなたも実際に目にしたことがあるはずだ。周りを楽しませ、気分を良くし、常に面白いことが起こっているようにするのが黄タイプ。人からの注目を浴び続ける方法を知っているのだ。

彼らと話していると、話しているこちらまで自分の存在を大切にしようと思えるようになれる。

黄タイプは、とにかく明るい性格なのである。

黄タイプは、感情タイプとも言い換えられる。決断力が速いのは赤タイプに似ているが、その決断を下したきちんとした理由を述べることはめったにない。「これでいいと思った」が精いっぱいの説明であろう。

でも、直感の力をバカにはできない。直感というのは、割と当たるものだという研究結果も存在するからだ。でもここでは直感よりも、感情に任せた決断の仕方について述べることにしよう。というのも、感情の裏に思慮があるわけではないのである。

私にはマリータという妹がいるが、彼女は黄タイプだ。とても気さくな性格で、誰からも彼女の悪口を一度たりとも聞いたことはない。先入観はあるかもしれないが、妹に会う誰しもが、マリータのことをすぐに気にいるのだ。誰とでも心が通じる特別な能力があるのかもしれない。

マリータはよく面白いことを言う。たまに変なことも言うので、いったい何を考えてそんな発言をするのかと聞くことがあるのだが、決まって大笑いしながら「何も考えていないわよ！」と答えるのだ。

マリータとその旦那《だんな》レイフの家に遊びに行くと、さまざまなことから解放された気分になれる。彼らが何に対しても明るい気持ちでいられるのは理解しがたいのだが、そんな人間の近くにいると自分も何かしら解放された気分になれるのだ。

彼らの家にいるときほど楽しくて大きな声を出してしまうという場はほかにない。長いあいだ、どうしてそこまで楽しくなれるのか？　と疑問に思っていたが、あるとき気付いたのだ。黄タイプの性格は人に伝染するということを。

「雨が降りそうだ」と私がマリータに言うと、彼女は決まって「そんなことないわ」と答える。

「でもほら、本当に雨が降ってきた。暗くなってきているし、雷もきそうだ」と言いながら窓の外を指さすと彼女は答える。

「そうかもね。でもそのあと、また太陽が顔を出すから。ちょっと待ちましょう」と言ってから、いつも通り、大笑いするのがマリータだ。

庭の植物が雨の恵みを受けているあいだ、マリータはソファに座りながら素のままで楽しい時間を過ごしているのだ。そして、私を含めた周りにいる人間も、我慢できずに大笑いしてしまうのだ。

あなたの友達は私の友達

黄タイプの特徴を強く備えた人が大切にしているのは、人との交流関係だ。

黄タイプは外向的な性格で、それに加え説得力もかなり強い。何事にも熱中し、夢中になるタイプでもある。そんなときの自分の感情を話したがるのが黄タイプだが、まったく知らない人にも話したがりもする。

彼らは誰とでも話をすることができる。シャイではない。出会う人皆に好感を持つ。見知らぬ人ですら「まだ何も知らないだけの知り合い」と呼ぶほどポジティブに考える。

いつも笑顔で楽しそう、だから黄タイプは前向きな性格だと一般的には思われているが、これが彼らの特長の1つであるのは明白だ。楽観的な性格に勝る性格はない。

「どうしようもない事態に陥ってしまいそうだ」という人に、「でもそこにたどり着くまでの景色は素晴らしいじゃないか！」と声をかけるのが黄タイプなのだ。


赤タイプのように、黄タイプにも活力が大いにある。ここで興味深いのは、彼らは誰よりも好奇心が強いということだ。新しいことはどれも楽しい、面白いと考えるタイプのため、たとえば、タスクをこなす新しい方法を考え出したりする活力にも満ちあふれている。

クリスマスカードを一番多くもらうのは誰だろうか？　それは黄タイプ。

携帯電話に入っている連絡先リストが一番多いのは？　それは黄タイプ。

フェイスブックの友達の数が多いのは？　もうおわかりいただけると思う。これも黄タイプだ。

黄タイプには友達が多くいるが、その友達と連絡を取って近況を報告し合うことも、ずば抜けて得意なのである。周りで起こっていることを何ひとつ見逃したくないのも黄タイプだ。どんなパーティーにも参加したがるのも彼らだ（次ページ参照）。


黄タイプの特徴がだいたいつかめたと思う。それではさらに詳しく見ていくことにしよう。

●「これ、よくない？　すごーーーーーく気に入っているんだ！」

黄タイプの性格を特徴づけているのは、とことん楽観的なところとその熱心さであろう。彼らの機嫌が悪くなる要因はほとんどない。可能性を見つけ、問題があれば解決法を見つけることだけに集中する。

ヒポクラテスの時代から、黄タイプは「サンギーヌ」と呼ばれていた。これは「楽天主義者」という意味で「大丈夫、問題ないから」という態度なのが黄タイプである。心配事が世界中からなくなるわけはないのだから頑張っても仕方がないとも考えているのだろう。

常に楽観的な性格の黄タイプは、人に喜んでもらえるような言葉をかけたり、面白いジョークなどを言ったりして周りを楽しませる。

この活力がどこから湧いてくるのかはわからないが、とにかく楽しみたい、そして人と交流をしたいという気持ち

黄タイプが自身をどう見ているか？

熱心	感じが良い	説得力がある
外向的	インスピレーションを与える	楽観的
柔軟性がある	オープンな性格	創造力豊か
衝動的	気さく	話し好き

につながっていることは間違いない。皆が一緒になって楽しむ、誰ひとりとして仲間はずれになるべきではない、というのが黄タイプの考え方だ。

私の友人、ミッケも黄タイプである。彼の人生は困難続き。離婚に始まり、子どもは学校で問題を抱えているし、勤務先が倒産して職を失ったことも何度もある。自動車事故や泥棒の被害にあったり、高価なものが盗まれたことなんて数え切れないほどだ。

ミッケからの電話は取りたくない、ということも正直ときどきある。彼ほど運が悪い人間に会ったことはないからだ。

そんな悪運続きの彼だが、決して落ち込むことはない。もちろん事故にあうと動揺することはあるが、すぐ平気になるのがミッケなのだ。ブクブクと泡がたって消えていくように、彼の中で悪い出来事も消えていくのだ。

若かった頃、ミッケがアルファロメオの中古車を購入した。2ドアのツーシーター型。サビだらけで、車の形を保っていられるのが不思議なほどだった。乗り始めて数週間経った頃だろうか、車が外灯に衝突し、運転席側のドアが開かず出られなくなってしまったことがあった。

その後、ケガをしたかどうか心配していた私は、どんな様子だったのか彼に聞いてみたが、彼はこう答えたのだ。

「なんともないよ。もう片方のドアから出ることができたからね」

黄タイプの楽観的な性格は、次々とやってくる

ポジティブで明るい性格の黄タイプは周りを喜ばせ、和やかな雰囲気にする。その前向きな姿勢を崩すことはないので、人生の逆境にあってもその効果を発揮する。

常に光を見ている人の横で落ち込むような人がいるだろうか？　コップに水が半分しか入っていない。ではなくて、半分も入っていると見る人の周りにいて影響を受けない人がいるだろうか？

私のクライアントに、製薬会社でセールスマネジャーとして働いているマリアンネという女性がいる。マリアンネはいわゆる、真面目に働き続け出世をしたキャリア勝ち組だ。

彼女の上司や同僚が声をそろえて言うのは、彼女には周りにインスピレーションを与える力があるということだ。

彼女の営業会議に何度かご一緒させてもらったことがある。私自身、人に影響を与えることができる自信があるのだが、彼女にはおよばない。会議が始まって数分後には、もう彼女の力に圧倒されてしまうのだ。

「そこの窓から飛び降りて！」と彼女から命令されたら、5階の会議室にいるのにもかかわらず、それに従ってしまいそうな勢いだった。つまり、彼女の手にかかると、いとも簡単に実行させてし

まう力があるのだ。

「窓から飛び降りるなんていいアイデアだ！　飛び降りてみよう、そうしよう、そうしよう」と、彼女の周りから聞こえてきそうな勢いだった。

そして、マリアンネのあとへと続き飛び降りるのだ。

楽観視をしているのは彼女だけだが、ネガティブなことを隠して、難しいタスクをもこなせるように光を与えるのがマリアンネなのである。彼女からの刺激により、周りの人間に自信がたっぷりと与えられるのだ。

会社にクレームをつけにきたクライアントを、彼女が対応していたのを見たことがあるが、そのクライアントはかなり激怒していた。そんなクライアントなど誰も相手にしたくないのだが、彼女はこの状況すらまったく問題なく対応していた。

彼女はクレームを聞き入れるのを拒否はしていたが、彼に笑顔を見せ続けていた。するとクライアントにも笑顔が伝染し、最後には大声で笑うまでになっていたのだ。

マリアンネはどう対処したのだろうか？　彼女自身にもわからなかったのではないだろうか。彼女は自分自身としてそこにいただけなのだから。

●「やり方を思い切って変えてみませんか？」

新しいことを次々と思いつくような人はなかなかいない。黄タイプに才能があるとしたら、他人が見つけられないような解決法を見つけ出すことができることだろうか。

物事をさまざまな角度から見て先に進むという独特な能力があるのかもしれない。つまり、やり方を思い切り変えてみるのだ。言い換えると、既存の考え方にとらわれずに考えてみるということである。

黄タイプが何か新しいことを思いつくと、その先には思いもしなかった結果が待っている。彼らが関わると、何もかも早く進むようになる。思いつきが素早いため、周りがついていくのが難しいこともある。とてつもないアイデアを思いつくことはめずらしくないが、いったいそれが何を意味するのかを自身で説明することすらできないこともある。

私にはロッバンという、家に関する作業をするのが好きな親友がいる。部屋のインテリアや、庭のデザインといったことが大好きなロッバン。インテリア業界で働くのが密かな夢なんじゃないかと思ってしまうほどだ。

これは、ロッバンの奥さんから聞いた話だ。彼女はロッバンが庭に出ると、10からカウントダウンを始めるそうだ。そしていつも7になったときに、彼が決まって言うセリフがあるという。

「ねぇ、いいこと思いついたんだ」と。

私自身もこの言葉を聞いたことがある。

これにはいくつかの理由があると思うが、その1つが、黄タイプは頭の中で物事を絵として容易にイメージすることができるということだろう。周りに何もなくても、目の前に「見える」のだ。それに加えて度胸もあるため、新しいことに挑戦するのに恐怖心はない。アイデアを思いついたと同時に「いいこと思いついたんだ」という台詞が出てくるのだ。

道路を渡りながら周りを見ただけで、その間に素晴らしいビジネスアイデアを思いついたという黄タイプの人と仕事をしたことがある。

どうしたら、そんなことが可能なのだろうか？　正直わからない。提案できるアイデアがあったら紙に書いてくださいと、長いあいだ彼に頼んでいたことがあるのだが、そこから何がわかったかは……「弱点」の章（124ページ）で説明することにしよう。

もう1つ黄タイプの性格を特徴づけているものに、物事に制限をかけることをあまりしないということがある。

何かを創り出すとき、彼らは型にはまったやり方をしない。型があれば、そこには限界があるが、黄タイプにはその限界がないのだ。もし型が仮にあったとしても、その存在が見えていないのかもしれない。

新しい工夫やアイデアが必要なときには、黄タイプの人間を探すとよい。考えても考えてもそこから抜け出せなかったり、未解決の問題を解決するために軌道修正が必要だったりする場合も、彼らの存在が助けになるだろう。

ただ、黄タイプには現実味のあるアイデアを思いつくことがなかなかないため、彼らが思いつくアイデア自体が助けになるというよりも、そこから次へとつながっていき、それが最終的によい結果をもたらすことになるだろう。

ペンギンには雪を、アラブの遊牧民族には砂を売る

ハキハキとした行動をしたり、楽観的に物事をとらえる黄タイプの性格に触れていると、彼らに説得力があるのもわかる。彼らにとって実行するのは容易なことであるし、ほかのタイプならば問題しか見えないところに可能性と解決法を見いだすのも黄タイプだ。

「確信させる」と「説得する」ことには違いがある。その境界線を超えてしまう黄タイプが多くいるようだが、彼らの言うことは、たいていよく聞こえるものだ。彼らには言葉の力を借りて、人を確信させるスキルが身についているのだ。

「ボディランゲージ」の章（195ページ）でのちほど述べるが、黄タイプはさまざまなジェスチャーを多く交えながら話すことが多い。これによって、黄タイプの行動様式を全体的に強めているとも言える。

ただ、エネルギーのある行動をしたり、意志があるというだけが彼らの性格を特徴づけているのではない。彼らの表現方法にも、人を確信させることができる秘密があるのだ。描写表現を多く使

いながら話すことが多いため、聴覚的だけではなく視覚的にも情報が伝わってくることがある。そのため、身体全体に言葉が響いてくるのだ。

本人たちは気付いていないが、黄タイプには雄弁家がとても多い。彼らにとって、エートス、つまり伝達する手段は伝えるメッセージ同様大切なものだ。人に近づいて握手をしたり、個人的なちょっとしたコメントを伝えることによって、相手1人ひとりにきちんとメッセージが届くよう注意を向けている。話し相手というのは黄タイプにとって、とても重要な存在なのだ。

この能力が著しく備わっている人物にビル・クリントンがいる。素のままの彼に会うだけで、自分は人からの注目を浴びて感謝されているという気持ちになるそうだ。

黄タイプの多くの人にあるカリスマ性が備わっているのだろう。話し相手に「あなたのことを知りたいです」という素振りを見せたり、「この人は私のことをわかってくれているのだ」と思わせられるような質問をするという能力が、彼にはあったのだろう。不倫スキャンダルも、彼のこの性格が原因だったのかはわからないが、まあ、それは別の話ということにしておこう。

「知り合いは多くいます。ええ、皆と知り合いですよ」

黄タイプに「人との交流をやめなさい」などと命令をしたら、力尽きて死んでしまう――と言うと大袈裟《おおげさ》かもしれないが、考えてもみてほしい。黄タイプの人間は、まるで人間関係を築く能力でできているようだと思わないだろうか？

彼らを表すキーワードの１つは、「インスピレーション」である。周囲の人との関係を築き上げながら、インスピレーションを周りに与えていく。人間関係は、ほかのもの——たとえば仕事と比べても重要であるということを、黄タイプは知っているのだ。

彼らには、ほかの誰よりも知り合いが多くいる。そしてその知り合い全員を好きでいる。人を友達と呼ぶのにそこまで深く付き合いがなくてもよい。

新約聖書には「わたしに味方しない者はわたしに敵対する」（訳注：訳はマタイによる福音書12章30節：『新共同訳聖書』日本聖書協会発行、１９８７年より）とあるが、黄タイプの行動を表現すると、これとはまったく逆の「私に逆らわない人も、もちろん私の味方です」という表現になるだろう。

赤タイプは、何を実行すべきかを知りたがるが、黄タイプは誰が実行すべきかを考える。

この、誰が実行すべきかという質問は、黄タイプのチームに対する貢献度を決定してしまうほど重要な質問だ。チームやグループがうまく機能していないと、彼らの調子は狂ってしまう。成果を発揮するためには、きちんとした人間関係が成り立っている必要があるのだ。

第6章 緑タイプの性格を知る

一貫性を保ちたがる理由とその過程

●「これ、どうなるの？ そんなに……急ぎではないですよね？」

一番平凡なタイプでどこにでもいるのが緑タイプである。簡単に言ってしまうと、全4色タイプの平均的な性格を持っているのが緑タイプだ。

これを悪くとらえず、「平均的な」とはどういう意味なのか考えていただきたい。緊迫した中、何事も実行するのが赤タイプ。黄タイプは創造力を備えた社交的なタイプ。青タイプは（101ページ参照）エクセルの王とも呼べる完璧主義者。そして緑タイプは、ほかのタイプよりもバランスがとれている性格だ。

ほかの偏りすぎた性格が、うまい具合に調整されている性格とも言える。ヒポクラテスの四体液説では、「粘液」に分類されるのが緑タイプだ。メキシコのアステカ族は、「地に足がついた人」と、このタイプの人たちを呼ぶ。類義語を調べてみると、「のろのろ」「のんびり」「無感情」「無精《ぶしょう》」「怠慢」「無頓着」「温和」という単語が出てくる。

極端に偏りすぎた性格ばかりの人が集まっていると、何も完了させることができないのは紛れもない事実である。実行力のあるリーダータイプしかいない場では、主導してくれる人がいない。周りを楽しませる人しかいない場では、楽しめる対象のものがない。何でもコントロールしたがる、細かなことにうるさい人ばかりの場では、何もコントロールするものがない。

緑タイプの性格はほかのタイプとは違い、どこか特別に際立った性格があるというわけではない。しかしそれにより、その場の雰囲気を落ち着かせる効果がある。

赤タイプと黄タイプが必死になっているとき、緑タイプは落ち着いた対応をする。青タイプが細かいことにこだわりすぎるとき、何が正しいのかを判断しようとする、それが緑タイプだ。

周りに人の誕生日を覚えている知り合いがいるだろうか？　いるのならば、その人は緑タイプの人間だろう。

緑タイプは、人の成功をねたんだり、人の話を無視して自らの栄光話に切り替えたりなどといったことはしない。自分は人より勝っているとは考えないし、絶えず人を追いかけ回してあれこれと命令をすることもない。たとえ競合する場にいても、相手を競合相手だとは思わない。指示をしなくてもいい場では、人を指揮することもない。ほかにも……。

「ちょっと待った！」と、あなたの声が聞こえてきそうである。緑タイプの特徴は、「しない」ことばかりじゃないかと。

では、緑タイプが「する」ことは、いったい何だろうか。

緑タイプは、ほかのタイプに比べてかなり受け身なタイプだというのはおわかりかと思う。赤タイプのように、活動力があるわけでもないし、黄タイプのようにポンポンと新しいアイデアが浮かんでくるわけでもない。青タイプのように几帳面な性格でもない。緑タイプというのは、端的に言うと「ありふれた」性格だ。

そんなこともあり、緑タイプとは付き合いやすい。緑タイプといるときは、ありのままの自分でいることができる。特に何をやってくれと要求されるわけでもないし、必要がない限り彼らが口論を始めることもない。

緑タイプの性格の兆候が見られる子どもはよく、「小さな天使」みたいだと呼ばれるほどだ。食事も寝る時間も、宿題をする時間もきちんと守るのが、緑タイプの性格を持った子どもだ。

それだけではない。人の悪口を言うことも、緑タイプの人は好まない。人に対して悪いことはとにかく言わないタイプで、上司がどんなに突拍子もない決断を下そうと、それに対して反論はしない（反論を我慢していると言ったほうがいいだろうか。というのも、緑タイプが、たとえばコーヒーメーカーを使っているときは……いや、のちほど述べようと思う）。

環境や状況に順応しようと必死になるのも緑タイプだが、この性格のおかげでどのタイプよりもバランスのとれた性格を備えている。不安な気持ちになっている黄タイプを落ち着かせたり、無愛想になってしまうことがたまにある青タイプを明るくさせたりするのが得意だ。

よく会う友達家族がいるのだが、そこのご主人は、おちゃらけながら注目を浴びていたい黄タイプ。楽しい遊びを見つけたり、人からの質問は全部自分が答えたがるのが彼だ。彼以外の人間は皆観客役で、彼がその舞台から降りることはない。

そんな彼の奥さんは緑タイプ。温和で良識があり、常に冷静な人だ。ご主人が走り回ってふざけたことをしているあいだ（いい年をした大人が！）、奥さんは冷静なままソファに座り、ただただ、にっこりと笑顔を見せているだけ。ほかの人同様に、ご主人のふざけた行動をまったく面白いと思っていないのにもかかわらずだ。

そんな彼女に「ご主人のふざけた姿を見てイヤになりませんか？」と聞いてみると、「ええ、でも主人は楽しんでいますから」と答えるのだ。

誰かが変な行動をしていても我慢強くいられる、これが典型的な緑タイプの性格だ。

だいたいどんな感じかわかってきただろうか？　周りにいるのにパッと思い出さないような人がいたら、その人は緑タイプである。つまり、周りにいるほとんどの人、ということになる。

緑タイプのいくつかの基本的性質

緑タイプの人柄は親切そのものである。助けが必要なときに、手を差し伸べてくれるのが緑タイプ。人間関係を大切にする習性が身についているため、その関係を崩すような障害があると、何が何でもその障害を取り払い、人との関係を保とうとする。そして生涯、その関係を大切にする。友達やそのパートナーの誕生日、子どもの誕生日なんかを覚えているのも緑タイプである。友達が飼っている猫の誕生日を覚えていても不思議ではないぐらいだ。

一般的に、彼らは聞き上手である。自分のことよりも常に他人のことに興味を持ち、自分の興味があることを話したいということはめったにない。あったとしても、その姿勢を見せることはない。緑タイプは公務員に多いが、自分より他人の利益を優先するという仕事内容は、彼らに合っているのだろう。

緑タイプは、協調性が強い。個人よりもチーム、グループ、家族を大切にし、緑タイプだけで形成した社会があるとすれば、そこは病弱な人が大切に扱われる社会になるだろう。

助けてほしいという友達がいれば、緑タイプは喜んで助けになるだろう。助けを求めて、緑タイプに電話をかけたいと思ったら、いつでもかければいいのだ。困ったときに頼りになるのが彼らなのである。

彼らが苦手としているものが、変化である。自分に馴染んだ形の変化であっても苦手である。やる気を起こさせ、時間を十分に与えれば新しいことにも挑戦できるのだが、何が起こるかわからないことにはわざわざ挑戦しない。現状維持でいいじゃないかと考えるのが緑タイプなのである。

好ましい性格ではないだろうか？　それでは詳しく見ていくことにしよう。

世界で一番の友人は、あなた……

緑タイプには親切さが自然と備わっていることはすでに述べた。心配事があるとき、「あなたのことをとても心配している」と緑タイプから言われたら、その人はあなたのことを心配しすぎて眠れない夜を過ごしているという意味だろう。彼らは、黄タイプ同様に人間関係を大切にするが、緑タイプの他人に対する関心には偽りがない。

グループなどで、あなたが「（とある行事に）誰か参加

緑タイプが自身をどう見ているか？

気さく	温和	信頼できる
気遣いがある	感じの良い	忍耐強い
ありきたり	落ち着いている	協調性がある
慎重	面倒見がいい	聞き上手

してくれる人はいませんか？」と、メンバーにお願いをしたとする。「待ってました」とばかりに大声を上げ「参加します」と緑タイプが言うことはない。ただ周りの様子を見て、誰も出席する気がないのだとわかると、自ら名乗り出るのがこのタイプだ。

なぜだろう？　それは、あなたをその気まずい状況から解放したいからだ。誰も参加したいという人がいなければ、あなたが落ち込むことを理解して、消極的な性格にもかかわらず、友達のためならばということで自ら挙手をするのだ。

数年前、コンサル会社で働いていたとき、マーヤという同僚がいた。彼女のことは今でも覚えている。マーヤは青タイプの性格でもあったが、どちらかというと緑タイプの人間だった。この緑タイプのマーヤの一番の問題は、「助けてほしい」という人がいると、必ず助けてあげていたことだ。それも毎回である。

仕事量が多かったため、彼女のデスクは書類で埋まっていることが多々あったが、最後には必ずタスクをやり終える、それがマーヤだった。いつも助けてくれたり、ほかの人がすっかり忘れているような業務ですら調整していてくれたりと、誰もが彼女を信頼していた。

新しい顧客が会社を訪問する際、まず初めに目に入ってくるのが、親切でいい笑顔のマーヤということで彼女は受付の担当だった。コーヒーは必ず出してくれたし、ソファのクッションを整えたり、お客さんがどれだけの時間待ち続けているかということもきちんと把握していたのが、マーヤだった。

それだけではなく、マーヤは人の誕生日や、名前の日を必ず覚えていた（訳注・名前の日＝スウェーデンのカレンダーには、聖人の名前が毎日記載されており、その名前の人を祝う日でもある）。その人のパートナーと子どもの誕生日や名前の日までもだ。

マーヤからは、定期的に短いけれど丁寧なメールをもらっていた。ストレスで疲れ果てていた社員は、そんな彼女からのメールを読むと、「仕事だけじゃない、大切な家族もいるのだよ」ということを思い出していたものだ。

もちろん、そんなメールを受け取らなくてもわかっているのは事実ではある。でも、マーヤはその親切な性格と親身な態度で私たちをサポートしてくれていたのだ。

マーヤにとっては自然な行為だった。だが、誰かが逆に、「彼女の面倒を見てあげる」と申し出ると、彼女はまるでバカにされたように感じたようだ。マーヤは助けたいから助ける、そうするとマーヤもいい気分でいられるようだった。

もちろん限界はあるし、マーヤのその寛大な優しさを悪利用しようとする人も常にいた。ただバランスがとれている寛大さや優しさは、とても素晴らしい性格だった。

緑タイプは何事も簡単にやってのける。コーヒーを飲んでいる場で、「お替わりはいかがですか？」と声をかけるのは緑タイプにしてみれば自然な行為だ。ほかのタイプならば、自らコーヒーメーカーまで行ってお替わりを入れるところを、彼らはポットを持ってきて皆にお替わりを注いであげるのだ。

緑タイプは、皆とうまくやっていきたい性格のため、好まないことですら自ら進んでやろうとする。

多くの人を好んで、多大な信頼心を寄せるのも緑タイプだ。ただ、いきすぎて、最悪な状況を招きかねないこともあるが、原因は緑タイプではなく、どちらかというとその周りにいる人にあるようだ。温和な性格が仇《あだ》となり、ときどき他人にいいように使われてしまう。

私の友人のラッセは、純粋な心を持った典型的な緑タイプだ。自分には関係ないことでも、助けを必要としている人がいたら、助けてあげるのがラッセ。人を助けたいがために、自分の用事すら忘れてしまうこともある。

休みの日には、自分の子どもだけでなく、友達の子どもと一緒にドライブで行きたいところへ連れて行ったり、引っ越しの手伝いをしたり、頼まれてもいないのに工具を貸してあげたりもする。

電話でグチを聞いてくれるのもラッセ。コーヒーが飲みたくなったら、人にもコーヒーを用意するのもラッセ。時間がかかって仕方のないことばかりだが、ラッセは、あくまでも楽しみながらやっているのだ。

有言実行。やると言ったことはやるのが緑タイプ。その言葉は信用できる

緑タイプが「やり遂げる」と決めたタスクがあれば、その約束を守る。その言葉は信じてもよい。たとえば、緑タイプが率いるチームにタスク完了の責任がある場合、彼自身がタスクを実行する担当でなくとも、ちゃんとやり遂げて報告することだろう。最短時間で完了させることはなくとも、だいたい予想していた頃に「できました」との報告があるはずだ。

人に迷惑をかけたくない性格のため、やり遂げないことはない。チームワークを大切にする緑タイプは、そのチームに厄介事《やっかいごと》をもたらしたくもない。自分よりも仲間のほうが大切。その仲間というのは会社だったり、グループだったり、サッカーチームだったり、家族だったりする。緑タイプが他人の様子を気にかけるのは、自然なことなのだ。

緑タイプがここまでうまくやっていけるのには、さまざまな理由があるだろう。単純に、彼らは口論が嫌いだからかもしれない。たいていは、緑タイプ自身が周りに喜んでもらいたい、楽しんでもらいたいからである。

自分がきちんと仕事をすることによって人を喜ばせることができるのなら、緑タイプはきちんと仕事をする。人を満足させたい、というささやかな気持ちが、緑タイプの原動力となっているのだ。その原動力は自然と湧いてくるし、特に努力を要するものでもない。この緑タイプの性格のおかげ

で、周囲の人はストレスを抱えることもなく、落ち着いた雰囲気の中にいられるのだ。

不愉快なサプライズはいらない。常に何が起こるのかを知っていたいだけ

自分の周りにいる緑タイプの人を思い浮かべてみよう。たとえば、その人に部屋の端に立っていてとお願いをすると、その人はそこにずっと立ち続けていることであろう。

会社によっては、創造力や巧妙な構想力があることよりも、同僚を信頼できることのほうが大切だと標榜《ひょうぼう》しているところがある。仕事内容を理解し、会社が望むようなやり方で、任務を完了させる人物が必要だからだ。

そんな場合は緑タイプを社員として会社に採用すると、しっかりとした核を作り出し、言われたことを実行する。きつくない言葉で命令されれば、指示に従うことには特に問題は生じない。

自身が安心した状態でいられ、周りで何が起こるのか把握できてさえいれば、緑タイプの気分は良いのだ。それは会社だけでなく、家でも、住民協同組合の会議でも、サッカーチームの仲間とでも同じである。

ここで考えてみよう。何か都合の悪いこと――不景気が原因だったり、就任したばかりの上司のせいかもしれない――が起こると、チーム内でそれぞれの性格タイプの興味深い一面が見えてく

る。

赤タイプは人の話など聞かず、さっさとその場を去り、必要だと思うことを実行するだろう。経営陣が下した決断に満足がいかない場合は、そこでリーダーに対して文句をまず言ってから、その場を去るだろう。

黄タイプは、すぐに大きな議論を始めて、その場で自分がどのように状況を見解したのかを人に伝えることだろう。自ら動く代わりに、議論が収まるまで話し合いを続けるのが黄タイプだ。青タイプは後ろに回り、誰も答えられないような質問をいくつも準備する。

そして緑タイプ。彼らは、ただ黙々と仕事をする。最悪の状況を乗り越え、経営陣がようやく安《あん》堵《ど》できるというときになると、緑タイプはグチをも言わず、ただ黙々と目の前にある仕事をこなすのだ。

流れに沿って進んでいくだけだ。文句を言ってもいいことはない。今あることを続けていればいいのだ。そうすると、気持ちも楽になるのである。緑タイプの思考方法を変える方法はのちほど述べるが、彼らは自分ができる範囲で、その場の状態を維持する能力に秀でている。

自分の考え方をコロコロと変えるタイプではないので、何か質問をしても、どんな答えが返ってくるのか予想がつく。

以前、グレーガーという男性を指導したことがある。長年ものあいだ、彼が社長を務めていた会社の経営陣は、緑タイプの人間だけで成り立っていた。

グレーガーは、新しいアイデアを彼らに伝えるとき、ちょっとしたお遊びをしていたという。誰からどんな答えが返ってくるかを予想して紙に書き留めておいたのだ。

アンナは反対、ステファンは賛成、バーティルはまぁいいでしょうとの答えがくる、といった具合に予想をして、メモをしておいたそうだ。しかも毎回、グレーガーの予想は当たっていたのだ。

1人ひとりの性格を知り尽くしていたので、彼が提案するアイデアに対する皆の反応が事前にわかっていたのだ。


これが黄タイプならば、答えを予想することはできないだろう。何が起こってもおかしくないような状況を目の前にすると、自身ですらどんな返答をするのかわからないのだ。黄タイプのような考え方でもいいじゃないか、面白そうと思われるかもしれないが、周りにとってみれば、長期間にわたって振り回されることにもなりかねない。

でも、緑タイプだと、そんなことを心配する必要もない。


「誰が？　私？　いや、私はそれほど重要な人間ではありません」

緑タイプは自分のことよりも仲間のことを優先する。これは緑タイプの性格を形成している基盤であり、この性質に対して反発しようなどと考えてはいけない。

会社のグループ、チーム、クラブや家族といった仲間たちこそが、彼らにとって大切な存在なのだ。自ら何か欲しいものがあっても、仲間にきちんと必要なものがいきわたってさえいれば、自分は何もいらない、と考えるのが緑タイプだ。

仲間というのは、１人ひとりの人間で成り立っているから、個人それぞれが満足でいればグループ全体としてもいいのではないか？　と考えるかもしれない。もちろんそれもあり得るが、緑タイプは、個人単位ではなくグループ単位で考える。グループ全体の調子がよければ、個人もいい気持ちでいられると考えるのである。

ここにも、緑タイプの多大な周りに対する気遣いが表れている。したがって、周りに人がいる状態で緑タイプから正直な意見を聞くというのは困難だ。皆を満足させようとする性格なので、自分の意見を言うことができないのだ。

私自身、緑タイプとの経験で印象的な出来事があった。

何年か前の日曜日、それほど仲良くもなかった同僚のクリストファーから電話があった。クリストファーとは、当時まだ出会って数カ月間の親しくない同僚だった。

だから日曜日の午前中に電話がかかってきたときは、正直驚いた。彼からの電話ということはわかったが、日曜の午前中にいったい何の用があって？

彼が電話をかけてきた理由がわからない。元気よく挨拶してきたクリストファーは、私に「今何をしているのか？」と聞いてきた。ちょうどその頃、新しい家を購入したばかりだったため、「家の改装をしている」と私は答えた。

すると、彼がその日の予定を聞いてきたので、「ボイラーの調子が悪くて、ちょっと困っている」と私は彼に告げた。季節は初冬。気温もマイナスになり、循環ポンプの調子が悪かった。本格的な冬がやってきたら、ボイラーが壊れてしまうのではないかと心配していたのだ。

クリストファーは緑タイプである。私に質問をあれこれしたり、アドバイスをもしてくれた。同じようなボイラーがうちにあるというので、知り合いの配管工に様子を見てもらえるよう頼んでくれるとも言うのだ。もちろん、私がいいというのであればということだったのだが。

その後もクリストファーと話をしていたが、いったいなぜ、彼が私に電話をくれたのかがますますわからなくなってしまった。住所を聞いてきたので、彼に教え、彼は配管工に伝えると約束してくれた。

また突然、「今日、市内へ行く予定はあるか？」とも聞いてきた。オフィスは自宅から数十キロ離れた場所にあったし、特にその日仕事をする気はなかったため、「行く予定はない」と彼に伝えた。

その後、少しばかり話したあと、いったい何の目的があって電話をしてきたのかをクリストファーに聞いてみた。すると、クリストファーはこう教えてくれた。

「ランチを買いに外に出たのはいいけれど、鍵をオフィスの中に忘れてしまい、閉め出されてしまった。中に入れない。Tシャツ姿で外にいる」と言うのだ。温度計を見ると気温はマイナス2度。雪も少し降っていた。彼が電話をしてきてから、少なくとも15分は経っていたはずだ。私は急いで車でオフィスへ行き、彼が寒さで凍えてしまう前になんとか助けることができた。

自分よりも周りの人を大切にする。誰にも何を求めようとしないのが、緑タイプなのである。

「おっしゃりたいこと、わかります」

緑タイプは内向的だと言われるが、これは裏を返すと、自分の中では外向的だということである。おしゃべりをしたいがためだけに口を開くことはない。周りよりも静かにしていられるタイプであれば、人の話を聞く役に回るのは当然である。それに、緑タイプは話を聞きたいのだ。人自身や、人が考えていることに興味があるのだ。

緑タイプは、人の話をきちんと聞いている。赤タイプのように、何か得るものがなければ聞きたくないという態度でもないし、黄タイプのように何も耳に入ってこないという性格でもない（黄タイプはこれを否定することだろう）。

緑タイプは、人の話をきちんと聞いている。何か問題があるときなどはさらに真摯《しんし》に聞いてくれる。話している人が問題を解決する方法を思いつくことがなくとも、何を話しているのか一語一語きちんと聞いてくれている。

ただ、だからといって、緑タイプが同意をしてくれているとか、きちんと理解をしながら聞いているとは思わないほうがいいだろう。彼らはただ聞き上手なだけなのだ。

ここまで読まれてきて、大体の全体像は見えてきただろうか？　赤、黄、緑タイプの人間が集まって、うまくやっていけるのはどんな状況下だろうか？　それぞれのタイプにぴったりな職業は何だろうか？

答えは簡単に出せない。ただ、赤、黄、緑タイプの人間がそろっている会社をいろいろと見てきて思うのが、赤タイプと特に黄タイプには営業の資質があるということだ。

だが、ここで緑タイプを忘れがちである。営業担当に指導しなければならないことがあるとしたら何だろうか？

「あまり話さず、聞くことに徹しなさい」ということだと思う。そう、これは緑タイプがすでに備えている性格なのである。

何年か前に、ヘレーナという営業担当の女性に指導をしたことがある。彼女はとても穏やかな緑タイプの性格だった。

厳しい業界の中、どうやってヘレーナがここまでやってこられたのか疑問に思う人も多くいた。

でも、私にはわかる。とあるCEOに会ったときのことを、彼女が話してくれたことがある。皆から尊敬されていたそのCEOには、誰も何も売ることができなかった。でも、私がヘレーナに指導したあと、とあることを試してみようと思ったそうなのだ。そして、そのCEOと会う機会を設けたのだった。

2人は一緒にランチをする予定だったが、会う予定だったレストランの駐車場で、ランチ前に偶然にも顔を合わせることになった。

CEOは、60年代後半に製造されたアメリカ車に乗ってレストランに来ていた。彼は無愛想な表情。艶々《つやつや》とした素晴らしいその車が、普通の車とは違い、特別な車だというのは明らかであった。そこでヘレーナはひと言、「まぁ！」と言葉を発したのである。

「車に興味がおありですか？」とCEOは挨拶をする前にヘレーナへ声をかけた。ヘレーナがうなずくと、彼は車の話をし始めた。手入れをするのにどれだけの費用がかかったか、塗装、タイヤのホイール、エンジンのことなど話は続いた。

エンジンルームを見せてくれているあいだ、ヘレーナは何に対しても「へぇ〜」と答え、お願いだから何も質問をしてこないでくれと願うばかりだったという。というのも、ヘレーナはフォード車とシボレー車の違いすらわからないほど、車に関する知識がなかったのだ。

それでもCEOの話を止めることはなく、ひたすら聞き手に回っていた。それからは楽勝だったそうだ。2人は少し歩き、駐車場の適当な場所に座ると、彼がヘレーナに向かって契約書を見せてほしいと言ったそうなのだ。そして、うれしいことにヘレーナは直接その場で契約を取ることができたという。

でもここで、ヘレーナの何がよかったのだろうか？　彼女がしたのはたった1つのこと――話を聞いていたことだ。それで2人がランチを食べる前には、契約書にサインがされていたのだ。

第7章

青タイプの性格を知る

周りの皆が物事をいい加減に片付ける人間にしか見えない

●「どうしてこれをしなくてはいけないんです？　何か分析結果があるんですか？」

最後に青タイプについて見てみよう。興味深い性格のタイプである。

あなたも青タイプの人間に会ったことがあるはずだ。気付きにくいかもしれないが、青タイプは自分の周りで起こっていることを恐ろしいぐらい観察している。

緑タイプが周りに合わせているあいだ、青タイプは何事にもしっかりとした姿勢でいる。頭の中で物事を区分、評価、判断しているのだ。

知り合いに、家の中がきちんと整理整頓されている人がいるだろうか？　もしいれば、その人こそが青タイプの人間だ。自分のジャケットをかけるフックがどこにあるかわかるようにと、フックに子どもの名前タグがついていたり、バランスのとれた食事を食べられるようにと、6週間ごとの献立予定が冷蔵庫に貼ってあったりするのが、青タイプのいる家だ。

青タイプの工具箱を見ると、きちんとあるべき場所に工具が片付けてあり、全部の工具がそろっているはずだ。

いいことである。青タイプは、物を出したらきちんともとの場所に戻すことができる性格だ。

青タイプは、悲観主義者、いや失礼、現実主義者である。何か間違ったことを見つけると、その先にあるリスクをも考える。うまく物事がいっているのを止めてしまう憂鬱《ゆううつ》質な性格でもある。同類語はワードによると、「気鬱」「悲嘆」「失望」「鬱気」「悲観的」といった言葉だ。

「すみません、でもそれ間違っていますよ……」

誰にでも青タイプの友達がいるはずだ。考えてもみてほしい。レストランに友人といると仮定しよう。話の話題は猫のことやサッカーだったり、ロケットの話だったりする。そこで誰かが、何かしらの発言をふとしたとしよう。

たとえば、赤タイプが「クリステル・フォーグレサング（訳注・宇宙飛行士）が宇宙に行ったのは3回だ」とか、黄タイプがうれしそうに、「彼は幼少時代を、ヴェクショー市で過ごしていましたよ。ご近所さんでしたから」とか、そんな話をしてくるかもしれない。

青タイプはというと、そこでまず声を正し、こう発言するに違いない。

「クリステルが宇宙に行ったのは2回だけ。2回目の飛行時には、800キロもするアンモニアタンクを動かしたんだけど、無重力の状態でそこまで重いものを動かしたのは彼が初めてだ。あと、クリステルはヴェクショー市出身じゃなくて、スモーランド地方どころか（訳注・ヴェクショー市はスモーランド地方に位置する）、ストックホルム郊外のナッカ出身なはず」

その後も彼は表情を変えることなく続ける。「それに、２００９年の2回目の飛行のとき、52歳だったことを考えると、3回行ったというのはおかしい。可能性があったとしても、とてもすごく低い確率――5・74パーセント以下だ」


青タイプがこのように始めてしまったらただあきらめるのみである。何でも知っているのだから、勝ち目はない。特に努力して調べているわけではないが、誰かに疑問点を指摘されることのないように念入りに事実を知っておきたい性格なのだ。

どこで調べたのかも、もちろん頭の中に入っており、その本を見せてくれとお願いをしたら、見せてくれるのが青タイプなのである。

彼らは話を始める前に、話すことの詳細を事前に調べていることがよくある。インターネットで検索をしたり、説明書を読んでから、そのあとに自ら完全な報告書を作って、それを人に伝える。青タイプはそんな性格だ。

だが、ここで重要な点を述べておこう。もし話している内容に関する質問や疑問点が誰からもないと、青タイプは何を話すこともしない。自らが知っていることを、いちいち人に伝える必要はないと考えているのだ。

もちろん、青タイプには、世の中にあるすべてのことに関する知識があるわけではないし、そんな人間はこの地球上にはいない。ただ、彼らが話す情報に間違った情報は、ほとんどないということは確かだ。

気付いていただけたであろうか？　青タイプが見たときに喜んでもらえるように、下のリストは左上から右に「あいうえお順」に並べてみた。

しかし困ったことに、この本でこれらすべての性格について解説ができるわけではない。

青タイプの方々は——きっとメモを取りながら本書を読んでくださり、あとで私のホームページを見てさらに詳しい資料を読みたいと思っている方ばかりだろう——その途中で、私がリストに記した全部の性格の解説をしていないことに気付いてしまうはずだ。

だから、全員が気付く前に言っておくことにしよう。環境保護のため、紙をムダ遣いにしたくない私は、この本でリストに挙げたすべての性格について細かく説明はしてい

青タイプが自身をどう見ているか？

型にはまった	謙虚な	質志向
詳細志向	思慮深い	慎重
正確な	体系的	秩序がある
注意深い	綿密	論理的

ないと。

それでは、さらに詳しく見てみることにしよう。

「大したことありません。やるべきことをやっただけですから」

何でも知り尽くしている青タイプにとっての謙虚さとは何だろうか？

もちろん見方によっても違ってはくるが、たいていのことに答えられるのに騒ぎ立てないのは、青タイプの内向的な性格からきているかと思われる。

世界中の人に、物知りだということを知らしめるため、自分を防御したり、自分のことばかり話したりして自分を満足させる必要は青タイプにはない。自身の中で一番だとわかっていればそれで満足なのだ。

でも、これがポジティブなこととは言い切れないのも事実である。

出席者の多い会議で、とある問題への解決策を皆で話し合っていたときのことだ。会議開始から2時間後に、青タイプの参加者が前に出て、自分がいいと思う解決法はこうこうだと話し始めたことがある。

青タイプの彼にとってみれば、それはいとも簡単なこと。問題の根本的な原因はわかっていたのだが、全体像がつかめていなかったがために、それまで何も発言をしなかったのだ。解決をしなくてはならない問題があるとわかった時点で、なぜ何も言わなかったのか私は疑問に思ったので、彼に質問をしてみた。すると「誰も聞いてこなかったからだ」と答えた。それも一度限りではなかった。

青タイプのこのような発言は人をイライラさせる。だが同時に、私は彼を理解もできる。青タイプにとって、議論に参加されるよう促されているわけではないから、議論で話し合われている内容は彼にとっては関係のないことなのだ。解決策はあるが、自分が知っているだけで十分と思うのが青タイプなのである。

青タイプが何か素晴らしい実績を上げても、たとえば拍手をして祝ってあげたり、演壇の上へと招待したりする必要はない。祝うこと自体に特に問題はない。だが人が祝っているあいだ、彼は納得した態度を示し、人から称賛の言葉とプレゼントをもらうだけもらったあと、すぐに自分のデスクへ戻り次のプロジェクトに取りかかるだろう。

皆がなぜそこまで騒いでいるのかわからない、自分はやるべきことをやっただけなのだから、と青タイプは疑問に思うのである。

「すみませんけどそれ、どこに書いてありました？で、その本は何版目でした？」

青タイプはありったけの事実を知りたがり、小さな文字で書かれている注釈なども見逃したくない。「答えは詳細の奥底に潜んでいる」と発言したのは誰だかわからないが、私は青タイプの人間が言った言葉だと信じている。

どんな小さな細かいことでも見逃せないのが青タイプだ。青タイプにとって注意を怠るということは許されない行為だ。

しかし、詳細まで調べないからといって、注意を怠っているとは言えないのでは？　とあなたは考えるかもしれない。でもこれが青タイプに聞いてみると、まさにその通りなのだ。少しでも何かを見逃してしまったというのは、まったく何も見ていなかったことと同様の行為なのである。注意を怠って、何の得があるだろう？　言い訳はできないのではないだろうか？

そう、できないのである。たとえば、こんな例を挙げてみよう。

とある契約書に関わる仕事をしているとする。契約書の最後に記されている30ほどの項目を見ると、それほど大切なことは書かれていないようだ。

そこで青タイプに、「そこまで詳しく読む必要はありません。最後の30項は飛ばしてもいいですよ」と伝えたとしよう。すると青タイプは、いったいどうしてそんなことが言えるんだといった顔つきで見返してくるに違いない。精神的にちょっとおかしいのではないかと疑問に思われてしまうかもしれない。

必要がなければ、何も言葉を発しないのが青タイプなため、その場で特に何を言うわけでもないはずだ。あえてするとすれば、あなたの言葉を完全に無視したがるのではないかと思う。詳細を見逃してしまうぐらいなら、徹夜で事実確認をきちんとしたほうが、彼らにはしっくりくるのである。

以前、とあるパッケージング会社の社長に、リーダーシップ育成プログラムを販売しようと試みたことがあった。

この社長が青タイプだったのは紛れもない事実である。彼からのメールは、少し冷たいトーンで細々と詳細が書かれてあった。彼との会議も「50分でお願いします」との指示があった。1時間ではなく、きっちり50分で、と（それにはきちんと理由があったのだ。会議のあと、ランチの予定が入っていたようなのだが、食堂まで行く6分と、トイレに行く2分がきちんと取れるように、会議は50分でということだったそうだ）。

初めて彼に会ったとき、訪問者用のデスクが用意されていたが、きちんと決まった場所に座ってくださいと言われた。その会社に訪問するまでに、住所がわかりづらく迷ってしまったのだが、「迷いませんでしたか？」と聞かれるわけでもなく、コーヒーやお茶を出されることもなかった。挨拶をするときにも笑顔ではなく、彼はただただ私の名刺をじっくりと見ていただけだった。

会社にとって必要なことをヒアリングしたあと、提案書を作るため、私はいったん自分のオフィスに戻った。デスクに座り、どうしたらいいものか考えてみた。通常は10～12ページほどの提案書を作るのだが、彼の性格を考えるとそれでは足りるはずがない。そこで、なんとか頑張って35ページもの提案書を作り終えた。

青タイプは、口頭だったりインターネットを介して話すよりかは印刷されたものを好むため、メールではなく印刷したものを彼に郵送した。

それから数週間後、電話でフォローアップをして様子を聞いてみた。「なかなか面白い見出しだったよ」社長はそう言い、さらに何かを付け加えて言おうとしたのだ。もしかしてオファーがくるのかも？　と期待したのだが、そのとき、彼が言ったのはこんなひと言だった。

「もっと資料はないのかね？」

さあ、どうしたらいいものかと困惑してしまったのを今でも覚えている。提案書には、リーダー養成プログラムについてかなり詳しく書いたつもりだ。プログラムの成り立ちや参照事項、引用先の情報などは省いたが、１つひとつの項目にスケジュール、目標、目的をもきちんと記しておいたのだ。

営業担当者としてここであきらめることはできないので、私は力を尽くして限界ギリギリまで頑張ってみた。それぞれの項目を2時間ごとのスケジュールに書き直し、その背景にあるもの、練習問題の例、分析ツール、ひな型といった、ありったけのことを記して提案書を85ページほどまで増やした。黄タイプが見たら毛嫌いしてしまうほどの詳細に満ちた提案書だった。

うまくできたと思い、その提案書をまた郵送した。

数週間後、彼に再度電話をして、「そろそろ決められましたか？」と聞いてみた。その時点で資料にはすべて目を通しているはずだ。それでも彼の返事は前回と同じだったのだ。

「もっと資料はあるかね？」

　私はとても困惑した。その後、また会うことになったのだが、今回は私が彼のもとへ行くのではなく、私のオフィスに来たいというので、オフィスの会議室にあるテーブルで彼の横に座りながら90分ものあいだ、提案書の……目次に目を通していったのだ。

　彼は契約書にある一般取引条件をA１の紙に写し（青タイプは「注釈」に注意を払うのが好きだということを覚えているだろうか？）、１つひとつの条項に対して細かく質問やメモを取っていた。見通しが終わったあと、無表情で「こんなに実のあった会議は久しぶりだよ」とは言ってくれたのだが、実際のところ「まだほかに資料はあるかね？」と聞きたがっていたようなものだった。

　彼が帰ったあと、考えてみた。３００ページにもおよぶ、細かく15分単位で書いた5種類の15日間育成プログラムのフォルダーを全部送ったのに、資料がもっとあるかだと？（当時はまだeラーニングだとか、オンラインコースなどというものはなかった）

　社長に渡した資料にはもうこれ以上記すことはないというほど、詳細まで書かれていたはずだ。コーヒー休憩をいつ取るべきか、参加者にどんな質問をすべきか、部屋をどのようなインテリアでまとめるかなどといったことなども書いて、もうこれ以上、伝えられることはなかった。

　資料を全部、あの社長の喉《のど》に突っ込んでやれば……満足するのかもしれないとまでも考えてしまったほどだ。

1カ月後、私はまた同じ質問をされた。

だが、もうこれ以上、渡せる資料はなかった。

青タイプは決断力がないと思われがちだが、これは間違っている。この社長の場合、決断力があるかないかの問題ではなく、決める必要性に追われていなかっただけなのだ。

何かを決めるまでの過程に興味を持っていただけなのである。「もっと資料はあるかね？」というのは、ただ単にもっとそれ以上の資料があるかという事実を知りたかっただけで、それ以上の意味があったわけでもないのだ。

手付かずの状態になる可能性があるにもかかわらず、問題を長いあいだ寝かせたままにする理由

前述の社長の例からも、青タイプのもう1つの性格が見えてくる。それは、確実な道を選んで、かなり慎重になるという性格だ。

赤タイプと黄タイプが思い切ってやってみようとすることも、青タイプはまずいったん保留にして考えてみる。もっといろいろと考慮しなくてはいけないこともあるし、決断をする前に、ありとあらゆる事実をまずは知らなくてはいけない、そう考えるのが青タイプなのだ。

弁護士はその職業柄、「あちらの言い分は……こちらの言い分は……」と慎重になり、1つの決断をすぐに下すことをあまりしない。そのためか、弁護士に一番向いているのは腕がない人だという昔ながらのジョークがある。

これは、腕がないから「こちら側では……そちら側では……」と、それぞれの人を指しながら、曖昧《あいまい》な表現を使うことができないため、すぐに決断を下さなくてはいけないからだ。このジョークを青タイプの性格にも当てはめることができる。

青タイプにとっては、結果そのもの、つまり決断を下すことよりも、そこにたどり着くまでの過程のほうが重要である。過程よりも結果を大切にする赤タイプとはまったく逆の性格だ。

青タイプのやり方だと、最終的な決断を下せないということもあり得る。でも、ということは、大きなリスクを負うこともそれほどないということでもある。リスクがそれほどないということは、予期しやすい出来事の多い一生を過ごすことでもあるというのはおわかりかと思う。

ここでは事実を述べているのであって、そのような人生が刺激的で素晴らしいものかどうかは私が判断すべきことではない。

青タイプは、トラブルに対応できないことを恐れて、何も始めようとしないこともある。

とある青タイプのセールスマンに会ったことがあるが、彼はもともとエンジニアの仕事をしていた。その彼によると、仕事で失敗しない一番の方法は、何をするかを考えるのではなく、何を「しないか」を考慮することだというのだ。

危機を判断するのは容易なことではないし、人から騙される可能性もある。何か危機があったらいけないということで、彼らはあり得るリスクのことを常に考えて行動するが、そのやり方というのが高度なやり方なのだ。

目覚まし時計は3つ用意。1時間前に準備をしていれば余裕があるのに、2時間前からやり始める。子どもたちと出かけるとき、前日の夜に自身で荷物を用意して、誰もその荷物に触れてすらいないのに、朝にもう一度全部見直さないと気が済まない。

ポケットに鍵がちゃんとあるかどうか何度も確認する――もちろん鍵はポケットに入っている。でなければ、どこにあるというのだろう？

青タイプがこれらの行動から得るものはおわかりかと思う。それは、たとえ予期せぬ出来事があったとしても、ほかのタイプとは違ってそれほど驚くこともないということだ。長い目で見ると青タイプのこの行動のおかげで、「時間」を稼ぐことができるのだ。

スムーズにできるとしても間違ったやり方だったら意味がない

青タイプの性格をひと言でまとめると、「間違いはダメ」となるだろう。質こそが青タイプにとって大切なのだ。

質の悪いものに目がつくと、そこで何かを作っていたとしても、それ以降進まない。というのも、質が落ちてしまった理由は何かを調べなくては済まないのだ。

誤解されてしまうかもしれないが、ここで思い切って言おう――エンジニア業に青タイプが多い。何事も慎重で型にはまったやり方で、事実を中心にして考え、質を大切にする、まさにエンジニアにぴったりな性格だ。

断定はできないが、たとえば日本のトヨタ自動車には青タイプの人間が多く集まっているのではないかと思う。トヨタの質を保つために「5つのなぜ」を問うというやり方も導入している。これは青タイプの典型的な考え方とも言えるだろう（長い目で物事を見るという日本人の精神そのものが、すでに青タイプの性格ではあるのだが）。

例を見てみることにしよう。たとえば、ある工場の床に油がこぼれていたとする。

その場にいる人をまずは叱り、「床を拭《ふ》いておけ！」と命令するのが赤タイプ。こぼれている油に気付くことは気付くけれど、すぐに忘れてしまい、2日後にそこで転んでイライラしてしまうのが黄タイプ。こぼれている油を見て「しまった、これは問題だ」とイヤな気持ちになるのが緑タイプ。もちろんそこで何をするわけではない。

青タイプはそこで、まず疑問に思うことから始まる。

「この油はどこからこぼれたのか？」……もしかしてパッケージからこぼれてきたのかもしれない……。「どうしてパッケージからこぼれてくるのか？」……パッケージの質が悪かったからか……。

「でもじゃあどうしてそんなパッケージをうちの工場では使っているのだ?」……購買部に節約しろとの命令があって、安いパッケージを使った油を買っているからだ……。「質よりも値段を見て買え、と命令したのは誰だ?」……。

このように青タイプは次々と疑問が湧き出てくるのである。問題解決につながるかもしれないし、原因だけをメモしただけで、誰も何も対処しないかもしれない。

床の油を拭き取ってその場をしのぐ代わりに、工場の購買部のやり方を見直すという解決法が最終的に見つかるかもしれない。

私が言いたいのはこういうことだ。100パーセントの正確さを得られるのならば、どんなに準備をしてもかまわない、それが青タイプの性格だ。

タスクを遂行するには、正確にやり遂げなければならない、と考えるのが青タイプである。ただ、確実にやっても意味がないというタスクに関しては、やることにすら価値を見いだせない。また、嘘をつくのが苦手な青タイプは、間違いを見つけると必ず報告をする。その間違いのせいで自身に仕事が降りかかってこようとも、報告するのが青タイプだ。

子どもの頃、両親がとあることでケンカをしていたのを覚えている。転勤族だったので引っ越しをよくしていたが、そのたびに家を家具ごと売ってから次の場所へ引っ越しをしていた。

建設技師だった父は、何もかも自分でやらないと気が済まない性格で、興味を持ってくれた人に家を見せる内覧も、父個人のやり方でやっていた。

家の中で壊れているところだとか、足りないものということを内覧者にいちいち説明する父に、母はよく激怒していた。「ここところで水漏れがあったんですよ」「ほら、ソファの裏側がちょっと色あせてきちゃっているでしょ？」といったように、父はいちいち報告してしまうのだ。

「なんでそんなことを教えるの？」と母が問うと、父は、「欠陥があるのは事実だ。だからきちんと伝えてるんだ」と答えるのだ。そんな父に対して母は、「だけど、この家を買いたいっていう人にそんなことを言う必要ある？　もう欲しいって思ってくれないかもしれないじゃないの！」という始末であった。

いったい何が悪かったのか、父にはさっぱりわからなかった。私の父はできた人間で、正直な性格だった。そのためか、知っている間違いや欠陥を黙っていることができない人でもあったのだ。

この性格がゆえに家を売ることができなかったこともあるが、父にとってはなんてこともなかった。きちんと正直に伝えたし、そうすべきだったからそれでいいんだと満足していたのである。

地図が間違っているのではなくて、その場所に何か問題がある

青タイプの特徴として挙げられるのは、論理的で理性的な考え方を持っているところだろうか。感情は可能な限り捨ててしまい、１００パーセント理性的に考える。もちろん、青タイプですら

感情を完全になくすことは不可能ではある。それが可能な人間などいないが、青タイプは何か決断を下す際、常に理性的に考えたいタイプなのだ。

論理的に考える能力が高いのだが、自分の思い通りにいかないと落ち込んでしまうこともある。落ち込むことは論理だとか理性だとか関係なく、感情と何かしらの関係があるのだ。

青タイプほど、同じ作業をずっと続けられる能力に長《た》けている人はいないだろう。たとえば指導書があるとすると、そこに書かれた内容にきちんと従いながら作業をし続けるという能力が青タイプにはある。ただ、その指導書をきちんと理解して、質のいい指導書だと納得したうえでだけなのだが。

なぜだろう？　これもまた筋がきちんと通っていることではある。というのも青タイプは、あるやり方でうまくいくならばそのまま続けていけばいいだろうと考える。黄タイプや赤タイプならば、つまらないからさっさと新しい方法を試そうと思うだろう。でも、同じことをそこで繰り返してやり続けるのが、青タイプだ。

イケアの家具を組み立てる際に、どんなことが起こるかタイプ別に考えてみよう。説明書に従って組み立てるとき、始める前にまず説明書に目を通すのが普通ではあるが、これがタイプによって違ってくる。

赤タイプは、これなら自分でできると自信を持って、どんな部品が入っているかも見ずにさっさと組み立て始めてしまう。

黄タイプは、先のことを考える性格なので、段ボールを全部開けてから、「この家具を、あの場所に置くのが楽しみで仕方がない」と言う。自分の中ではすでに、組み立て終わった棚の姿が寝室に見えているはずだ。そして、その棚の上には、祖母からもらったクロスが敷かれており、そこにはチューリップの入った花瓶が置かれている。

また、特に努力もしないで適当に部品を組み立てるのが黄タイプだ。ここと、この部分が合いそうだからくっ付けて、それから次は……と組み立てる部品を次々と変えて組み立てていく。

緑タイプは、まだ段ボールに包まれた状態の家具をまず壁に立てかけ、それからコーヒーを用意する。特に急ぎの用でもないわけだ。

では青タイプは？　説明書を2度読んで、どんな完成図になるかをまずは頭の中で予想する。棚の部品が説明書の絵と確実に同じかどうかを確認してから、ホコリを被《かぶ》ってしまうといけないということで、少しだけ濡《ぬ》れたタオルを使って部品を拭き始める。

入っているネジの数がきちんと説明書通りの数かどうかを数えて、何かが足りないということがないように、しっかりと確認をする（説明書に書いてある数より多い場合でも、一からやり直したがるのが青タイプだ）。

このやり方だと、棚を完成させるのに時間がかかってしまうが、一度完成させたらその棚は重宝するに間違いない。

悪魔は細部に潜んでいる

数年前、私は自宅の中庭のリフォームをした。仕事では話すことばかりしているので、休日には手を動かして作業をすることが好きなのだ。

今回のリフォームも、自分だけでやってしまおうと計画をしていたのだが、少しだけヘルプをお願いしようとも考えていた。私が多忙な生活なため、なかなか時間が取れないことを知っている当時70を超えた父が、手伝ってくれるというのでお願いをすることにした。

有言実行。かなり広範囲にわたって砂利《じゃり》を敷き詰める必要があったのだが、父が砂利をいっぱい載せたトラックで手伝いに来てくれた。トラックには、砂利を運ぶ専用の手押し車と、普段父が使っている鋤《すき》もあった。もちろん私も自分の鋤を持っていたのだが、どうして私が自分専用の鋤を使っているのか父には不思議だったようだ。

リフォームのために特別注文をした砂利がゴゴゴゴーとすごい音を立ててトラックから小道へと降ろされた。すごい量である。掘る作業を何日ものあいだ、しなくてはいけないかを考えただけで、正直疲れてしまった。いや、やってやろうじゃないかという気持ちでもあったのだが。

そんな中、年老いた父は何をしていたとあなたは思われるだろうか。父は、砂利を手に取り、においを嗅《か》いだり触ったりしてその質を確かめていたのである。「う〜ん」と唸《うな》る声が聞こえたので、この砂利は合格かなと私は思ったのだが、次に父を見たら砂利全体を眺《なが》めていた。と思ったら、堆積された砂利の高さを手幅で、横の長さを歩幅で測り出した。いったい何をやっているのかと聞いてみたが、何も答えてはくれない。ただ数字をモゴモゴと言うだけであった。

「高さは180センチ、横は5メートル、斜めの長さは……」、その30秒後に父は、「ここにある砂利は体積が8・75から9・25立方メートルほどある」といきなり言い出したのだ。でもそんな父に、私は自信を持って言った。「いや、9立方メートルきっちりだよ」

どうしてそれを知っているのだと不思議がっている父に、私はトラックを指して教えた。

「トラックにそう書いてある」

少しばかり驚いた父に、「砂利の数も数えようか?」と聞いてみたら、さすがにそれは必要ないと答えた。

それから何時間も、父は外に出してあったものをしまい込んだり、空気を出すようにと袋をつぶしたり、砂利を片付けたりと、あるべきところにあるものがきちんと整うまで何時間も歩き回っていた。また、あとで困らないようにということで、水準器、測鉛線といった道具や水の場所を確認していた。

父によると、家から見た勾配角度は1メートルにつき、きっちり1度でないといけない。でもその理由は? 本にそう書いてあるからだそうだ。

建設技師だった父は、リフォームを仕事としている人に教えるべきことをきちんと心得ていると言うのである。

「１メートルにつき１度。きっちりそうでなければダメだ。もしそれを無視していい加減に作業をしたら、取り返しのつかないことになるかもしれないじゃないか」

１度とだいたいの度数の違いにお気づきだろうか？「１度」はきっちりとした数字であるが、「だいたいの度数」は曖昧な表現だ。そう「だいたい」だ。１度増やして２度でもいけないのである。

ちょっとした間違いではない。かなり大きな違いなのである（実は、この出来事自体よりも面白かったのが、この本を読んだ父の反応だった。父によると、こんなふうではなかったとのことである。いくつか間違っている箇所を指摘し、トラックにあったのは９立方メートルの砂利ではなく、11立方メートルだったと言った。それに加えて、父は青タイプではないと言い張るのだが、そこにもう青タイプの性格が現れているのがわかる）。

父は何に対してもそんな感じだった。テレビ、車、レンジ、携帯電話といった機械に関する質問になると、説明書を取り出してきては「ここにこう書いてある。説明書にこうやってきちんと書かれてあるのは、人がそれに従って作業をするためだ」と言うのだ。

こんな父にどう対応したらいいのであろうか。説明書に従って作業をしなくてもいい理由が見つかるだろうか？

青タイプが納得するような答えを出すことは至難の業だ（父は、真夜中に車を運転していて周りに車がいないのがわかっていても、赤信号では必ず止まる。法律には従わなくてはいけないのだ）。

この性格によるプラス面は明らかである。人に騙されることはないし、自分が支払った価値のものを確実に手に入れることができる。青タイプ自身は、すべて確認済みなことを自分で把握しているので心の中でも安心できるのだ。

知り合いに青タイプがいる読者の方は、私がここで述べていることを理解していただけると思う。特に何もないときには、彼らは温和で調和の取れた性格だ。何もかもきちんとわかっているという状態が、青タイプを安心させ、その温和な性格を形成しているのかもしれない。

雄弁は銀、でも沈黙は金

内向的。これ以上何も言わなくてもいいかと思う。私が知っている青タイプの人間で、必要以上に言葉を発する人はあまりいない。

ということは、青タイプには言いたいことがないということだろうか？　何も考えていないのだろうか？

いや、違う。青タイプは、とても内向的な性格なだけだ。落ち着いていて、調和がとれている。

これはアステカ族が、海や4元素の水といったものを同様にとらえている性格だ。

外から見ると落ち着いているが、見えないところではいろいろなことが起こっている。内向的だから必然的に寡黙であるというわけではない。心の内では活発に活動をしているのだ。それが寡黙という形になって現れてくるのである。

青タイプが話を始めたら、注意して聞いてみるといい。何を話すべきかきちんと考えて話しているに違いないだろう。

だが、どうしてそんなに静かでいられるのだろうか？　黄タイプとは違い、聞いてもらうことに必要性を感じていないというのもある。その場にいて、人に見られていなくても聞かれていなくても特に何とも思わないのだ。

青タイプは、人といると中心にいる人物以上に人を観察する。グループの輪の中にいても、横で静かにしながら人を観察して、何が話されているかを聞いてきちんと覚えているのだ。

これだけは覚えておいてほしい。青タイプにとって沈黙はよいことである。何も言うことがなければ——沈黙を保つべきだ。

第8章

イラだってしまう側面——完璧な人間などいない

強みVS.弱み——できれば話したくないこと

理解のできないバカな人間が周りにいることがある。そんな人と会うのは、たいてい居心地の悪い状況だったりするのだが、どんな状況においてもまったく理解をすることができない人に出会うこともある。

自分と違う性格の人と話をせざるを得ない状況というのは、大変困難を伴うものだ。というのも、その相手は間違った行動をするからだ。

●4人のバカの明確な違い

今まで見てきた4つの性格の大まかな違いは、おわかりいただけていると思う。次ページの図はそれぞれの性格のどこに違いがあるのかを示している。

問題を重視するタイプもあれば、人間関係を重視するタイプもある。4つの性格のうち、2つは素早く行動するタイプで、残りの2つはよく考えてから行動するタイプだ。

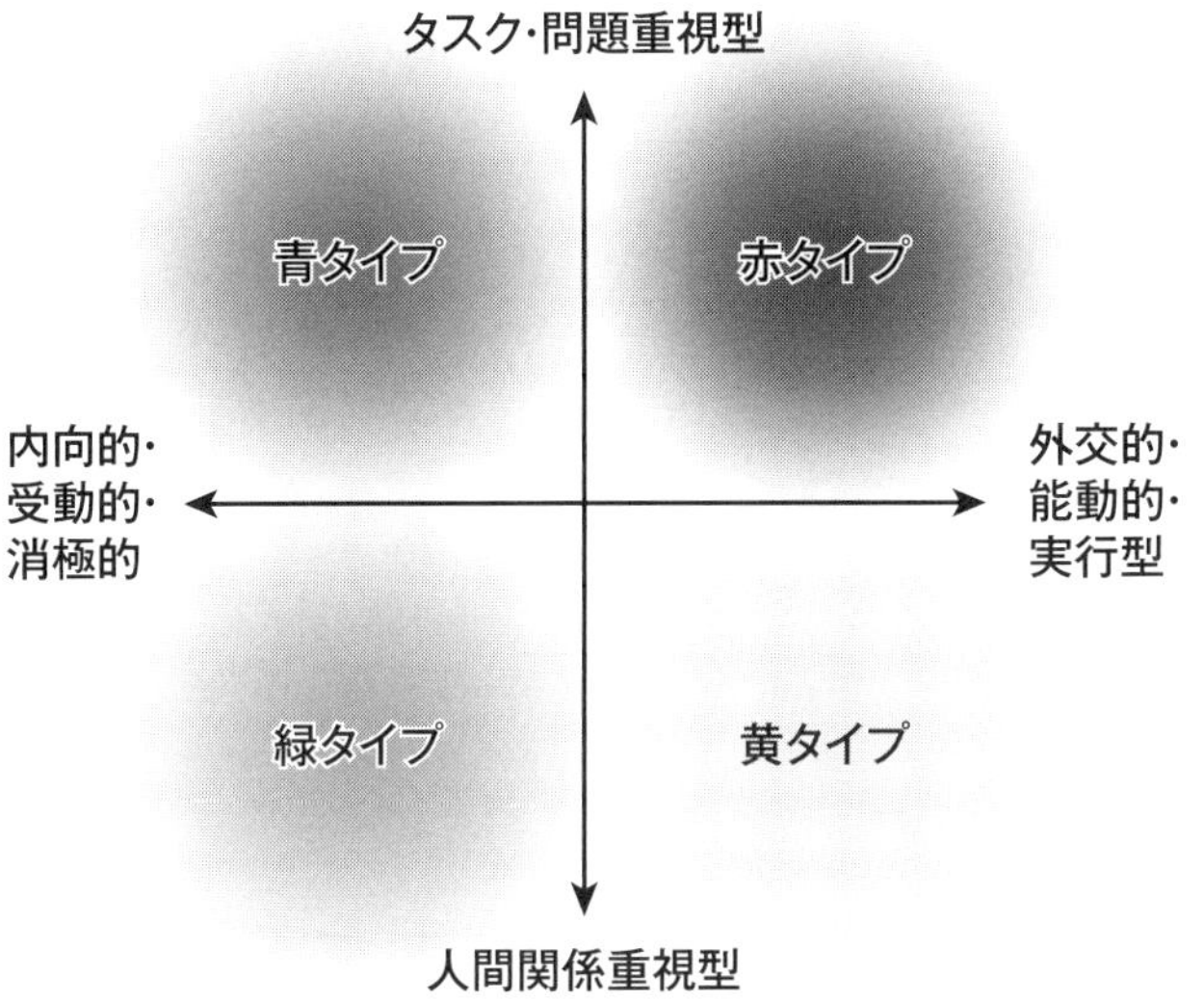

日常生活でも、理解のできない人が周りにいることがあるが、それはこのような性格上における違いが起因しているのだ。

これについては335ページで詳しく述べるが、ここで、それぞれのタイプの特徴となっている基本的な行動様式を簡単に見ていくことにしよう。

序章に登場したステューがきっかけで、この本を書くことになったのだが、ステューのように、周りをバカ呼ばわりすべきではない。だが、わけのわからないコメントをもらったり、自分では決して取らないだろう行動を、誰かがしているのを見たことは誰にでもあるだろう。

そんなふうに考える背景は「自分は常に正しいのだ」という気持ちがある。だが、だからと言って相手が間違っているというわけではない。

難しいところではある。「相手が正しいからといって、自分が間違っているわけではない」というどこかの賢者が残した言葉がある。人の間違いや欠点は、特に目立って見えてしまうものだ。児童心理学者によると、自分の子どもたちに対して一番イライラしてしまうのは、自らもできればしたくないと思っている行動と同じ行動を子どもたちがしたときだそうだ。

行動の正誤は、結局誰が決めるのだろうか？

●月並みの表現ではあるが……

完璧な人間なんて存在しない……陳腐な言葉だ。だが、これが真実ではないだろうか。欠点が何ひとつない完璧な人間は確かに存在しない。

私は昔、人生においてメンターになってくれるような理想の人物を探していたことがある。男女問わず、欠点がない人を探していたが見つけられなかった。そのメンターとなるべき人の影や形すら見つからなかったのだ。だが、見つからないのが当然だ。人間は不完全なまま生き続け、その状態でどう頑張れるかにかかっているのだから。

でもその一方で、私たちはバカな人がいるなと思うたびに、その人の間違ったところや欠点だけを見てはいないだろうか？　その人のことをきちんと理解していないだけではないのだろうか？

ある状況下では良いとされる特徴も、状況が変わると、「なんと失礼な」ととらえられてしまうことがある。コミュニケーションにおける決定権は常に相手側にあると前にも書いたが、自分にどんな意図があって話をしようとも、どうそれが受け止められるのかは、相手の理解の仕方にかかってくる。

いろいろな行動様式を観察して、真逆の見方をしてみるといい。もしそこから何か真実を得ることができれば、それが正しい。何においても結局のところ、メタ認知に頼るのみなのである。

ある状況において素晴らしいとされる性格でも、極端になるとそれが重荷となってしまうことがある。それはどんなタイプの人にでも起こり得ることだ。そんなときこそ、125ページの図が頼りになることだろう。

●4つの性格にはそれぞれ弱点がある

赤タイプは、何事にも素早く対応し、必要があれば自分が舵《かじ》を取っていたいという性格だ。アクションを起こす。ただ、それがいきすぎてしまうと、人を監視したり支配したりする。そうなると、対応し切れなくなってしまうこともある。また、人をバカにした態度を見せたりもする。

黄タイプは、明るい性格で周りの人を喜ばせることが得意だ。誰といるときでもその場の雰囲気を盛り上げてくれるタイプである。ただ、何でも可能なのだという場にいることに気づくと、その場全体を自ら奪ってしまい、他人は会話すら入ることができない。また、そんなときに黄タイプが話している内容は、少しずつ現実味がなくなってくる。

緑タイプは親切で、付き合いやすいタイプだ。物事が複雑になることはないし、一緒にいて気持ちのよいタイプである。ただ、優柔不断で、はっきりしないこともある。状況判断ができずに困ることもある。いったい誰の味方なのか、どの立場を取りたいのかわからない緑タイプは意外に扱いにくい。決断力がないので、周りにいる人のやる気も失せてしまう。

分析することが得意な青タイプは、平静な態度でいられる性格で、何かをする前に熟考するタイプだ。青タイプの落ち着いていられる性格は、誰の目にもはっきりと映り、そうではいられないほかのタイプから羨《うらや》ましがられるほどである。ただ、青タイプの批判的な考え方は、周囲の誤解を招いたり、疑問を持たれてしまったりする原因にもなりかねない。そうなると、リカバリーは難しい。

この章ではさまざまな性格の弱点を取り上げていく。

スウェーデンでは「弱点」という言葉を使うよりも「発達段階」としたほうが良いとされているが、ここではあえて「弱点」という言葉を使う。性格の弱点を挙げるというのは、神経質にならざるを得ないし、誤解されてしまうこともあるかもしれない。

私が人を指導するときにも、一番苦労するところでもある。たいていの場合、「相手の目に映ったもの次第である」ということを、これから読み進める際に忘れないようにしてほしい。性格や行動が間違っているということはない。これから述べる人の行動や性格は、その人自身にどんな意図があったのかには関係なく、「周りはどう理解するのか」という視点から見ていく。

１つ確信を持って言えることがある。多様な性格、ここでは色別にお話ししているが、色が存在するのは、人によって対応の仕方が違うからである。

赤タイプと黄タイプは、自身で自分の強みを誇張し、弱点などないと信じてしまう傾向がある。かなり強いエゴを持っているので、自分が成功するのは、常に可能性やいい話を追求しているからで、間違ったことや欠点にこだわっているからではないと信じている。だが、それも長くは続かない。

その真逆なのが緑タイプと青タイプだ。緑と青タイプは弱点を全面に出し、強みが隠れてしまうことすらある。その結果どうなるかは明らかだ。

たとえば、誰かがポジティブなフィードバックを彼らにしたとしよう。すると、緑タイプや青タイプは、それに対して免疫を獲得したかのようにそのフィードバックを拒絶し、逆に自らネガティブなフィードバックを自分自身にしようとする。これでは効率的に仕事をすることができるはずがない。

人は赤タイプをどう見ているのか?

人に「赤タイプはどんな性格ですか?」と聞くと、赤タイプ自身が描く姿とは違った答えが返ってくるが、それは当然である。

私の調査によると、周りにいるバカな人数は、赤タイプが常にどのタイプよりも多いということがわかった。ここまで述べてきた彼らの性格に納得する方も多いことだろう。

だが、赤タイプに関しては、それ以外にも特徴があるのではとの意見もある。ただ、この特徴というのは、当の赤タイプがいる前では言えるはずがない。彼らに癇癪《かんしゃく》を起こされては困るからだ。

赤タイプからは常に、「本当のことを教えてくれ」とお願いをされてきたことだろう。長いあいだ、「意見を言え！」とも命令されてきたことだろうから、そう言われるのも目に見えている。でも、彼らの望み通りに自分の意見を正直に言ってしまうと、激しい口論になってしまう。ということは、この章に書かれている、人から見た赤タイプの性格は、赤タイプ自身にとって初めて耳にすることが多い。彼らに、「あなたはこんな性格ですよ」と伝えられている人はほとんどいないのだ。伝えるには相当のエネルギーが必要だからである。

でも考えてみると理にはかなっている。赤タイプの性格は「論争好き」「傲慢《ごうまん》」「自己中心」だと言う人もいるし、「不屈」「忍耐力のない」「威圧感のある」と見られることもある。はたまた「独裁的な」「仕切りたがる」「攻撃的な」といった性格も付け加えたくなるかもしれない。

赤タイプの性格は、ヒトラーのように野蛮な性格だという発言も聞いたこともあるが、私はこの発言を特に支持をしているわけではない。ヒトラーという人物名が出てきたことによって、赤タイプのイメージが一気に悪くなってしまった。生まれながらにしてリーダータイプの性格は、悪い一面が特徴となって表に出てきてしまうのだ。

だが、彼ら自身が心配することは特にないということを言わせてほしい。というのも、赤タイプは人間関係よりも、問題そのものを重視するタイプだ。だから、周りの人間は誰もが間違っていると判断してしまうのである。理解度を深めるためにも、彼らの周囲の声を聞いてみることにしよう。

●「いつもそんなに時間がかかるんですか？ もっと早くできませんか？」

さぁ、どうしたらいいだろう。先に進むためだったら、ルールさえ無視してしまう人の性格を「忍耐力がない」という言葉以外で表現ができるだろうか。普段のやり方だと遅いと感じると、赤タイプはその時点で道を外れ、決断する過程すら飛ばして、最終決定を下す場を急いで探し出す。パッと思いつくのは、ストックホルムの交通である。ストックホルムで車を運転する人は、ほかの都市の人よりも急いでいることが多い。これはきちんとした統計で証明されているようだ。そのストックホルムの交通に関する私の元同僚の話をしよう。

その元同僚、ビョルンとは数年前、一緒に同じ会社で働いていた。私たちは、移動手段に車をよく使って中心街へも車で移動をしていた。というのも、バスや地下鉄といった公共交通機関を使っても、結局同じぐらいの時間がかかっていたのだ。ビョルンは、法律で決められている速度制限を守らないことが何度もあったため、交通違反切符を何度も切られていた。

彼は、オフィスのある中心街から30キロほど離れた郊外に住んでいた。渋滞のない朝ならば、40分ほどのドライブでオフィスに到着だが、長く時間がかかったとしても、1時間半ぐらいの距離だった。

ビョルンはほかの車のスピードに合わせることは滅多にしなかった。交通ルールを守る必要はないという考え方だったので、70キロ、90キロと書かれたスピード制限の標識は、ビョルンにとって意味のないものだった。彼に言わせると「あんなのは、車を運転できない人間のためだ」とのことである。

仕事の休憩中、同僚たちとストックホルムの交通事情のひどさについて話していたときのことだ。あまりにひどいので、交通のインフラが破壊されつつあるのではないかとまでも話に上がっていた。だが、ビョルンには皆が何を話しているのかまったく理解できない。なぜそれが問題になるのかわからなかったそうである。

それどころか、ビョルンは「ストックホルムでは車をスイスイ走らせることができる」と言う。よく聞いてみると、彼は、なんとバス専用道路を走っているというのである。20キロほどの距離をずっとバス専用道路を走っているのだ。

「そうしたほうが速く走れるし、バス専用レーンを走る権利ってのもちゃんと買えるんだ」と、何も悪いことをしていないかのように、サラッと言ってみせたのだ。事実、ビョルンは毎月1200クローナを払ってバス専用レーンを走っていたのである。

というのも、彼は1カ月に一度は警察に止められていたが、その罰金が毎月1200クローナだったというのだ。でも、ビョルンは「稼げた時間を考えると払う価値はあったし、いいディールだった」と言っていた。

この話を聞くと、赤タイプがどんな性格なのかはっきりとわかることだろう。彼ら自身も「ルールを破るのは悪いことだ」とわかっているのだが、それでも早く終わらせることができるのだったら、ルールなんて関係ないのだ。

赤タイプは、ルールを守らないということで評判が悪いが、彼らには仕事を素早く終えたいという気持ちがあるということも思い出していただきたい。

仕事さえ終わることができるのならば、近道を何度も使っても気にならないのだ。規則やルールに対しても特に厳しくないので、確かに素早く結果を出すことが可能ではある。早く仕事をやり終えるというのは、たとえ間違ったことがあったとしてももう一度やり直す時間があるということでもある。ただ、何が起こるのかは誰にも予想できない。

●「大声なんて出していません！　怒ってなんかいませーーーーん！　ってば！」

赤タイプは単刀直入にものを言う人が多いため、攻撃的な話し方をすると思われることがある。理にはかなっているが、誰が彼らのそのきついやり方にさらされるかによってもとらえ方が変わってくる。

スウェーデンでは、対立的な態度を人に見せるのはご法度とされている。ドイツやフランスといった国では、それほどダメな態度だと受け取られることはない。これらの国では口論ばかりが起こっているとは言わないが、何か対立することがあってもスウェーデンのそれとは違う目で見ることができる。

考えてもみてほしい。オフィスではよく「反対意見でも正直にはっきりと言うべきだ」という薄っぺらな言葉が聞かれるが、いったいこれはどういう意味だろうか。

お互い正直であるべきだ、自分の意見をはっきりと述べるべきだと解すこともできる。オープンで誰もが正直になって会話をする、素晴らしいではないか。会社にとって大切な議論内容を皆が心を開いて話し合えるということは、組織にとっても効率的ではないか。納得はいくはずだ。

では、そのようなオープンな話し合いの場を提供するのはいったい誰だろうか？　また、機嫌を損ねることなく、そのような場に入っていけるのは誰だろうか？

答えは、基本的に誰もいない。

しかし、もちろん赤タイプはできる。心を開いて議論ができる場を提供したり、不機嫌にならず、自然にその場を受け入れることができるのは、彼らにとって当然なことだ。

「正直に話すべきだって？　自分の意見をはっきり言うなんて、当たり前のことじゃないか」

そう思うのが赤タイプなのだ。面と向かって正直に話されるのが苦手な人にとって、彼らのやり方は苦痛に感じるはずだ。

ここでは、誰が正しいか、誰が間違っているのかということを述べているわけではない。人とは違うものなのだ、ということを言いたいのだ。

それでも赤タイプの性格は、怖いとか好戦的だと見られる理由は何だろうか？　話し合いを始めた時点からあきらめようとしないからだろうか？　自分にとって重要な問題ならば、どんな小さなことでも話し合って議論をしたいのだろうか？　声を上げたり人を凝視したり、拳《こぶし》でテーブルを叩いていつでも人を脅かすことができるとでも思っているのだろうか？　それとも、本当に無礼な発言をしているのだろうか？

想像してほしい。

とある仕事があったとする。やり終えるまで、何日も、いや何週間もかかったが、きちんとやりこなせたのか、自ら望んだ結果を出せたのか自分でもわからなくなってきている。注文先にこのまま納品する勇気があるか、それともまず、正直に何でも答えてくれる人にフィードバックをお願いするか悩むところだ。

有言実行。赤タイプがすぐそばにいる。これはいい機会だ。この赤タイプの同僚——誰かの夫であり、誰かの友達であり、誰かのいとこでもあり、誰かの隣人でもある同僚——は正直な意見を言ってくれるに違いない。

そこで「率直な意見を聞かせてくれ」とお願いをしてみる。きちんとやったのだから大丈夫だという気持ちがあり、その自信があなたの声に現れてもいる。そして、1から順にどうやって進めていったのかをその同僚に見せる。彼にはすでに答えが用意されているというのに、それに加えてあなたの話が長すぎるがためにイライラし始めるが、あなたはそれに気付くことすらしない。

同僚がちょっと手を動かしただけで、あなたはその様子に気付き黙り込んでしまう。

「全然よくないね。この部分がよくない。いや、よくないどころか最悪だ、これは。もっとできる人だと思ってたのに。初めからやり直すべきだ」

さんざんけなしたあとは、あなたを残して同僚はその場を去る。あなたがどの色のタイプの性格だろうが、同じような態度を見せつけられることだろう。

こんなのは大袈裟で、現実にはあり得ないと思われるだろうか？

そんなにひどい人間なんているわけないじゃないかと思うのであれば、それは本物の赤タイプの人間に会ったことがないからであろう。それか、正直な意見を言うべきではないと、自ら学んだ赤タイプの人間にしか会ったことがないのかもしれない。

考えてもみてほしい。赤タイプは、どんな理由があってここまで毒舌を吐いたりするのだろうか？　その意図は？

理由も意図もない。あなたがお願いしたことを、きちんと伝えただけなのだ。正直な感想を頼んだのは、あなたである。

「率直な意見を聞かせてくれ」と言ったはずである。これは「怒らないから、悲しまないから、ガックリしないから、死にたいだなんて思わないから」と付け加えて言っているのではない。赤タイプはあなたが「聞く準備ができている」と思っていたのであろう。

率直な意見を求めたがために、自ら墓穴を掘ってしまったわけになるのだが……。

それでもあなたは墓穴からはい上がってくることだろう。ただ、ほかの人はどうするだろうか。

赤タイプが、重要な問題や妥協をしたくないことに関して気張りながら話し始めたら、「かなりすごいことが起こりますね」と、私は今までコンサルティングを受けてきた多くの人に伝えてきた。口論や議論好きでないのならば、そんな状況には陥りたくないはずだ。

赤タイプにとって激しい口論や言い争いはなんともないのだから、もしかして無意識のうちにそういった場を提供しているのかもしれない。たまに起こるぐらいの口論ならば新鮮だし、人と話し合う手段の1つじゃないかと思うのが赤タイプなのかもしれない。

助言：赤タイプとの口論に巻き込まれてしまった場合、決して譲歩しないこと。さらに大きな問題へと発展してしまう。これについては、のちほど述べることにする。

●「そっちで何をしているんだ？　何をしているのか（していないのか）見えないじゃないか！」

コントロールフリーク、つまり何でも仕切りたがるというのは、いったいどういうことだろうか？

簡単に言うと、特定のグループや個人に対して、1人の人間が指示をしたがり、支配しようとする事象だ。

コントロールフリークな人は、基本的にグループや状況に順応しなくてはならないのを嫌い、その場を逃れられる方法を常に考えている。この特徴が見えるのは、会話をしているときに話しっぱなしで、誰かが話そうとしてもそれを自分の意見で遮ってしまう行動だ。そうすることによって会話自体を自ら支配することができるからである。

赤タイプは支配力があると見られるが、支配をしている対象なのは周りの人間であって、物事の詳細を支配しているわけではない（赤タイプは詳細を把握することが苦手である）。人が何をしているか、特定の問題に対して人がどのような対応をするのか、ということを自分がしっかりと管理をしているのだと自ら実感することが彼らには重要になってくる。

つまり、自分はほかの誰よりも把握していることが多いという気持ちが大切だということである。赤タイプは、自分が一番その場を把握していると信じているので、ほかの人に対して正しいやり方でやってほしいと期待をする。

彼らの長所は、欲しいものを得られるという性格だが、短所は周囲の人間が「支配されている」と感じてしまうことである。「なんでも決めてくれ、指示を出してくれるから楽だ」と感じる人もいれば、「制限されているみたいでイヤだ、だから彼らとはいたくない」という人もいる。

かなり昔、とある会社の人と仕事をしたことがあるが、そこの中間管理職の人がかなり赤タイプな性格だった（青タイプでもあったが、青タイプについてここでは述べないことにする。青タイプの章をご覧いただきたい）。

彼女が社員にタスクを振り分けると、その効果は不思議な結果となって現れてきた。人に何かをお願いしたり、面白そうなタスクを人に振り分けたりすることが得意なのだが、こういうことは管理職の人が不得意とするところでもある。

だが彼女は赤タイプなため、素早く考えて行動をする。タスクを振り分けたあとにも少し様子を見て、タスクの作業が進んでいないのがわかると彼女自身でタスクをこなすような人だった。

同僚が、やるべきことリストを見てまだやり終えていない項目について彼女に質問をすると、ほとんどのタスクがもう終了していたということもあった。締め切りはまだまだ先なのに、ということに注目していただきたい。

彼女のタスクのこなし方は素晴らしく、同僚ができないようなこともきちんとやり遂げていたが、これは、彼女が赤と青タイプの性格だったからだ。赤タイプの性格からは素早さが、青タイプの性格からは質のいい結果が生み出される。

だが残念なことに、青タイプの細かいところまで気になってしまう神経質な性格と、赤タイプの常に批判的な性格のため、同僚がノロノロと仕事をしていることに対してすぐ攻撃をしてしまう。

そのためか、同僚らからは、かなりきつい性格だと思われていた。

その話を踏まえて次へと進むことにしよう。

●「もうちょっと面白ければあなたのことも気になるんですけどね」

感情のない人に会ったことがあるだろうか？　そんなことはないかと思う。赤タイプは人間関係を重視するタイプではないが、同じタイプ同士で話をしている限りは特に問題がない。ただ、人との関係を大切にする黄タイプや緑タイプと会話をすると、赤タイプはなんて無感情で非情な人間なんだととらえられても不思議ではない。

私にもそんな経験がある。

私にはとても頼りにしている元同僚がいる（私がこうやって例を出すときにポジティブな面から紹介しているところに気付いていていただきたい。これはそこで紹介する人を私が嫌っていない、ということをお伝えしたいからだ。典型的なスウェーデン人がやることではあるが……）。

その同僚というのは仕事をする人間として、また友達として私がとても尊敬する人物だ。そう、今までにも何度も登場しているビョルンのことだ。

何年か前に、会社の経営状態が困難になってしまったことがあった。その年の秋は、長時間働く日が続いて、休日返上ということもめずらしくなかった。仕事に疲れ果てていただけではなく、社員とやり取りするのすら疲れ果てていた。家族に対しても疲れてしまっていた。ほぼ全社員が過労に陥っていたのだ。そのため、その年のクリスマスは疲労回復ができるようにと、のんびりした時間を過ごそうと考えた。

そんな折、ビョルンたちと、とある和食レストランへ行ったことがあった。靴を脱いで座敷に座り、右手には日本酒。メニューを覗《のぞ》いているあいだ、ほかの人が何を頼むのか気になるところはスウェーデン人らしいところである。誰も頼まないようなものは頼みたくないのだ。

ただ、ビョルンは違った。メニューにサッと目を通し、「これを注文する」と声に出すと、まだ決められない周りの人間をあきれたように見る。ほかにすることがないのでビョルンは話を始めた。当時、私の娘がちょうど転校をしたばかりだったので、ビョルンは娘に新しい学校のことを聞いていた。

「新しい学校はどう？　慣れたかな？」

ビョルンが娘の転校のことを考えてくれたことに喜んで、私は彼の質問に答えた。

20秒ほど経った頃だろうか、私はビョルンの目がキョロキョロし始めたことに気付いた。レストラン内を見回し始めたビョルンのその顔を見ると、「なんでお前が答えるんだ」と顔に書いてあったのだ。

するとビョルンは私を見て笑顔でこう告げた。「私のことはよく知っているはずだろう。もう娘さんの学校の話はしたくない！」と言い、さっさと話題を変えてしまったのである。

普通の人ならばここで気分を害された、はたまたバカにされたと思うかもしれない。なぜそこまで非情でいられるのか？　だいたい聞きたいと言ってきたのはそちらではないか？

このビョルンの態度は、彼が他人のことを気にしない冷淡な人間だという証明だろうか？　いや、絶対に違う。誰もが他人のことを気にするように、ビョルンも気にはなっていたのだ。だが、娘の転校がうまくいったということを知った時点で、それ以上興味がなくなってしまっただけなのだ。

彼の中で会話は終わったということを伝えたかっただけである。その場で「はいはい」と、あれやこれやといった細かいことに興味があるように見せかけて応対する代わりに、正直にどう思うかをビョルンは声に出していただけなのだ。

この章では、人の態度や行動の解釈法を述べているということを思い出していただきたい。人の行動や態度の裏にある意図と、それを受け取る人の解釈の仕方は同じものではない。

ビョルンに関しては、私は彼がどういう人間だかよく知っていたので、笑うだけでよかった。彼が人を傷つけるような人間ではないことはよくわかっている。人の気持ちを踏みにじるような態度になっても、そうしたいからしているわけではなく、そうなってしまうから仕方のないことなのだ。

ビョルンは冷淡どころか、ほかの友達と比べてもかなり温和で優しい性格をしている。ただ、その面を理解するには、ビョルンのことを知ることが必要になってくるだけなのだ。

では、娘の転校に関する質問にはどう答えるべきだったのだろうか？

「うまくいった」

それだけで十分だったのである。

●1人でいることは強みである。そして私が誰よりも強い

「自己中心（egoistic）」という言葉は、ラテン語の「自我」を意味する「エゴ（ego）」が語源となっている。つまり、自らの「自我」は私のエゴなのだ。言葉だけで考えると、エゴが強い人間とわがままな人間のあいだにそれほど違いはない。

実際、わがままでエゴが強い人は多くいる。そんな人間ばかりだ。自分が見ている人の態度は、そのときの態度であって、常にその人の本当の性格ではないということを先に進む前にもう一度思い出していただきたい。

赤タイプの発言を観察してみると、どうして赤タイプはエゴが強い人間だと思われてしまうのかわかる。

「私はこの提案を採用するべきだと思う」

「私はこのタスクをやりたい」

「これがそれに対する私の意見です」

「私にはいいアイデアがあります」

「私のやり方でやりますか、それとも間違ったやり方で？」

これらのセリフに、きつい目線と赤タイプ独特のボディランゲージを付け加えると、欲しいものなら何でも手に入れるような人が見えてこないだろうか。

彼らは、自分の興味のあることならば努力して目的を達成し、「それができるのだ」と話を聞いてくれる人にはその旨きちんと伝える。赤タイプの発言で一番耳障りなのは、何でも「私が」と始まるところだ。これは特に緑タイプがイヤがる話し方だ。赤タイプの頭の中は「私が、私が」ということでいっぱいいっぱいなのである（これは、これまたエゴが強い黄タイプにも見られる特徴でもある）。

だが、人は助け合いながらいること、1人でいても強くなれないこと、生き延びていくにはお互いが必要だということはわかっているはずである。協力し合っていくというのは、組織においても模範になるやり方であるし、私は20年以上、そう教えてきた。

そのため、赤タイプが自分を基準にして話をしていると「なんてわがままな人間なんだ」と周りの人間は思ってしまう。彼らは、人を助ける前に自ら都合のいいように状況を作り出してしまうのだ。自分のためならば容赦なく他人を踏みつぶしてしまうこともある。無意識のうちにやっていることだとは思うが、どんな結果が待ち受けているかは、意識をしていても結局同じことだ。

彼らが議論や口論に勝つ理由がこうした性格にある。赤タイプにとっては、どれも自然な会話の一部なのだ。自分が一番物知りで、自分以外の人間は間違っていると伝えたいわけだ。彼らの自我はそのような態度でいられるように作られているのだろう。この性格のせいで友達は減り、嫌われてしまい、誰からも連絡がこなくなってしまう。誰も赤タイプと付き合いたいと思わなくなる。そして赤タイプが自らそれに気付くと、周りをバカ呼ばわりするのである。

数年前の、とある食事の場でのことだ。そこにいたのは6人で、皆が丸いテーブルに座っていた。とある緑&青タイプの人が、今はとても苦しい時期で、自分の調子がよくないと語り始めた。上司の期待に応えられず悩んでいたのだ。

あまりに多すぎる仕事にプレッシャーがかかり、睡眠にも障害が出てきているとのことだった。きちんと睡眠をとれないと仕事もこなせないため、悪循環となり、さらにストレスになっているという。

彼の奥さんは横に座り、その空虚な眼差しを隠そうとしていた。気まずい雰囲気になってしまったため、そこにいた人たちで勇気づけられる言葉をかけたり、どうしたらその状況から抜け出せると思うかと彼に失礼のないように聞いてみた。できるだけ力になりたかったのだ。

だが、そこにいた唯一の赤タイプは、やれやれと思ったのだろう。そのストレスを抱えた男性に対して、軽く怒り出したのだ。

彼がここで言いたいことは、はっきりしていた。

「グチを言いすぎているんじゃないか。お金はきちんと稼いでいるじゃないか。私は一度も病気になったことないし、だいたい人はあれが欲しいこれが欲しいとかあまりに多くのことを求めすぎている。私は絶対にそんなこと言わないし、もっとあなたがきちんとしたらいいんじゃないかと思う」

その食事会はそれからも雰囲気は変わらずで、ずっと暗いままだった。

ここでわかることは明らかだ。「必然的に周りがバカだらけになるのは赤タイプだ」と。

人は黄タイプをどう見ているのか?

黄タイプは自らの性格を、「面白くて人を楽しませ、思い切りポジティブな性格」と描写するが、ほかの人に聞いてみると、そのイメージとは違った性格も見えてきそうである。

彼らについても赤タイプ同様、これ以外にも特徴があるのではという意見もある。ここで興味深いのが、青タイプに黄タイプの性格を聞くと、面白い回答が返ってくるということだ。

青タイプは、黄タイプの性格を「わがまま」「軽薄」「自信過剰」と表現する。「話しすぎる」「人の話を聞かない」という人もいるし、「集中力がない」「そそっかしい」と加えてやると、急にイメージが悪くなってしまう。

黄タイプがこれらの表現を耳にすると、かなり傷ついて思い切り落ち込むか、激しく反論を始め始めるかどちらかだ。

どちらの反応を起こすかは一概に言えない。だが、黄タイプのいいところは、そのような反応をしようとも、時間はかかるのだが最悪の状況になることはないということだ。

というのも、人の話を聞くのが上手なわけではないし、心理学でいうところのセレクティブメモリー、つまり、都合よく修正された記憶の持ち主だからだ。嫌だと思ったことは忘れ、根っからのポジティブ思考で自分には悪いことや欠点はないと信じているのだ。

では、黄タイプが周りに知られず、どんな努力をこっそりしているのか見てみよう。

●「あのー！　私に何が起こったと思います？　知りたいですよね？」

この章の初めのほうで、黄タイプはコミュニケーション力に長けていると述べたのを覚えているだろうか。ここで、もう一度言う。黄タイプは人とのコミュニケーションがとても上手である。「とても」のところを強調したい。

黄タイプのように、素早く言葉を見つけてそれを口に出し、小話をするなど、ほかのタイプの人はなかなかできない。あまりに簡単にサラッとやってのけるので感心してしまうくらいだ。

人前で話すのを得意としている人はあまりいない。心臓がドキドキしたり、手のひらに汗をかいたりしながら、失敗するのを怖がっている。でもこれが黄タイプになるとそんなことはない。彼らの辞書には「失敗」という言葉はなく、たとえ予想外のことが起こったとしても、それをネタに面白い話をして、冗談にしてしまうのだ。

悪いことではないことでも、いきすぎてしまうのはよくない。そんなときは、どこかでストップをしなければならない。黄タイプで、特に自己意識が低い人はそのストップができない。止まることもないし、何か言いたいことがあればそれを口に出して言ってしまう。その話に興味がある人がいなくても関係ないのだ。

黄タイプもほかのタイプ同様、自分が得意なことを進んでするが、それが彼らにとってはおしゃべりをすることだ。その場にある空気を今にも全部吸い込んでしまいそうな勢いで話す例は数え切れないほどある。そこに、人の話を聞くのが下手だという特徴を付け加えるととても興味深い（「偏った」と読むように）コミュニケーションが生まれる。

このように長々と説明をしていると、かなりイライラしてしまう人が多くいることだろう。自我の強い人は静かにしていられないと思われがちだ。スウェーデン語の「話してばかりの袋（訳注・「おしゃべり」のスラング）」、「語彙《ごい》糞野郎（訳注・「冗長」のスラング）」、「口唇に油たっぷりのおしゃべり野郎（訳注・「早口」のスラング）」といった単語は、黄タイプの性格を考えて作られた造語ではないかと思う。

私は、これから述べるような場面に数え切れないほど遭遇したことがある。会社の重役会議に何人かが参加をしている。そこでトップの人が、とある意見を述べたとする。皆にそれが伝えられると、そこにいる黄タイプは、その意見と同じことを繰り返し言い、それに賛同をする。

その意見を言う際に、同じことを繰り返すのではなく、自らの言葉で言い換えることも考えられる（女性の方へ：これは女性より男性によく見られる行為である。というのは私も自覚している）。

意見を繰り返して言うのはなぜだろうか？　それはまず、意見に賛成だということを示したいためである。また、皆で同じ意見を言ったほうが、良い意見に聞こえるかもしれないからである。


数年前、集団力学の研究のため、とあるリーダーグループを観察したことがある。ちょうどストップウォッチ機能のついた携帯電話を手に入れたばかりだったので、それを使ってみることにした。

グループの中で誰がどれだけの時間、話をしていたのかを計ることができたのだ。

そこで面白いことがいろいろとわかってきた。実験には、社長１人と、その側近が７名参加していた。その中でもまさに黄タイプだった営業部長のペーテルは、19もの議題を用意していた。１つの議題は全体の19分の１、つまり5・３パーセントを占めていた。

社長の一声により会議が始まったのだが、始まってすぐに、とある明確なパターンが形になって現れてきた。

１つひとつの議題について順番に話し合いがされたのだが、ペーテルはすべての項目に意見があり、そのたびに発言をしていた。

ストップウォッチを見ると、驚くべきことが起こっていた。全体の69パーセントの時間をペーテルだけが話をしていたのだ。これは嘘ではない。社長を含むほかの参加者が話していたのは、残りの31パーセントの時間だけだったのだ。

もしあなたが黄タイプの性格ならば、自分にも身に覚えがあるのではないだろうか。ほかのタイプは逆に、なぜ黄タイプには1つひとつの項目に対してそんなに言うことがあるのか不思議に思うかもしれない。

でも、こうなってしまうのだ。黄タイプは、自分が話し合っている事柄に詳しいかどうかにかかわらず、自分の考えや意見や助言を伝えたがる。彼らは、自らの能力を最大限に発揮することができるため、何か思いついたらすぐにそれを口に出すのである。

赤タイプは、考えていることと実行することが一致するとよく言われる。黄タイプは、考えていることと話していることに相互関係があると、私はここで述べたい。

黄タイプは、何も手を施していないそのままのものが、大きな穴からこぼれ落ちてきてしまい発言をするというような感じで人にものを伝える。もちろんきちんと考慮されたうえでの発言のこともあるが、そうでないことがほとんどだ。

ここで騙されやすいのが、そのように黄タイプが発言したことは何でもよく聞こえるということである。言葉をうまく操るため、どんな意見でも素晴らしく聞こえてしまうのだ。このようなタイプに慣れていないと、その人から言われたことは全部信じてしまう傾向にある。

でも、それはかなり大きな過ちだ。

黄タイプは人を楽しませ、人に影響を与える。以前にも述べたが、人に刺激を与えることによって新しいアイデアを生み出す手助けともなる。だが、もし彼らと会話をすることになったら、その人が話を止める瞬間を見極めて、そこで自分の発言をするようにすること。それか、会話を完全に終わらせてしまうのもいいかもしれない。

●「ごちゃごちゃしたように見えているのはわかっている。でも、きちんとしたやり方があるんだ！」

黄タイプは、自分の杜撰《ずさん》な部分をなかなか認めたがらないが、しっかりと物事を把握できる技があるわけではない。彼らにとって、たとえば体系的に作業をするのはつまらないことだ。というのも、体系的に仕事をするということは、もうやり方が決まっていて、その型の中で作業をしなくてはならないということだからだ。彼らは、すでに決められて変えることができないシステムの中で支配されているという状態が嫌いなのである。

そんな中、黄タイプは何もかも頭の中に叩き込んでやろうとする。できないことはない。ただ、ありとあらゆることを覚えておくというのはなかなか難しいものだ。そのため忘れてしまうことが増えていき、周囲の人間は彼らのことを「あの人はいい加減な人だ」と思ってしまうわけだ。

締め切りを守らなかったり、再確認をしないで注文品を納品してしまったりするのだが、これは彼らの中ではすでにタスクが終了していて、もうそこに戻りたくないからなのだ。常に前に進みたいのが黄タイプ。次のタスクやほかのタスクをやってしまおうというわけだ。

たとえば、何かの仕事をしてそれを納品する場合、細部にわたってまでもきちんとやりこなしていなければならない。だが黄タイプは、細かいことをチェックしたくない。興味がまったくないと言っても過言ではないかもしれない。ペンキ塗りの際、太いブラシを使うと色塗りが早く終わるように、彼らはタスクを一気にやり終えてしまいたいタイプなのだ。


そんな黄タイプが得意とするのは、何かを始めることだ。思いつきが早いし、創造力があるため、いろいろなプロジェクトを始めようとする。ただ、そのプロジェクトを終わらせるのは、始めたときほどうまくはいかない。何かを完全に終わらせるというのは、相当な集中力が必要だ。

黄タイプにはその集中力がない。飽きてしまい次へと進みたがる。そのため、周りに「杜撰だ、いい加減だ」と思われてしまうのだ。

だが彼らの中では、「これで十分なのに、どうしてそこまで細かいことにこだわらなくてはいけないのかわからない、これでいいじゃないか！」となるのである。

彼らにとっては、縫ったばかりの上着から糸がほつれていたり、書類がスペルミスだらけというような杜撰に仕上がったものよりも、新しいことを探すことのほうが大切なのだ。これは1つの分野に限ったことではない。

私の知り合いに、時間にルーズなカップルがいる。いつも明るくて元気に新しいことを見つけてくる2人なのだが、時間に関してはとてものんきだ。

何時に約束をしようと関係ない。というのも、彼らが約束の時間に来ることは決してないのだ。7時だろうが7時半だろうが8時だろうが、時間を約束してもまったく意味をなさない。

いつも遅刻をする。それだけでなく、初めは「45分ぐらい遅れる」と言っていたのに、いつの間にか「15分ぐらい遅れるから」と割引をするような感覚で話してくるのだ。

本当にそこまで遅くはならないはずだ、と彼ら自身も初めは信じているようだが、それはまったく意味がない。結局は、周りの人が彼らを待つこととなるのだ。

だが黄タイプは、その場の雰囲気を盛り上げてくれるので、待つ価値はある。

●「多くのことをこなすのが得意だ。特に全部同時にやるのは任せてほしい！」

黄タイプは集中力に欠けているという話をしよう。彼らは外部からの影響を常に受けやすいが、これは新しいことやアイデアに対してオープンな性格のマイナス点でもある。というのも、真新しいことなんて、世の中にありすぎるからだ。

黄タイプの中では「新しい」と「良い」は同義語である。そのため、彼らにとって一番いい状態というのは、常に何かが起こっているときだ。常に何かが起こっていないと、集中力がすぐに切れてしまう。彼らに話をしても、全部の話は聞いてくれない。その背景だとか、細部にわたる事実だとか、たとえそれが重要なことだとしても聞いてくれない。興味がなければすぐほかのことへと焦点が移ってしまうのだ。

そのような態度を取ってしまうのはどうしてだろうか？

その答えは簡単だ。ボールをポーンッと上に跳ね上げるように、新しく思いついたことを始める。少しのあいだはいくつかのボールを操るのが可能でも、ちょうどいいときに、ちょうどいい箱の中にそれらのボールを片付けることができないので問題となってくるわけだ。操っている途中で本人はその場を去るため、木から果物がドンッと落ちてくるように、それらのボールが他人の上へと降り掛かってくる。

黄タイプは、会議中にでも携帯電話やパソコンをいじり始めたり、隣の人と話し出したりすることもある。

初めのうちは気付かれていないとコソコソやるのだが、もちろん気付いていない人がいないわけがない。周りはかなりイライラしている。だが、そこで誰ひとりとして注意するわけではないので、そのまま自分のやっていることをやり続ける。まるで子どもみたいだ。

また、黄タイプは限界に挑戦することを得意とするため、誰かが激怒をして注意するまで、その態度を保ち続ける。だが、注意されたら彼らも傷つけられる。ほんのちょっとしたことをやろうとしていただけなのにと……。

このように、たった1回限りの会議で注意されたときならばまだしも、何でもすぐに飽きてしまう性格が原因となり、取り返しのつかないことが起こることもある。

彼らは、事務仕事や事後点検といった毎日の単調な作業が苦手だ。こんなことを書くと、黄タイプからいつものごとく否定されてしまいそうである。事務仕事や事後点検といった業務も、自分が一番だと信じていることだろう。

だが、たとえば黄タイプが、とあるプロジェクトに関わったとする。きちんと事後点検をしないといけないのに、確認を怠ったがために大変なことになってしまうことだってあるわけだ。

「やった！　新しいプロジェクトの開始だ！」と、彼らはきっとこんな気持ちで始めることだろう。「有能そうな人を集めて、新しくて精力的なチームを作ろう──完了！　さあ、プロジェクト開始だ、ビジョンを掲げて目標設定だ──ちょっと待った、冗談だろ？　だってもうそんなのできている！　スピードアップのために初めから狂ったようにプロジェクトに取りかかる？　もちろん！でもその次は？」

プロジェクト開始後の、何が実行されたかされていないかを確認するフォローアップは黄タイプにとってはまったくつまらないことだ。前にやった作業に戻らなくてはならないから面白くもない。彼らがそんなことをすることはない。長い時間、集中力を保つことができないため、フォローアップするような気力も残っていない。「同僚を信用しているから大丈夫」と自ら言い聞かせたほうが都合がよい。

とある大手の民間テレビ局に勤める営業担当の方を指導したことがある。その女性はとても優秀で、大きな仕事をもこなしていた。

彼女の性格を分析してみると、ちょっとここが欠点かもしれないという点を見つけたので——悪いところがあってもそれがいいこともある、と彼女は私を説得してはいたのだが——今後どうやっていけば改善できるかその実行プランを立ててみた。

まずは、その実行プランをいつから始めるか決めなくてはいけなかった。

その日はもうすでに、午後3時を過ぎていたので無理だった。翌日は会議で1日中埋まっているという。それでは次の週にと思ったが出張の予定が入っていた。

では、その次の週は？　予定を見てみると彼女は言っていたが、もうこの時点で彼女の自己改善プランは失敗に終わっていたのだ。

●「私が！　私が!!　私が!!!」

黄タイプはほかのタイプに比べてわがままであるということはないが、そう見られがちではある。

これはなぜだろうか？　それは、会話の仕方に大きな理由がある。まず、自分のことをずっと話している。ほかの人の話が面白くなかったりすると、その会話に割り込んで自分の興味のある話題に切り替えてしまう。そして、その興味のある話題というのは、自分に関することが多い。

とある薬品会社の会議に出席したときのことだ。そこに、黄タイプの少し悪い面だけを見せてくれていたグスタフがいた。

グスタフはそれにまったく気付いていなかった。そのときの議長は私だったのだが、彼は自分以外のことはほとんど話さず、自分がいかにも議長かのような態度を見せていた。

彼のような態度を取る若い男性に私は慣れている。少しのあいだならば、そんなタイプの人を観察してみるのも結構面白いものだ。その後、休憩の際、2人きりになる場所を設けて、黄タイプの言動を正すためにちょっとしたアドバイスの言葉をかけてみるのだ。

その会議からこんな例を紹介しようと思う。

グループ全体に質問をしても、答えるのはいつもグスタフだった。彼は、質問には素早く答えていたが、これは彼がその場で大きな貢献をしているのだという証拠でもあった。

そうとでも思わないと、ただの戯言《ざれごと》にしか聞こえないような発言だった。というのも、彼は頭にふっと思い浮かんだことを言葉に出して言うだけだったのだ。自分の考えていることを心の中にしまっておくこともできず、何ひとつ残らず全部話してしまうのだ。

私がグスタフの同僚を指名して意見を聞いたときにですら、彼は私を見て話を始めていた。

答えてほしい人の名前を呼んで、その人に質問をしても答えるのはグスタフだった。これはかなりすごいことだ。

そして自分がちょっと話したあと、近くにいたスヴェンに「こういうことが言いたかったんですよね？」と質問したこともあった。頭を振るスヴェンは「なんで私に聞くのだ？」という感じである。というのも、スヴェンはグスタフのこのような態度に慣れていたので、特に変だとは思ってはいなかったようだ。

その後「きちんとしてください」とお願いをしたのだが、午前中だけでも私はグスタフには相当やられてしまった。グスタフにとっては数秒間の沈黙ですら、埋めるべき空間だったのだ。

グスタフは誰にも話す隙間《すきま》を与えず、自分が言ったことはすべて事実だと理解してもらいたがっていた。会議室にいるほかの19人の参加者の考えなど考慮することなく、そこにあるだけの空気を吸い切ってしまうような雰囲気だった。

ここで不思議だったのが、その場にいた皆は何が起こっているのかきちんとわかっていたことだった。だが、誰もグスタフと張り合う気はない。必死に私をじっと見つめながら、彼を黙らせてくれと合図を送ってくるだけだったのだ。

ランチのとき、皆に聞こえるようにとグスタフが大声で、「いい会議だった！」と話しているのが聞こえた。そこにいたほとんどの人が耐えられたもんじゃないと彼の声を聞くだけで嫌気がさしてしまっていたのではあるが……。

●**「それは聞いたことがない。もし聞いていたのならば、覚えているはずだ！」**

黄タイプにもう1つの特徴があるとしたら、人の話を聞くのが下手だということだ。ひどいぐらいに下手くそである。

私が会ったことのある黄タイプのほとんどの人は、自分は聞き上手だといい、きちんと人の話を聞いている証拠に面白い例を出したりするが、間違って覚えていることを話しているのかもしれない。頭の中に入ってくることが多すぎるからと言い訳をするのだが、そうではなく、脳の記憶する場所に到達する前に忘れてしまうのだ。

いや、記憶とかそういう問題ではない。彼らは、自分は人より話すのが上手だと信じているため、他人が話すことに興味があまりない。また、1つの話題に集中して話すこともしない。ほかのことを考え始めると、違う話を始める。人の話は聞きたくない。自分が話していたいのだ。

また、面白くないと思ったことはやりたくない姿勢からは、子どもっぽさが見られる。たとえば何かの発表だったり話だったり、はたまた何げない会話でも、つまらないと思ったら耳を閉じてしまうのだ。

もちろん、それを改善する方法はある。人を楽しませる雄弁法（レトリック）を教えてくれるクラスに通ってみると、黄タイプの友達やパートナー、同僚といった人の注意を引く方法を学べるかもしれない。少しばかり面白い形で自分の意見を言うことができると、彼らは興味を持ってくれ、その場からいなくなってしまうというようなことはないだろう。

レトリックとはどうやって話をするかではなく、どうやったら人に話を聞いてもらえるのかということである。レトリックを学ぶことにより、黄タイプと話すときにピッタリのやり方が身につくことだろう。

自分にも黄タイプの知り合いがいると気付いた方は、私が言っていることに納得ができるはずだ。あなたが、とあることを話しているとする。その途中に、黄タイプが話題を急に変えてほかの話をし始める。

記憶力が悪いのだろうか？　それは違う。あなたのダラダラとした話がつまらなかっただけだ。

もちろん本当に記憶力が悪いと、相当よくない状況にはまってしまうのだが……。

成功している人には聞き上手な人が多いと言われている。自分が聞く以上に話すことはしない。自分が知っていることはしっかりわかっているので、さらに学ぶことがあるとすれば、自分は黙ってほかの人の話を聞くだけだ。これが彼らなりの知識の増やし方である。

彼らがほかの人にどうしようもない性格だと思われないようにするには、人の話を聞くということの大切さをまずは理解すべきだ。それをしなければ、そこから成長することはない。

まずは「人の話を聞くこと」ということに対して耳を傾けなければならない。面倒だしつまらない話だから聞きたくないというのであれば、何も学ぶことはできないのだ。

人は緑タイプをどう見ているのか？

緑タイプはいったいどう見られているのだろうか？

少し曖昧になってしまうかもしれない。というのも、緑タイプは楽しくて親切で、世話好きだということは誰もが納得するのだが、それ以外にもさまざまな意見がある。

口論が苦手な緑タイプがイエスと言えばノーの意味。このように複雑な性格にどう対応をすればいいのだろう？　彼らから本音を聞くにはどうしたらいいのだろうか？

赤タイプや黄タイプにとって、私が呼ぶところの沈黙による反抗は特に問題にはならない。これは、本音をはっきりと発言するのではなく、黙っていることを意味する。きちんと自分の気持ちを発言する緑タイプもいることはいるのだが、対象となる人がいないところでしか話さない。

そのためか、緑タイプには誠意がないと思われてしまうこともある。当の本人は人との争いに巻き込まれたくないだけなのだが……。

一般的に、緑タイプは最悪の事態になることを常に恐れているため、目立たないようにしている。また、変化に対する彼らの態度はどうだろうか？　変化が必要なのに緑タイプがそれを拒否すると、何も変えたくない自己満足でわがままで、やる気のない無関心な人間だと思われがちだ。

ほかのタイプの話をしてきたときと同じく、ここでも周囲からの視点で話すことにしよう。赤タイプにどう思うか？　と聞くと、ものすごい量の率直な意見が大雨のように降り注ぐに違いない。

●頑固一徹は決して美徳にあらず

何があっても考え方を変えようとしない人をどうしたらいいのだろうか？　変える必要があると

いう確固たる根拠があっても変えようとしない人は？　このままの状態がいいという気持ちのほうが大きい人は？

ここで緑タイプと青タイプの違いが出てくる。青タイプは、問題点の事実関係に着眼するが、緑タイプは問題を見つけても何もすることはなく、ただただそれが消えるまで待つのみである。

つまり、何も変化を起こしたくないのだ。何かを「こうだ！」と決めると、そのやり方を変えたくないのが緑タイプなのだが、それはなぜだろうか。実はそこに理由はなく、そうやってずっとやってきたからそのままでいたいのだ。

考えてもみてほしい。今までの人生で得た知識や考え方は、それまでの人生を通して得てきたものだ。食品に含まれているコレステロールの危険性だとか、宇宙飛行に関することだとか、はたまたブリトニー・スピアーズに関する自分なりの理解の仕方や知識がすでに身についているというのに、急に誰かに「その考え方を改めてくれ」と言われたらどう思うだろうか？

彼らは考え方を改めることはない。自分が正しいのだということをはっきりと感じることができるまで、待ち続けるのだ。もしそのような感覚がこないようであれば……いや、忍耐力のある緑タイプは、いつかはその感覚をつかむことであろう。

私が昔からよく知っている家族の、とある息子さんの話をすることにしよう。学校でもなかなかいい振る舞いをして、まあまあいい成績をとっていたこの息子さんには大勢の友達がいた。

ここで、若い人の話をするときには、十分に気をつけなければいけないということを覚えておいていただきたい。この息子さんは当時十代だったのだが、十代ということは、まだしっかりとした人格や性格が形成されていない時期であり、そこからの人生で学ぶことが多いということだ。これからお話しする彼の振る舞いも、それが彼の絶対的な人格ではないということを覚えておいていただきたい。

では、彼の何が問題だったのだろうか？

彼には、何が正しくて何が間違っているのかという自分なりの意見があったのだが、それを誰にも変えることができなかったのである。友達から聞いた話や、テレビで見た話、学校で耳に挟んだ話など、どんな話でもすでに彼なりに理解をしていると、それを変えることはできなかった。

両親が事実を話して証明して、「あなたは間違っている」という証拠を強い態度で見せようとも、彼の意見は変わらないままだった。その間違った意見や考え方があるために危険なことが起こるかもしれないということを話しても意味がなかった。

考えてもみてほしい。ありったけの事実をつきつけると「わかった」と、その息子さんは言ったらしい。たしかに理にかなっていると理解をすることはするのだ。これが彼でなければ、きちんと理解し、意見を変えてくれるかもしれないが、彼の場合は、変えるつもりはまったくなかった。頑固一徹な性格と言われてもおかしくない。

だが、彼がそこまで言われても意見を変えようとしないのは、なぜだろうか？

どこで聞いた情報なのかということと関係があるのかもしれない。もし友達が「新卒の医者とゴミ収集員の給料はだいたい同じぐらいだ」と言えば、それが真実か虚偽かは関係ない。同じ友達が「3杯ぐらいのビールを飲んで原付に乗っても、飲酒運転で捕まることはない」と言えば、それが彼にとって正しい情報になる。どんなに否定するような事実があれども、彼にとっては正しい情報のままなのだ。

彼が友達から「数学をもうちょっと頑張ればいい仕事に就ける」と言われたら、そのために一生懸命頑張って本当に良い仕事を得られるかもしれない。友達からの情報ならば〝それ〟が事実になるのだ。

緑タイプが大いに信頼をしている人がいれば、その人の言葉は緑タイプにとって法律同様の意味を持つ。彼らはナイーブで騙されやすいため、緑タイプをいいように利用することは実は難しくない。残念ながらこれを利用してしまう人がいないわけではない。

緑タイプの頑固さが強みであることは誰にも否定できない。だが、その頑固さを頑固一徹な性格だと受け取ってしまうと問題になる。

●「何でそんなに必死になるんだ？　気に留める価値があるものなんてないじゃないか」

緑タイプには周りの行動をとりあえずは観察してみるという姿勢もあるが、貢献心がそれほどないように見られがちなため、何に対しても興味がないという印象を与えてしまう。

だが、たいていの場合そんなことはない。彼らは自ら進んで行動するというより、受け身型な性格である。それが基盤となり彼らの行動を作り上げている。受け身型だから特に何が起こるとかそういうことではないのだ。

でも何がそんなに重要だろうか？　家にいたければ、外に出かけず家にいる。その何が悪いのか？

緑タイプは、ほかの人が出かけて何かをしたいという気持ちを理解できない。皆が自分と同じ考え方を持っていて、自分がソファでのんびりした時間を過ごしたいのだから、ほかの人も同じことであろうと考える。彼らは何もしなくてもとりあえずは満足だ。だが、それを人に理解してもらえないと緑タイプにとっては脅威となり、ますます受け身タイプになってしまう。

赤タイプと黄タイプの性格を備えた、とある会社のボスが、部下のことを「インスピレーションもないし仕事に対しても興味を示してくれない」と言うのを聞いたことがある。

そのボスが、部下たちにやる気をどんなに出させようとしても何も進展しない。いろいろと面白い提案してもみたが、何も起こらない。

会社に対する貢献が見られないことを心配していたこの上司は、部下を１人ひとり呼び出して、業務に関してどう思うか？　と聞いてみたそうだ。すると、「仕事に貢献する価値が見いだせない」

と率直に発言をした40代前後の社員が数人いたというのである。

その上司は激怒した。やれるだけのことはやったのに、それに対する反応がまったくなかったからだ。

同じようなことが結婚生活にも起こり得る。どこにでもステレオタイプというのはあるため、次の例のようなことがあっても不思議ではないだろう。

寡黙で気の強い女性がいたとする。そのような性格自体に問題はない。夫も実は寡黙で気の強い人間だったことがわかると、女性はそれが気に入らないかもしれない。

たとえば、その女性が何か計画を立てても、夫はまったく気にも留めてくれず、女性は困惑してしまう。そこでさらに大きな計画をしてみるのだが、夫は以前以上に気持ちを変えようとしない。

これは普通、逆なはずである。だが、緑タイプの場合、計画の規模が大きくなればなるほど、やる気が失せてくるのだ。彼らはそんなことよりも、のんびりと気持ち良い時間を過ごしたいと思っているのである。

こんなこともあった。私はここ20年ほど、小説を執筆しており、いつの日か出版される日を夢見ていた。親戚一同が、私にはそういう夢があるということを知っているが、彼らに大袈裟なことを言って驚かせたいとかいうことではなく、自分の野望を特に隠す必要もないから話していただけだ。

親戚の中には、自分の興味のあることや、自ら貢献していることを話さない人が何人かいる。とある身近にいる緑タイプの親戚が、私の夢を聞き、叶えるべきだと言ってくれた。夢を何度も語り、もし実現したらどれだけうれしいかといったことをも話をした。

そこまで話したのだが、その後どうなったのか？　という質問はされたことがない。どうせがっかりするだけだから、そこまで真剣にならないほうがいいのではというコメントを5年後ぐらいにもらったぐらいだろうか。

「今年こそ夢を叶えるから実現するために精を尽くす！」と私が言うと、「うわ、すごい仕事量になるんじゃない？」と言われてしまうのだ。

緑タイプにとって、仕事量が多いというのは一番の大敵である。なぜならば──仕事だからだ。何もかも簡単でシンプルであるべきというモットーが緑タイプにはあるのだ。

このように、緑タイプが無関心だったり、やる気のなさを見せてしまうと、やろう！　と刺激を受けてやる気満々だった人のやる気が一気に消えてしまう。

私の場合は、その親戚以外の人と話すことによって前進する努力をした。だが、私がどうしてそこまで努力をするのか、緑タイプの親戚は理解できない。ただただ面倒なだけだから、努力すべきではないという考えなのだ。それよりここに座って……何もしないでいようという姿勢なのだ。

●憂鬱な思考は憂鬱な発言となって現れる

緑タイプにデリケートな質問をすると、できれば答えたくないという態度を見せられる。ほかの人同様、彼らにもきちんと自分の意見や考え方があるのだが、それを何もかもオープンに話すことを好まない。その理由は単純だ——人と言い争いをしたくないのだ。

そのため、緑タイプの発言は曖昧なものになってしまう。「これは無理だね」という代わりに「これをやりこなすには相当な努力が必要だね」と言ったりするのだ。もちろんどちらも「間に合うわけがない」という意味なのだが。直接的な表現を避けることによって、人と争いをしたりだとかいう危険な状況からも避けられるというわけだ。

自分には、どんな意見があるのかを見せてしまうと、その意見を最後までつき通さなくてはいけない。とても面倒なことなのである。

緑タイプは、何事も確かなものだとわからない限り、自分の名前を傷つけるようなリスクを負いたいと思わない。何かに対して自分がどの立場をとるかを見せないということは、反対意見があるのかどうかということも見せないということだ。

理にかなっていないように聞こえるかと思う。だが、これを読んでいるあなたが緑タイプの人間ならば、私がここで意味することをわかっていただけるはずである。

ある女性に会ったとき、彼女が「私も皆さんと同じ考えです」と発言をしたことがあるが、別に私は彼女以外の人の意見を聞いたわけでもないから、彼女が何を考えていたのかわかるよしもない。

緑タイプがここまではっきりとしない発言や態度を見せるのは人間関係を壊したくないからなの

だろうか？

いや、それは違う。ただ単に、ほかの色のタイプとは違う性格なだけだ。たとえば赤タイプが「ライラ・ヴェステルスンド（訳注・歌手）の曲なんて大嫌いだ」と言えば、緑タイプは「それよりもっといい歌手がいますよ」と教えてあげるはずだ。青タイプがお茶の時間に「先週の火曜日の午前中に比べて3・65キロ体重が減った」と言えば、緑タイプは「最近、私も何キロか体重が減りました」と言う。

これは、緑タイプが赤や青タイプよりも問題重視型ではないという性格につながってくる。彼らは赤や青タイプのように事実を話したいわけでもない。どちらかというと人間関係や感情といったことを中心に話をしたいのだが、となると「きちんと」話すことが難しくなる。感情を計測することはできないのだ。

「先月より、きっかり12パーセント、あなたへの愛が増えましたよ」なんていう表現はないのだから……。

●「すぐに変えなくてはいけないのはわかっている。でも、ちょっと考えるため時間をいただけるだろうか？」

それでは緑タイプの一番面倒な性格を紹介することにしよう。

緑タイプが多くいるグループでなにかを変えなくてはならないとしたら——頑張ってほしい。何かを大規模に変える必要がある場合、本当に変える価値があるかどうかをまずは考えるべきだ。それに加え、急ぎの場合、何もなかったことにしたほうがよいかもしれない。緑タイプは次のようなことを頭の中で考えている。

- 自分には何があるかはわかるが、得られるものが何かはわからない。
- 昔のほうがよかった。
- ずっとこうやってやってきたから。
- 隣の芝生は青くない。

心当たりがあるだろうか？　すべての変化が大切であるわけではないが、何かを変えなければいけないことはある。また、右のような緑タイプの態度が間違っているとも言わないが、本当に変化が必要な場合、それを実行しなければ、かなり危険な事態に陥る可能性もある。

昔からよくある典型的な質問で――最近はそれほど聞かれないのはわかっているが――家族で朝食のとき、席をどれぐらいの頻度で替えるかというのがある。この質問をいろいろなグループにしてみたことがあるが、替えることはないと笑いながら答えた人が多くいた。その理由は特になく、「もう場所が決まっているから」だそうだ。

もちろん、私もときどきそんな感じである。でも、何か同じようなパターンにはまってしまったり、逆にいつもとは違うパターンにはまり込んでしまい、変化のないことを人から指摘されたら、それに気付いて何かを実行する。緑タイプはその逆で、人から言われると何も変えようとしない。

この朝食の席に関する質問を緑タイプの人にしてその反応を見ると、困った質問だと思われてしまうのがわかる。大の大人の顔色が蒼白《そうはく》になり、手のひらに汗をかきながら、どこか違う場所に移動しようかと考えている緑タイプを何人か見たことがある。

元同僚にスーネという男性がいた。スーネには社員食堂で自分なりの習慣があるのだが、それが守られないとその日はずっと暗い1日になってしまう。彼にはお気に入りの席があり、絵が飾ってあるすぐ側の場所だった。そこでランチを食べない日はなかった。毎日同じ席に座っていた。

その場所にほかの人が座っているのを見ると、少し留まるのだが、たいていはもう1つ取っておいた席へと移動する。窓際の、まああいい場所だ。そして、その席で昼食を食べながら、食事中ずっと「彼の」席に座っている人をじっと見つめ続けるのである。

もちろん何も口に出して言わないが、午後のあいだずっと、スーネの機嫌は悪いままだった。

この、イライラ感を内に潜め、皆に機嫌が悪いことに気付いてもらう――これも緑タイプの大きな特徴だ。もう１つ取っていた席もほかの人に取られていたら、食堂を抜け出し、その日１日を台なしにされたと思うに違いない。

ここでもう１つ例を挙げることにしよう。

私の母――今はもういないが、今でも母のことは愛している――は完全な緑タイプの人間だった。母は必要なときにはいつも孫、つまり私の子どもたちの面倒を見てくれていた。

ある金曜日の夜、妻と外出する予定が入った。１週間前から母親に連絡をして、子どもたちの面倒を見てくれと頼んでおいた。私は母がそのために心の準備が必要なのはわかっていたので、事前にきちんと連絡をしておいたのだ。

その当日、出かける予定だったお宅の奥様から連絡があった。ご主人が体調を崩してしまい、夕食に招待できなくなってしまったとのことだった。私はすぐ母に電話をして、外出する必要がなくなった旨を伝えた。すると母は黙り込んでしまった。そこで私は、「子どもたちの面倒を見てもらう必要はなくなったけれど、子どもたちも会いたがっているから、家には来てほしい」と伝えた。

私は母がかなり動揺している様子がわかった。「どうなるの？」と聞いてきたので、初めから計画していた通りだと伝えた。母は荷造りもしてあるし、私たちのゲスト部屋も準備がきちんとできていた。うちに来てもらえれば一緒に時間を過ごせる。

しかし、母にとっては計画通りではなくなってしまったのだ。

「あなたたち、出かけないのよね？」

予定が狂ってしまい、考える時間が必要だというので、また折り返し電話をすると言い、そこでいったん会話を終えた。

何が問題だったのだろう？　予定が変わったわけでもない。どちらにしろ金曜日から土曜日まで私の家で泊まる予定だったのである。孫に会えないわけではないのだ。それどころか、私たちが外出しなくてよくなったおかげで、孫の面倒を見る責任がなくなり、逆に私たちが母の世話をすることができるのだ。私はそれを母に伝えた。

それでも母にとっては、以前から計画していた予定とはまったく違う状況になってしまったのである。私たちが家にいるというのが母には問題だったのだ。

もしかして、見たいテレビ番組があったのかもしれない。孫たちに特別な料理を振る舞おうとしていたのかもしれない。母からはその後、何も言われなかったので確かではないが、予定が変わってしまったということは、母にとって大きなことだったのだろう。だから考える時間が必要だったのだ（結局、母は家に来てくれた。母の世代だからこその話ではあるが、面白い出来事があった。母を迎えに行ったのは夕方4時半だったのだが、どうしてそんなに遅い時間に来るのか、と母は私に聞いてきた。「5時に行くと伝えてあったから30分早く来たんだけど」と答えると、母は「4時には用意ができていたのに」と答えたのだ）。

●「こんなにイライラしたことはないが、お願いだから皆には黙っておいていただきたい」

緑タイプにはもう1つジレンマになってしまう性格があるが、それをここで紹介することにする。

彼らは何事も口論に発展してしまうことを嫌う。その口論をしたくないという気持ちが原因で、ほかの「わがまま」「不明確」「何も変わってほしくない」という性格までもが形成されてしまうのだ。人間関係を大切にする性格なので、人との関係を傷つけたくはない。ただ、そんな彼らのやり方では、そううまくいかない。

口論や争い、衝突といったことを2つの観点から見てみることにしよう。

まずは調和的見解、つまり皆の調和を求めるという見解だ。良い関係を保ちつつ、皆が合意に達することが目標そのものである。ということは、口論を始める人は皆、トラブルメーカーだとも言える。

また衝突があるというのは、リーダーシップ力やコミュニケーション力に欠け、内輪揉《も》めがあることを示唆している。そのため、意見の不一致があるのにそれを隠し、いかにも衝突がないように見せかける。誰がトラブルメーカーになりたいだろうか？

以前に会った、とある女性のコーチは、この行動を「それはまるでテーブルにヘラジカの頭が置いてあるような状態だ」と、面白いたとえで表現をしたことがある。

ヘラジカの角もまだ残っていて、ハエがその周りを飛び回っているような状況だ。ヘラジカの頭がそこにあるのは誰の目にも明らかなのだが、誰ひとりとして何も言わない。何事もないかのように、料理の皿を角のあいだから人に渡したりするのだ。

食事が終わる頃に、誰かが「ヘラジカの頭がテーブルにあるんだけど？」と発言したとしても、誰も肯定をしない。それでも最後に誰かが、「この頭をどうにかしなくちゃ！」と言うことになるのだが、すると、その発言をした人が皆にとってのトラブルメーカーになる。

というのも、その発言によって、目の前にある気持ち悪いヘラジカの頭を処分しなくてはならなくなってしまったからだ。黙っていることはできなかったのだろうか。

常に皆が合意に達してほしいと願うのは無理なことである。それに向かって努力をする価値すらないということは明らかだ。

内輪で揉めていたことを長いあいだ、効果的に調和を保ちながら隠していた蓋《ふた》があったとする。それを誰かが開けてしまった瞬間、何が起こるだろう？　今までずっと隠されていたのがすぐにわかってしまう。調和的見解があると、疑いもなく、最後には衝突へとつながってしまうのだ。

調和的見解の対となるのが論争的見解である。端的に言うと、人との口論はあるものだ、それが自然なことだということを受け入れることだ。何においても、意見がぴったり一緒だという人は存在しない。論争的見解では、少しでも意見の見解が違うとわかると、それに対して１つひとつ対応していくということだ。

赤タイプや一部の黄タイプにとっては自然な行為である。何かうまくいっていないことを見つけると、赤タイプや黄タイプはそれをきちんと報告する。問題が発生した早い段階で解決できるということでもある。だが、緑タイプはというと、ヘラジカが腐り出して臭い始めた頃、ようやく対応しようと取りかかるのだ。

論争的見解は調和をもたらす。しかし、緑タイプはそれに対して耳を傾けない。皆の意見が一致しているという状態を保つためだったら何でもするのだ。誰もが合意しているのはいいことではないか、口論なんてものがなければ世界中がもっと平和になるのではないか……。

あなたは、これから述べるような状況に遭遇したことがあるだろうか。

とある会議に、10名が出席している。想像しやすいように、自由に参加者数を増やしても減らしてもらってもかまわない。その会議で、誰か——上司かもしれない——が、ちょうどプレゼンを終えたところである。彼は、会議出席者からのフィードバックを聞きたがっている。

赤か黄タイプが参加をしていれば、そのプレゼンに対する感想を率直に言うはずだ。それが赤タイプならば、思い切り褒めるか、けなすかのどちらかであろう。黄タイプは、プレゼンされた提案に対して自分なりの意見を述べるはずだ。青タイプは、プレゼンをした人に質問を投げかけることだろう。

では緑タイプは？　まったく何もしないであろう。椅子の中に溶け込んでしまいそうなほど、椅子に深く腰掛けたままでいる。直接質問をされない限り、何も発言はしない。心配そうに周りを見つめ、「誰かこんなにわけのわからない意味不明な提案はあり得ないと言ってくれないかなぁ」と待っているだけなのだ。

出席者が10人もいる会議は、人から賛同を得られないような意見を言うには緑タイプにとって規模が大きすぎる。熱がこもったり、ネガティブな意見を言ってしまうと、皆の視線を浴びてしまうことになる。そんなことは起こってほしくないのである。

率直な意見を言ってしまうと、熱い議論が始まるのは目に見えている。緑タイプはそんな議論に参加したいと思わないので——同じ部屋にいることすら嫌なのだ——とにかく沈黙を保つのみなのである。

会議でプレゼンをした人の反応はどうであろうか？　誰もがいいプレゼンだったと思ってくれているととらえるのが普通だろう。実際には会議出席者の半分もの人が、あれほどひどいプレゼンを聞いたことがないと思っていても、彼にはそれは伝わらない。だが、そんなことは長いあいだ隠すことはできず、早かれ遅かれ何かしらの形で真実が暴かれてしまう。

すると何が起こるだろう？　そう、口論だ。

休憩室や喫煙室といった場所で緑タイプはいったい何について話しているだろうか。そう、正直な気持ちである。彼らがプレッシャーを感じずに話ができるのは、当事者がいない場所でなのだ。

2人や3人といった少人数の場所では、自分の不満を上手に打ち明けることができる。当事者の目には届かないところにいることを確認すると、緑タイプだとは思えないような性格を全面に出し、その人のことを話し始めるのである。

人は青タイプをどう見ているのか？

完璧主義者の青タイプでさえも、人から批判を受けることがある。青タイプは、「避けやすい」「自己防御過剰な」「完璧主義」「内気な」「気難しい」「細かいことにこだわりすぎる」「不信感がある」「保守的」「他人任せ」「探究的な」「懐疑的」「のんびり」「他人行儀」「冷淡な」――ふぅ！――といった印象があるようだ。

短所ばかりを挙げてみたが、青タイプの性格の特徴を挙げるときはたいていこのように長いリストになってしまう。

だが、青タイプの一番の特徴は、何かに手をつけようとすると、始めるまで時間がかかってしまうということだ。というのも、きちんとした準備をしてからでないと始められない性格なのだ。

青タイプにとっては、どんなこともリスクになり得る。細かいことに取り憑《つ》かれたかのようになってしまう。そのため、同じグループに青タイプを何人も集めないようにすることをお勧めする。青タイプが多く集まりすぎてしまうと、来世紀の計画まで立て始めてしまうようなこともある。そして、何ひとつ実行されないのだ。

また、青タイプはかなり批判をする人だとか、何でも疑ってかかってくると思われがちである。見逃すことは何もなく、自分の見解を人に話すときなど、無神経な態度で接してくることもある。

青タイプが関わることは、どれも質が高いことは誰もが認めることだが、重箱の隅をついてばかりの批判的な態度は、周りの人の機嫌をかなり損ねてしまう原因にもなる。青タイプ自身は現実主義者だと自称しているが、ほかのタイプの人には悲観主義者にしか見えない。

青タイプについて読んでいるあいだだけ、あなた自身は黄タイプの人間だと仮定してほしい。読み進めるうちに、その意味がわかってくるだろう。

●完全に正しくなければ完全な間違いだ

初っ端から率直に言ってしまおう。青タイプが事実確認をしたり、細かいことにこだわってしまったりするのはいきすぎてしまうことがある。もうこれ以上は無理だというときになったらそこで限界だ。

リーダー養成プログラムに興味を持っていた社長の話を覚えているだろうか？　あの社長はスタート地点から抜け出すことができなかったのである。

彼らは確認ばかりしたがるのだが、周りの人にとってはそれが問題になることがある。英語で言うところの good enough、つまり、「それで十分良いんじゃないの」というところで満足する人たちは、青タイプからの質問や執拗《しつよう》にも細かいことを指摘してきたりするのに嫌気がさしてしまう。彼らにとって good enough は good enough にはなり得ないのだ。

私は、家で作業をすることが好きだ。部屋の模様替えや、壁紙の張り替えといったことをよくする。数年前、キッチンの改装をした。家族に手伝ってもらったのだが、それでも自分でよくできたと思う。かなり大変だったが、完成したときは満足したものだ。素人としてはなかなかの出来だ。

ある日、友人のハンスがうちに遊びに来てくれた。ハンスは、知り合ってもう何年も経つとても賢い友達だ。私のことをよく知っているので、私がキッチンを改装するのにどれだけ頑張ったかをわかってくれていたし、私がそれに満足していることも理解してくれていた。

それでも、ハンスがキッチンを見て落ち着いた態度で言ったのがこんな言葉だった。

「新しいキッチン？　素敵だ。でもこの戸棚、ちょっとずれてないか？」

聞きたくない言葉ではあったが、ハンスにとっては筋の通った事実だった。不備を見つけた彼は、その完全主義な性格のせいで、欠点を指摘せずにはいられなかったのである。

人との関係を重視する性格でもないため、指摘することを抑えることができなかったのだ。私という人間を批判したのではなく、私がしたことに対して批判をしただけなのである。つまり、戸棚をきちんと取り付けていなかったことに対する指摘だ。

この、細かなことまで指摘をするという性格はさまざまな形で現れてくる。デスクに置かれた書類の山がきちんと束になっていないだとか、メールを完璧に仕上げるため15回も書き直したりだとか、簡単なエクセルの表やパワーポイントのプレゼンテーションを最後まで完全に仕上げるために何時間も作業をしていたりだとか、そんなこともある。

●「遂行できるタスクなどない。いつだってやるべきことはある」

一度、皆が同じ部屋で働いているというグループに、コミュニケーションの研修会を開いたことがある。20名ほどいたグループだっただろうか。1日目の午前中に、各個人の性格分析結果が書かれた資料をそれぞれに渡しておいた。自身の性格分析の結果を読んで、誰もが感心し、それぞれ満足していた様子だった。

ただ、1人の女性を除いては、である。

彼女は、分析結果にまったく満足していなかった。これはまったくの間違いだと言うのである。皆の前でその分析結果について話してもいいか？　と許可を得たうえで、何に納得がいかなかったのかを聞いてみた。

その分析結果には、彼女の本当の性格とはまったく違う結果が多く書かれていると言うのだ。その中の1つに、杓子定規《しゃくしじょうぎ》な性格だというのがあった。そんなことはないと言うのである。だが、周りの人がニヤリとしていたのに私は気付いた。女性の同僚は、その女性自身が気付いていない性格を知っていたのは明らかだった。

「杓子定規な性格だという分析結果が出てきたのはなぜだと思いますか？」と彼女に聞いてみると、まったくわからないと言う。謎だと。当てにならない分析ツールを使っているとも言われてしまった。

この女性が青タイプだと気付いた私は、言いすぎないようにと自分自身に注意しながら話を進めていった。どんなに気をつけていても、売り文句に買い文句だ。私はその性格分析ツールを使い始めてまだ20年ほどしか経っていない、ただの一コンサルタントである。私に何がわかるというのであろう？

私はその女性に「では逆に、自分は細かなことにこだわる性格ではないということを示す例を挙げてください」とお願いした。

「はい、たくさんありますよ」と言い、彼女は続けた。

「私には3人の子どもがいますが、それぞれ3人の大親友がいます。ある夕方に帰宅すると、玄関に靴が大量に積み上げられてたんです。家の中に入るためには、その靴の山を乗り越えなければいけないほどでした。私は玄関マットを置いて、そこにあった大量の靴を整頓し始めました。サイズが45（29㎝）の靴を一番手前に置きましたが、その靴の持ち主は最後に帰っていったので正しかったわけです。サイズが小さな靴はドアに一番近いところにきちんと並べて置いておきました」

話は続いた。「その後キッチンに行ってみると、食べかすがあちこちに落ちていました。子どもたちはサンドウィッチを食べていたようで、もうまさにそこは戦場と化していました。その場をきちんと消毒して、片付けて、掃除機をかけて、テーブルと椅子をきちんと拭くのに20分かかりました。そこでようやくジャケットを脱いで落ち着くことができたんです」

細かなことにこだわる性格ではない？　この女性が？　絶対にあり得ない。周りにいた彼女の同僚は大声で笑い始めてしまった。なぜそんなに笑われるのかわからないという表情を見せたその女性は、何が起こっているのかわからない様子だった。ついさっき皆の前で話した出来事が、彼女の杓子定規な性格の特徴を表しているということが、彼女自身にはまったく理解できないのである。ただただ家が散らかっていたときの話をしただけじゃないか、というのが彼女の言い分である。

この話には面白い続きがある。数年後、まったく別の場所でこの女性と会ったのだが、彼女は大きなハグを私にし、「あのときの分析は100パーセント正しかった」と言うのだ。驚いた私は、どうしてそう思えるようになったのか聞いてみることにした。

彼女はその分析結果が書かれたシートを常にカバンの中に持ち歩いており、自分に当てはまることがあったたびに1つひとつの項目にチェックを入れていったそうだ。最後には全部の項目にチェックが埋まったという。その分析を気に入ってくれた彼女は、「素晴らしいツールだわ」と、最後には褒めてくれた。

●「あなたのことをよく知らないので、すみません、近づかないようにしていただけますか？」

楽しそうな人に近づき、面白い会話をしようと思って、あれやこれやといろいろと話をしてふと気付くと、話しているのは自分だけだったという経験があるかと思う。

私もあるし、そんな経験したことがない人なんていないのではないだろうか。これが黄タイプだったら、会話中に変な沈黙がときどきあったことに気付くかもしれない。というか、あれは会話と呼べるものだったのかすらわからなくなってくる。

会話をしている相手が、「居心地が悪いな」とソワソワし始め、この会話に参加したくないという合図を送っていたことに、もしかして気付いていたのかもしれない。

いったい何が起こっているのだろうか？　話の内容は昨日の何かの試合だったり、去年の夏に家族で何をやったかとかだったり、今年の休暇の予定だとかいった他愛のないことだったのにもかかわらずだ。何か問題なのだろうか？

実はそこに問題があるのだ。というのも、その人はそんなに仲良くもない人と話をしたくはないのである。「えっ、でも？」という声が聞こえてきそうだ。その人と一緒に働き始めて3カ月経つし、今だったらもう、たとえばその人が飼っている犬の名前を聞いてもいいのではないか？　と疑問に思うかもしれない。

しかし、このあなたが会話をしていた人には自らの私的ゾーンというのがあり、それは身体的にも精神的にも誰にも関わってほしくないという大きなゾーンなのだ。そこのゾーンに他人が入り込むには、自分をもっと知ってもらわないといけないのである。

赤タイプのように自ら突っ走っていきたいからそうするというやり方ではいけない。黄タイプが、皆が興味あるだろうからという理由で、自分が知っている秘密を打ち明けたりするというやり方でもダメだ。緑タイプの、少人数できちんとした場所でならば個人的な話をしてもいいというやり方でもダメなのだ。

青タイプは世間話をしたいとも思わない。特に人間関係を築いていこうという気がないので、他人のことなど気にしていないという態度がすぐに伝わってくる。もちろん人のことは気になるのだが、だから人と接したいかどうかは、ほかのタイプには謎なのである。１人でいたり、身近な家族と一緒にいるだけで満足なのだ。

そんな性格なゆえ、なんて冷たくて他人行儀なんだという印象を抱かれてしまう。青タイプの私的ゾーンは、どこから私的でどこからそうではないという境界線がはっきりとしている。

ただ、黄タイプと緑タイプにはそれがわかりづらいかもしれない。だから青タイプはつまらない人間だと思われてしまうのだ。

青タイプといると「なんでこんなにも冷たく拒否されなくちゃならないのか？」「私のことなんて全然気にしてさえもくれないのか？」と考えてしまい、気分が悪くなりやすい。

●転ばぬ先の杖。確認はできるだけ3回すること

私の親友の家族に、バッグにきちんと鍵が入っているかどうかを確認しないと外出できない人がいた。もちろん、鍵をかける前にきちんと確認をするのにもかかわらずだ。

また、こんなこともあった。80年代、私が銀行で働いていたとき、たった1つの用事のために30分も並んで窓口で順番を待っている人を何人か見たことがある。その用事というのは、ATMで確認した残高が正しいかどうかを確かめることだった。待ち時間は長い。同じシステムから出てくる同じ金額の残高である。でも何があるかわからない。確認しなければいけないのだ。そして、そのうえの再確認。3回確認できることが可能だったならば、その人たちは3回、確認をしていたことだろう。

この、何でも自ら何度も確認をしなくてはならないという性格はどこからきているのだろうか？ほかの人が言うことを信用できないのはなぜか？ 自ら直接聞いている内容でも、どうして信じられないのだろうか？

その答えはもちろん、信じることはできるのである。が、人のことを信用したうえで自らも確認をすると、起こり得るリスクは完全に消滅される。とはいっても、結局のところ他人を信頼できないのだろう。確認しなくてはいけない、それをメモしてきちんとまとめなくてはならない、それが青タイプの性格なのだ。

周りはどう見ているのかをここでお話ししていることを思い出していただきたい。青タイプは、必要以上の確認作業を常にするが、それはできるからしているのだ。何も確認することがなくなったら、そこで決断をすることだけが最後に残る。

私にはエクセルを上手に使いこなす友人がいる。だが、私たちのような使い方をするのではなく、彼には独自の使い方がある。計算式を使ってデータを作成するのだが、作成した資料を上司に送る前に、なんとその計算結果をすべて計算機で確認してから送らなければ気が済まないのだ。

だが、なぜそんなことをするのだろうか。このような青タイプの行動を見ると、赤タイプは「なんてバカなヤツだ」と長々と呼び続けることだろうし、黄タイプは思い切り笑うだろう。

だが、青タイプ自身がそんな行動を目にすると……理解できるのだ。エクセルに計算式を入れて計算をしたのは自分自身だが、それでも何か間違いがあるかもしれない。だから確認して安心したいというわけだ。

こういった青タイプのやり方を周りの人はどう見ているのだろう?

●唯一信頼できるのは自分自身と自分の目だけ

前述のエクセルの彼が抱えている問題は明らかである。自分がやったことだけではなく、ほかの人がやったことも2、3回確認をしなければ気が済まないやり方に対して、思うところがある人が周りにかなり多くいる。他人がやったことをそこまで確認するというのは、その人を信頼していないということが明らかであるから、やってあげた人にしてみればイライラしてしまう原因にもなる。

それに、何をするにも時間がかかりすぎてしまうという問題も発生してくる。何時間もかけて作業をしなくてはならない。人との関係も悪化してしまい、修復すらできない状態になってしまうこともあり得る。あなたが、ある誰かの元へ行き、たとえば「すごい発見をした」と伝えたとする。

こちらが発見をしたと伝えているのに、その人がそれを細かく検証し始めて、１つひとつの項目について質問を始めたらあなたならどう思うだろうか？

人が時間をかけてあら捜しでもしようとすれば、誰にだって間違いは発見できるものなのだ。

青タイプに何かを見せるときは、これらは正しいという情報だけでは不十分である。きちんとした証拠をも見せなければならない。もし何かの分野で専門知識を持っているのであれば、それを初めに伝えておくと、青タイプもきちんと聞いてくれるはずだ。ただ、そこにたどり着くまでが大変ではある。

私は行動科学について講義や研修を多くしてきているが、難しい質問を投げかけてくるのはエンジニア、セールスエンジニア、会計監査役といった職業の人たちだ。税金専門の弁護士もいる。このような職業の人たちに青タイプが多いのはめずらしくなく、私が教えることに特に感心しているという感じはない。

コーチや研修を20年してきてそれで生計を立てられているからといって、私が正しいことを話しているとは限らないのである（杓子定規な性格だと言われて反論した女性の話を覚えているだろうか？）。

このようなタイプの人とうまくやっていくためにできることは、何に対してもきちんとした証拠を用意するということだ。事実は事実である。しっかりと、その事実を証明できるように準備をしておけばいいわけだ。

第9章

自分自身のために新たに学ぶということ

人間の機能における違いを認識するにはどうすればいいのか？

知識を増やすのはそう容易なことではない。それほど複雑ではないかもしれないが、簡単なことではない。しなくてはならないことも多いし、読まなくてはならない文献も多くある。新しく学ばなければならないこともたくさんある。

どこから始めるべきだろうか？　そこで決め手となるのは、自分が何に興味を持っているかということだ。興味のあることは少しぐらい時間がかかっても苦にはならない。それは不思議なことではない。

私は、この本の冒頭でお話ししたステューの人に対する価値観——バカしかいない——を知ったときから、人について詳しく学んでみたいと思うようになった。何年ものあいだ、多くの専門書を読み、学校に通い、さまざまな分野において資格を取得してきた。

何千もの研修をしてもきた。若くない身ながらも、人に関してはなかなかな知識を習得できたと思っている。まだ氷山の一角しか見ていないのかもしれないのではあるが……。

●時間が無限にあるのならば、何の問題などない

時間はかかる。もしかして、ほかの人には自然と備わっている洞察力が私にはないのかもしれない。確かではないが、教授法を身につけていないわけではないし、人がどうやって知識を得ることができるのかということは心得ている。

私にとっては、人間のことを学ぶということが得意な分野なのだ。どんな仕事に就いていようが、どんな人生を送っていようが、人と接しないことはないのである。

社会における人の役割

- 同僚がいる会社の一社員
- お客さんにものを売る販売員
- 会社の経営陣ではないが、チームのメンバーを率いるプロジェクトリーダー
- 部下を率いる会社の上司
- 上司と部下のあいだで働く中間管理職
- 自営業
- 十代の子どもがいる親
- 妻のいる夫

- 夫のいる妻
- サッカーチームの監督
- 町内会やＰＴＡの会長

この本で得られる知識はどの分野でも活用することができる。人間というものを理解することができると、人生における目標達成にスムーズに近づくことができる。

１９３ページのモデルを見ていただきたい。このモデルは以前からよく知られている「ラーニングピラミッド」と呼ばれるモデルで、学習したことがどれだけ実践につながるのか、という平均学習定着率を示したものだ。

本を読んで知識を得ることはこの中の１つのステップなので、あなたがこの本を読まれているというのは著者の私としてもうれしく思う。学ぼうと思い立ち、まず初めにその分野に関する本を読むというのは素晴らしいスタートなのだ。

●今日における実践法と定着率

知識を得てそれを実践で活用していくことが大切だということもあり、私はこの分野に関するセミナーや研修を多く行っている。セミナーや研修に参加することにより、50パーセントの学習定着率がカバーされるわけだ。

しかし、それだけでは不十分である。定着率を高めるためには、能動的な活動が必要になってくる。能動的な活動へとつなげられるように、私はレベルの高い教育プログラムを使いながら指導をしている。だが、それでもまだ不十分だ。

私には、人の性格や行動様式に関する知識を人に広めたいという使命みたいなものがある。口論や争いは減らすことができるのだということを伝えたい一心だ。

たとえば、口論が起こったときの対処法を私は知っている。争ったりすること自体がイヤだということではないが、人が自ら対処できる以上に傷つけあったりするのを見たりすると、それ以外の方法をとるべきなのにと思ってしまうのだ。

人生で学べることは過ちからだけではない。回避するということから学べることもある。

「DiSCモデル」――言語学習のようなもの

この本でお話ししている内容や、色を使った説明、「DiSCモデル」に基づくＩＰＵプロファイル分析――ＩＰＵの正式名称は自己啓発研究所――を学ぶのは、言語を取得する学習過程に似ている。

スペイン語やドイツ語を学んだことのある方ならば、私がここで意味することをおわかりいただけるかと思う。試験前の勉強と、たとえばスペイン語を実践で使うのはまったく違うことだ。年に一度だけバカンスの前にちょっとやり直ししてみようかなという程度では実践に直接つながらない。

ラーニングピラミッド

関与した学習内容は記憶レベルによってどれだけ覚えているかが違ってくる

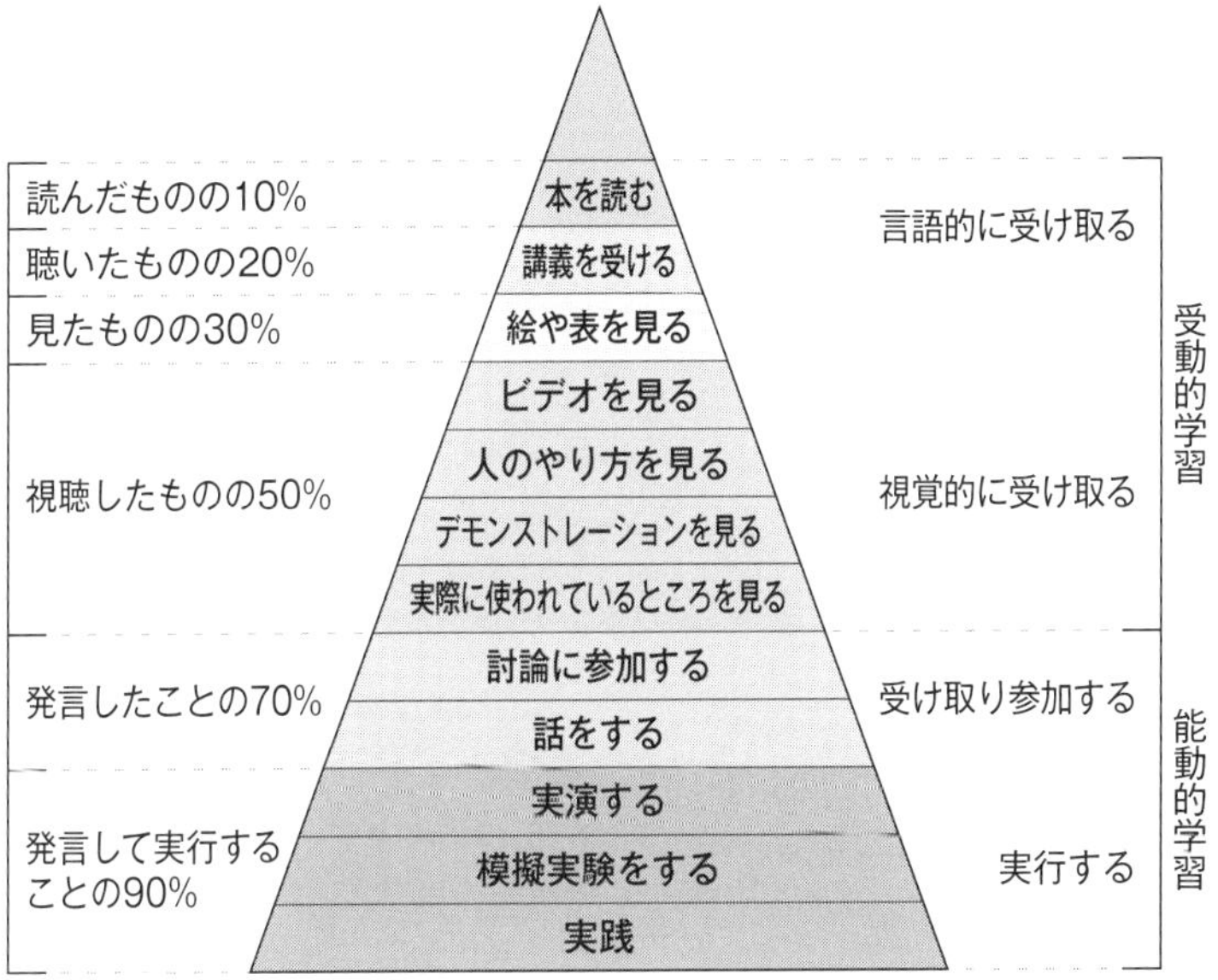

（エドガー・デール 著『Audio-Visual Methods in Teaching（デールの視聴覚教育）』第三版、1969年　Holt, Rinehard, and Winston 出版社）の資料をブルース・ハイランド氏が改訂したものより抜粋

スウェーデンにいるスペイン人の知り合いに会ったときに、自分はスペイン語が（レストランで注文するとき以外にも）ペラペラなことを披露して驚かせるには、会話をきちんと練習する必要がある。語学学習というのは手付かずの状態にあるとすぐに腐ってしまうような食品のようである。近道はない。

この本を読んだら、人と会うたびに実践していろいろと実験をしていただきたい。初めのうちは間違った判断をして恥ずかしい思いをしてしまうかもしれないが、そこがやりがいのあるところでもあるからだ。

第10章

ボディランゲージ――人の身振りの重要さを知る

あなたはどんなふうに見られているのか？

●はじめに――ボディランゲージとは？

色のタイプによって、どのようなボディランゲージを使うのかは異なる。だが、特定の身振りを人に見せるということは、そこに意味があることには変わりがない。身振りの仕方はのちに解析されることになるわけだが、そこで「わざと普段とは違う身振りをして、自分ではない人間を演じることは可能か？」という疑問が浮かんでくる。

ボディランゲージとは、非言語のコミュニケーション形式だ。意識をしていようが無意識に特定の身振りをしようが関係ない。どれもボディランゲージの一部だ。ボディランゲージは、個人や属する集団によって異なってくる。人間には生物学的に共通の部分があるが、どう身振り手振りをするかを通して、社会的・文化的における異なる特徴が現れてくる。

スウェーデン語には10万ほどの単語があるが、そのうち実際に生活するうえで使用されているのは約5000単語、日常生活でよく使われているのは1000語ほどである。

これがボディランゲージになると、70万ほどの身振りがあるという研究結果がある。もちろんこの70万というのは議論の余地があるが、ここではその数字を考えるよりも、無意識のうちにも見せているボディランゲージが数え切れないほど多くあるのだ、ということを覚えておいてほしい。

この本で1つひとつの身振りの解説を詳しくすることはないが、それぞれの色のタイプのボディランゲージの特徴を見てみると、大変興味深いことがわかってくる。ただ、そのときの気分や状況、安全な場所にいるかどうかといった要素によっても、どう身振りをするかは変わってくるということだけは覚えておいていただきたい。

●一般的な「姿勢」とは？

姿勢をある程度保ちながら自然にリラックスした態度でいると、自信があるという印象を与える。逆に沈んだような姿勢をしていると、あきらめているのだなとか、残念そうだなといった印象を与えてしまう。

背筋をシャキッとしてその姿勢を保っていると、周りから尊敬されてもらいたいのだなという支配力が強い人だという印象を与える。軍事教育を受けていた人も、そのような姿勢をする。

●一般的な「視線」とは？

私たち人間は、視覚を通してさまざまなものを見る。目をきょろきょろさせていると、ここではないほかの場所に行きたいのだなととらえられる。

瞬きを一切しないで人を見る人もいる。視線によってまったく違った印象を与える。嘘をついている人は人の目を見ないで、右斜め上あるいは左斜め上を向くとも言われている。右か左を見るかは右利きか左利きかによって異なってくる。ただ、これはよく知られている理論なので、斜め上ではなく、嘘をつきながらもきちんと人の目を見て話すことも訓練することによって可能だ。

そのため、必ずしもその視線を見て判断することはできない（首を無意識に触っていると嘘をついている、という分析のほうがわかりやすいかもしれない）。ひどいことが起きたり、不快感を感じているときは手で顔を覆う人も多くいる。少しのあいだ目を閉じているのは考えごとがあるという意味だ。

●一般的な「頭部の動きと顔の表情」とは？

人と話をしていて、その話に納得をしているかしていないかによってうなずいたり、頭を横に振ったりする。

話を真剣に聞いているときには頭を斜めにかしげてみたりすることもある。落ち込んでいるときは頭がダランとなり、額にシワが寄ってしまう。何かに驚いたときは目を見張り、気に入らないことがあると鼻にシワができることもある。

顔だけで24もの筋肉があり、それらの筋肉をいろいろと組み合わせて表情を作るのだ。

●一般的な「手の動き」とは？

昔からの定番の質問ではあるが、人に挨拶をするとき、手にどれぐらいの力を入れて握手をすべきだろう？　たった1回限りの握手でも、そこから人の特徴がいろいろとわかってくる。

落ち着いて弱い力で握手をすると、人に従順なタイプだという印象を与えることもあるため、自分はそんなタイプではないというのであれば、少し強めに握手するとよいだろう。

力を込めてきちんと握手をする人は、意思が固いという印象になる。握手が極端に強くなってしまう人は、本来の従順的な性格を隠して、断固とした態度でいることを見せたいと気が張っている人だろう。

握りこぶしがポジティブにとらえられることは滅多になく、逆に攻撃的になっていることを現す。緊張している人は服をギュッとつかんだり、服についた髪の毛や糸なんかを取り払ったり、という行為をする。話を聞くよりも、ほかのことに集中したいという気持ちの現れである。背中の後ろで手を合わせる仕草は権威力を見せていたり、安心している証拠だ。

嘘をついているときの仕草について先ほど少し書いたが、嘘を見抜くときに一番わかりやすいのは、まず、その人が話しているときに手を胸に——できれば、心臓に当てている右手に注目していただきたい——置きながら話しているかどうかだ。

「私が嘘をつくと思います？　なぜそう言えるんですか？」と言いながら、嘘つきだと言われる筋合いはないと憤慨している態度、それこそが嘘をついている証拠である。

胸に手を当てているという仕草は、その人の正直な気持ちを見せているのだろう。だが、それを見せられると「そんなことする必要はないし、ちょっと大袈裟なんじゃないか？」と気付き、怪しいなと疑い始める。何かがおかしいことに気付くのだ。

●一般的な「領域」とは？

自らの場所を必要としているときに、個人のゾーンがあるというのはとても大切なことだ。ゾーンというのは、たとえば人と話しているときの相手との距離だったりする。私的ゾーンは30センチ〜1メートル、社会的ゾーンは1〜4メートルが一般的とされている。

私的ゾーンというのは、たとえばよく知っている人と話すときに使われる領域だ。社会的ゾーンは、知らない人と話すときの領域である。文化によっても違ってくるが、北欧での私的ゾーンは、地中海近辺の国に住む人のそれよりかなり大きくなる。

4つのタイプの動き——多様なボディランゲージへの対応法

それでは、これら多様なボディランゲージの区別はどうつけるべきであろうか？

よく「知られている」ボディランゲージがすべての人に当てはまるというわけではない。右利きの人は嘘をついているときに左斜め上を見るというが、これが左利きの人となると右斜め上になる。同じ心理状況下においても、ボディランゲージに違いがあることを示すのに良い例がある。それは、人が不安定な状態にいるときの動きだ。不安を感じ始めると、緑タイプは体を後ろに反るが、赤タイプは逆に体を前かがみにする。赤タイプは、人との会話を支配することによって不安定さを取り除こうとするのだ。

のちほど、色タイプによるボディランゲージの違いを記すが、それらの身振りを実際に人がするかどうかを観察していただきたい。ただ、個人によって大きな違いがあるということも忘れないように。

もちろん世界中で通じるボディランゲージもある。顔の表情がその典型的な例だ。たとえば軽蔑《けいべつ》心があるときの表情は、どの国でも似たような表情になる。

それでもやはりボディランゲージの違いは、人それぞれのため、その解釈力を身につけるには人を観察することが一番よい方法である。これからお話しする色タイプ別の説明は、ボディランゲージを理解する導入知識ということで読んでいただきたい。

ボディランゲージからわかる赤タイプの特徴

覚えておくとよい赤タイプの基本的な身振り、手振りは、以下の通りだ。

- 他人と距離をとる
- 握手の力が強い
- 前かがみになりがち
- 目を直接見て話す
- 自制されたジェスチャーを使う

前にも述べたように、赤タイプはわかりやすくて、しっかりとしたボディランゲージを使う。遠くから見てもわかるぐらいである。

人混みの中を歩きながら周りにいる人を観察してみると、人はさまざまな行為をしていることに気付く。群がっていたり、まったく動かずにその場で立っていたり、人と会話をしていたり、周りで何が起こっているかをただただ見ていたりといろいろである。

ある広場の人混みの様子を上から観察しているとしよう。すると、周囲には目もくれずさっさと駆け足で人混みの中を通り抜けようとしている人がいるのに気付くはずだ。

その人は、目の前に点があるかのようにそこを見つめ、その一点を目指して歩いて広場を何事もないように駆け足で行く。そんな人は、赤タイプなはずである。自ら人を避けることはせず、周りの人に通り道を開けてもらうように歩く。その歩き方は、力強くしっかりとしていて、自分のために人が道を開けてくれることを期待する。

　赤タイプに初めて会うと、ある程度の距離を置いて話しているのがわかる。握手は力強く、心がこもっているとは言えない。男女関係なくギュッと握手をするのだが、これによって誰に決断権があるかを見せたいのだ（この行動様式はアロファハンネ〈訳注・アルファ雄、最上位の雄〉とも呼ばれているが、女性にもこの身振りは見られる。自分は特別なのだということを知らせたいがために握手を通して伝えるのだ）。

　赤タイプからの笑顔は期待しないほうがいいかもしれない。彼らは表情が硬くなりがちだが、特に仕事の場ではそれがよくわかる。ほかの社会的な状況においても距離をとりたがる傾向にある。人に会ってすぐに抱きつくようなことはしない（ただし、しらふのときに限る。お酒が入ってしまうと人はどんな行動をするかわからない）。

　赤タイプがいると、何事もいきすぎてしまうことがあるのだが、たとえば何かの話し合いをしていて白熱した議論へと発展したとする。すると彼らは体を前に傾け、はっきりと自分の意見を言い始める。視線はまっすぐで、誰の視線からも目を逸《そ》らさない。赤タイプの話し方は初めから独裁的だ。心の準備をしておくべきかもしれない。

　また、赤タイプからはそれほど多くのジェスチャーは見られず、たとえジェスチャーをすることがあったとしても、その身振りはかなり抑えられているはずだ。彼らは、よく人を指さす。人のことを指さしてはいけないという常識も彼らにとっては注意するにも値しない。人差し指で人を指すこともあれば、手全体を使って人を指すこともある。手のひらを下に向けた状態で、腕全体を人に向けることもよくある。そんなことをされてどんな気持ちになるかを知りたければ、誰かにその方法で自分を指してもらうとよいかもしれない。

また、彼らは人と会話をしているときに話を遮ることがある。とはいえ、これは赤タイプだけの特徴ではない。息遣いが荒くなり、会話の途中でここぞとばかりのタイミングを待ち続ける。なかなか見つからない場合は、大きな声で会話全体を乗っ取ろうという姿勢になる。

●赤タイプの「声」は？

赤タイプの声はどんな感じだろうか。

力強い声を出すことが多く、周りにもよく声が聞こえる。自分の声を聞いてもらうためには、大声を出すのにも躊躇しない。もちろん彼らでも緊張したり心配をしたりすることもあるが、それを声から感じ取れることはない。声が震えるということはなかなかない。

そしてこれが赤タイプの秘密なのであるが、本音はどうであれ、彼らの声には説得力がある。言葉に詰まったり、躊躇しながら話したりすることはない。ただただ話し続けるのみだ。周りの人が話を聞いていないことに気付くと、もう一度同じことをさらに大きな声で話し、話を通そうとする。これが赤タイプの特徴なのである。最後には、彼らのその声が皆に届くのだ。

●赤タイプの「話と対応の速さ」は?

前にも述べたが、赤タイプは常に急いでいる。彼らにとって、素早いということは質が高いということでもある。話し方も早く、行動も素早い。

何をするにも、速いテンポで進める。速さが成功の決め手という考え方なため、とにかくやってしまおうという姿勢だ。間違いに気付いたらすぐに軌道修正をする。

ボディランゲージからわかる黄タイプの特徴

覚えておくとよい黄タイプの基本的な身振り、手振りは、以下の通りだ。

- スキンシップを好む
- 穏和でひょうきん
- 親切なアイコンタクト
- 表現豊かな身振り
- 人に近寄りたがる

黄タイプは、来る人拒まずな身振りをすることが多い。特にうれしいことがないときでも笑顔でいる。黄タイプは冗談をよく言うので、リラックスした雰囲気を作り出す。フレンドリーな性格でもあるため、あまり親しくない近所のお宅のソファに半分寝転がっているということがあってもおかしくない。

これが典型的な黄タイプの行動だ。安心した状態でいるのが、周りにも理解できる。黄タイプの行動はわかりやすい。

黄タイプの物事を進めるテンポは赤タイプに似ている。動きは定まっており、赤タイプ同様に素早い。そこから自信の強さも伝わってくる。

黄タイプの私的ゾーンは相対的だ。多くの人にとって近くに誰もいてほしくないという状況のとき、彼らはその逆で、誰かに近づいていたいと思う。男女誰ともかまわずハグをしたりするが、その日の気分や機嫌によっても変わってくる。

周囲は黄タイプのこういった行動を避けようとする傾向にあり、彼らにとってはそれが面白くない。ハグをしたりすることばかりではなく、ちょっとした仕草でも周りにとってみるとイヤだという行為がある。

人の腕に手を置いたり、足に触れたりということもあるが、そこには自分の発言を強調するため以外の目的が特にあるわけではない。自然とそのような行動が出てしまうため、他人の目には誘惑しているように見える。そして悪くとらえられてしまうこともある。

黄タイプはほかにも、冗談をよく言うので笑ってばかりいる。アイコンタクトをしてもまったく気にならない。黄タイプとは、親密でフレンドリーなアイコンタクトができる。

●黄タイプの「声」は？

黄タイプの声は常に力強く、どんなことに対しても熱心に取り組もうとする姿勢が見える（やりたくないことはやらないのだが）。笑い声、冗談、力強さ、熱心さ、明るさ、気力などが伝わってくる黄タイプの声は、遠くからも聞こえる。

一般的に、黄タイプは自らの感情を人に見せる傾向にある。1かゼロかと極端な人が多く、それが声にも現れてくる。アップダウンが激しく、テンポや力強さなどを変えたりもする。黄タイプが話すときは、一定のメロディーを保ちながら話すことが多い。

どんな感情があろうとも、黄タイプの声からは、その感情を聞き取ることができるだろう。

●黄タイプの「話と対応の速さ」は？

では速さについてみてみよう。赤タイプほどのテンポではないが、かなり速いテンポで話したり対応したりする。急いでいるのが明らかで、言葉に詰まったりして何を話しているのかわからないような人に会ったことはないだろうか？　言いたいことの半分しか聞こえてこなかったりする。何を言っているのかなんとなくはわかるのだが、完全に理解することができないことがある。黄タイプは、言いたいことを全部言うのに時間が足りない。口が思考に追いつかないのである。

ボディランゲージからわかる緑タイプの特徴

覚えておくとよい緑タイプの基本的な身振り、手振りは、以下の通りだ。

- リラックスして近づいてくる
- 丁寧な反応
- 体は後方に反り返り気味
- 優しいアイコンタクト
- 身振りは控え目

緑タイプのボディランゲージは控え目なことが多いが、いつもそうだというわけではない。落ち着いた状況下でだと、その身振り手振りから冷静さや自信が伝わってくる。動きは激しくなく、首や手を急に動かしたりするわけでもない。あくまでも、身振りは冷静で上品だ。

その慎ましくて上品な身振りは、少人数のグループといるときに適している。人が多いところにいるのが苦手な緑タイプは、周りに人がたくさんいるところでは塞《ふさ》ぎ込んでしまい、人と打ち解けるのが難しくなる。

緑タイプのボディランゲージを観察することによって、彼らの本来の姿がわかることがよくある。感情を隠そうとしてはいるのだが、必ずしもそれができているわけではない。不安定だったり周りに押しつぶされそうになると、それが身振り手振りになって現れてくる。

座りながら後ろに体を反らしている人がいたら、その人は緑タイプに違いない。これは緑タイプの特徴と矛盾しているかもしれない。というのも、彼らは人に近寄ることをいとわないのだが、それでも体を反らしたがる。スキンシップに関しては黄タイプに通じるところがあり、いいかなと思えばスキンシップをとることもある。ただ、人に体を触られたくないというのがはっきりと伝わってくるようであれば、彼らに対してのスキンシップは控えるべきだ。いきすぎてしまうこともあるが、私的ゾーンはきちんと守っておきたい。それが緑タイプだ。

たとえば、部屋にいる誰かが動き出したとする。それが赤タイプの場合、すぐにあの人は赤タイプだということがわかる。緑タイプはそんな赤タイプとは真逆なタイプなため、驚くほど控え目に動く。なるべく人の目につかないように行動をするのだ。

その理由？　人の注目を浴びたくないからである。

緑タイプの表情は穏和なことが多いが、もしそうでなければ、曖昧な表情を見せる。彼らからは、大袈裟な笑顔や過剰な挨拶は期待しないほうがよい。何においても注意深く振る舞うのが緑タイプだ。だが、知り合いに接するときはまったく違う。仲のいい友達とは親密に接し合う。わかっていただけることだろう。たった今、初めて会ったばかりという人には少し距離を置くのだ。

緑タイプに会うときは、こちらから接しようとするのではなく、あちらからのアプローチを待つようにしてみるとよい。自ら無理やり近づこうとしないようにするのだ。時間はかかってしまうが、彼らが信頼してもいいなと思うときがきたら、リラックスして自然体で接してくれることだろう。

●緑タイプの「声」は？

緑タイプの声は常に控え目だ。たとえばチームのメンバーといるときに、大声を出しすぎてほかのメンバーが話していることが聞こえないということはない。それほど大きな声を出すわけではないため、彼らの話は少しばかり注意して聞かなくてはいけない。

大人数の前で話すときも（緑タイプでも、やらざるを得ないときは、大人数の前で話すこともできる）、聴衆が３人ほどしかいないような感じで話をする。

目の前に１００人もの聴衆がいたとしても、彼らの姿が見えないのではないかと疑問に思えるほどだ。声は小さく、何を言っているのか聞き取りづらいこともある。

だが、滑らかな声からは穏和さが伝わってくる。それほど速いスピードで話すわけでもなく、黄タイプが話すときのように、速さに変化があるとかそういうことはない。

●緑タイプの「話と対応の速さ」は？

緑タイプは、赤タイプや黄タイプに比べると何事もゆっくりしたテンポでやるが、青タイプほどのんびりはしていないかもしれない。速いからいいというわけではないのだ。

あまりに行動が速すぎて、たとえば同じ部署にいる人を怒らせてしまうようなことがあると、たとえ締め切りが迫っていようとも緑タイプは作業のペースを落とすことだろう。彼らにとって一番重要なのは速さでも締め切りでもなく、周囲の人の機嫌がどうかなのだ。

ボディランゲージからわかる青タイプの特徴

覚えておくとよい青タイプの基本的な身振り、手振りは、以下の通りだ。

- 人とはできれば距離を置きたい
- 立っているか座っているかのどちらか
- おとなしい仕草
- 直接目を見て話す
- 身振り手振りをしないで話す

青タイプが見せるボディランゲージをひと言で説明すると、そんなものはない、である。

いや、少し大袈裟だったかもしれない。青タイプの身振り手振りから読み取れることはそれほどないということを言いたかったのだ。

顔の表情や体の動きからわかることはあまりない。「身振りから気持ちを読み取れない人に会うことがある」と営業担当の人が言うのをよく耳にする。具体的に聞いてみると、気持ちを読み取れないような身振りをする人はたいてい、身動きをしないで、うなずくときにも顔の筋肉1つ動かさないほど無表情で、とても不思議だと言う。

きっとそんな人は青タイプだろう。だが、動きもなく、気性すら見せようとしないことからでも、何かは読み取ることができるはずだ。際立ったボディランゲージが特にないということは、そこから何か知り得ることがあるということだ。

大きなニュースを伝えるときにですら、彼らは表情を変えずに人に話す。とある青タイプの上司が、部署を閉鎖しなければいけないことを部下に伝えたのを、私自身聞いたことがあるが、300人の部下を前にしたときでも無表情のままだった。

ここまで表情がないと、青タイプには感情がないのではないかと思われるかもしれないが、もちろんそうではない。彼らは内省的だということを覚えているだろうか。つまり見えないところでちゃんと何かを感じているのである。

逆のパターンもある。テレビの宝くじ番組で、500万クローナ（訳注・約5700万円）を当てた女性を見たことがある。画面の見えないところから女性の夫らしき人の歓喜の声が聞こえてきたが、女性自身の笑顔は引きつっており、目はじっとしたままだった。

そこにいた司会者は、笑顔でやたらと身振り手振りをしていたので、誰が宝くじを当てたのか一瞬わからなくなってしまうほどだった。だが、当の本人は「ありがとうございます。うれしいです」と身動きひとつせず述べただけだった。

宝くじに当たる前からこの女性がお金持ちだったとは思わない。冷静な態度でいられたのは、この女性が青タイプだったからだと思うのだ。彼らは宝くじが当選しても感情を見せたりはしない。心の中では、当選したことを喜んでいると思う。まだそのビデオが残っているかどうか、テレビ局にいつか電話をして問い合わせてみたいと思っている。それほど、その女性から青タイプの特徴がはっきりと現れていたのだ。

青タイプの特徴がよくわかるのが、大勢の前で話をしているときだ。緑タイプ同様、皆からの注目を浴びたくないのがこのタイプだ。しかし緑タイプと違い、その場から姿を隠そうとはせず、きちんとそこにいることはいる。身動きひとつせず、冷静な表情をしながら目の前にいる大衆に活を入れるのだ。

また、青タイプの私的ゾーンは比較的大きく、周りの人と少し距離が離れていたほうが落ち着いていられる。もちろん、その周りの人との関係によっても距離は違ってくるが、ほかのタイプ、たとえば黄タイプに比べれば、私的ゾーンを大きく取りたがるのが青タイプの特徴だ。

誰かが近づいてくると、彼らのボディランゲージは少し閉鎖的になる。人と距離をおきたいということをほのめかすために、腕と足を組んだ姿勢になったりもする。

以前にも述べたが、彼らの動きはほかのタイプよりもおとなしい。立っているときは、体を揺らしたり歩き回ったりなどはせず、静かにその場に立っている。1時間の講義ですら同じ場所にずっと立っていられることだろう。座っているときも、だいたい同じ格好で座り続ける。まさに静止していると表現してもいいだろう。

ということは、青タイプはジェスチャーもそれほど激しくないということだ。外向的でポジティブな姿勢を見せるのは黄タイプだが、青タイプはまったく逆の行動をする。必要ない動き（彼らに言わせると、必要な動きはほとんどないということだが）を取り払ってしまった人を想像してみてほしい。無表情でいる人の顔が浮かび上がってくることだろう。

ここまでいろいろと見てきたが、青タイプには人の目をきちんと見て話すことができるという特徴もある。ほかのタイプには、人の目を見て話すことができないという人がいる中で……。

●青タイプの「声」は？

青タイプの声は、それほど小さくはならないが、自制心があり、トーンを抑えた声で話をする。特に困ることはないが、「かなり抑えて話しているな」という印象を与えてしまう。また、言葉を発する前に、まるで1つひとつの単語を天秤《てんびん》にかけているかのように、ゆっくりと熟考してから口に出しているという印象も与える。

彼らが話すときは、たいてい似たような調子で話すため、いつも同じように聞こえる。テレビ番組表のことを話していようが、国会選挙の当選スピーチのことであろうが、同じような調子で話すのだ。リズムやメロディーがあるわけでもなく、ただそこに書かれていることを読み上げる。

音楽をしている人にとっては、青タイプの話し方は単調すぎて聞きづらいことが多い。

●青タイプの「話と対応の速さ」は？

青タイプの話し方はほかのタイプと比べれば、のんびりとしている。たとえば、赤タイプや黄タイプは光のごとく速く話すが、青タイプは時間をかけて話す。速く話すことにまったく興味がないのだ。

最近、青タイプのとある若い男性に会ったのだが、彼は言いたいことを言うのにかなり時間をかけていた。彼自身は気にもしていなかったし、彼はただ、彼なりのやり方で話していただけだった。

第11章 これがバカなヤツらの実態

社員パーティー——別名どうやったら「お互い理解不可能な間柄になるか」の会

何年も前になるが、銀行に勤めていたことがある。型にはまったやり方をすることがたまにあったが、それでもなかなか興味深い仕事だった。堅苦しかったとは言え、仕事を通していろいろなタイプの人にも会えた。

一番面白かったのが、同僚同士のあいだで起こったことだった。

それは、90年代に働いていた支店でのことだった。そこで勤務していたのは、典型的な銀行マンタイプの人ばかりだったが、個性がある人もいた。タイプ別で言うと、いかにも青タイプという人が多く、もちろん緑タイプや黄タイプの同僚もいた。上司はもちろん赤タイプだった。

ある春のことだ。病欠が多く出たり、顧客からのプレッシャーが大きかったりと、その時期は皆が多忙になり、残業の毎日だった。疲労やストレスが溜まり、イライラも募ってもいた。何か楽しいことがないとやっていけない状況だった。

過労状態に対して一番に反応したのは、黄タイプの女性アドバイザーだった。リフレッシュが必要だとわかっていた彼女はある日、休憩室で「もうグチは十分！」と言った。

「何か、楽しめることを目標にするべきです。社員パーティーなんてどうですか？　きっと今のこの状況から抜け出せるはずです」

そう熱心に提案した。彼女は市内から30〜40キロ離れた場所に、コンフェランスホテルがあるから週末にそこへ皆で行きましょうと提案してくれた。そのホテルにはスパ施設やジムがあり、部屋もとても豪華だとのこと。モダンなレストランも併設されているという。また、彼女の知り合いの知り合いがホテルのオーナーをしているということで割引もしてくれるそうだ。彼女は、ほかの人がその提案についてどう思うか知りたがった。

その話を聞いた社員は、本当にオーナーを知っているのか？　と疑いの目を彼女に向け、虫がいい話だと思っていたようである。それでも彼女は大きな笑顔で話を続けていた。外で遊んだり、ゲームをしたりジャグジーに入ったり、夜にはパーティーを開いたりとさまざまなアクティビティも提案した。

話は先へ先へと進み、多くの人が彼女のアイデアに賛成をしていた。赤タイプの支店長はそんな社員の様子を見て、皆からポジティブな雰囲気を感じていた。ありがたいことに支店長は、私たちがどれだけ疲労状態なのかをきちんと理解していて、社員のその頑張りに対して何かご褒美をあげたいという気持ちがあった。

支店長はそこで決断をした。5分間の話し合いのあと、社員パーティーを実行することが決まり、費用も銀行持ちだと約束してくれた。

支店長はアドバイザーに、「手配は全部お願いしてもいいかね？」と尋ねた。電話が必要ならしてもいいし、とにかく全部予約を頼んでくれとのことだった。とっさに彼女は長々と話をし始めたが、それは、パーティーのアイデアを出しただけで十分役目を果たしたではないかと思っていることを隠すためのカモフラージュだった。

支店長は手を振りながらアドバイザーの話を遮った。緑タイプの同僚たちが支店長の後ろにあったソファに座っていたが、いつも同じ場所に座っているため、支店長は誰がどこに座っているのかわかっていた。彼は後ろを見ることもせず、1人ひとりの名前を呼んで手配するのを手伝ってくれるかと聞いた。

いったい何を頼まれているのかわからない緑タイプだったが、全員が「できる」と答えたあと、支店長はうなずき、そのまま会議室を出て行ってしまったのだ。支店長の仕事はそこで終わりだった。彼がその場を去ったことにより、パーティーに関する疑問はもうないはずだった。

皆が歓喜の声を上げ、赤タイプと黄タイプは大声で話し、例の黄タイプのアドバイザーは、パーティーは決行することが決まったのにもかかわらず、まだいいアイデアがあると人に話を聞いてもらおうとする始末である。

アイデアはどんどん膨れ上がるばかりで、いつの間にか、ただの社員パーティーだったのが仮装パーティーにしようとか、トーガふうの衣装を着て参加するトーガパーティーにしようとか、誰かが彼女を止めるまで続いた。


皆が喜んでいる中で、部屋の隅で1人だけ静かにしている人がいた。とても心配そうにしている様子のその人は青タイプの審査部長だった。皆が落ち着いたとき、彼が大きな声で皆に聞いたのだ。

「でも、そのホテルに行くまでの交通手段は？」

私たちがアドバイザーから聞いていたのは、市内から30～40キロほどのところにホテルがあるということだけだ。突然、問題が降りかかってきてしまった。

パーティー当日のスケジュールに関する重要な問題を突き付けられたのだ。車で行くか？　タクシーか？　バスをチャーターするのか？　どうしたらいいのか？　心配事がいろいろと増えてしまった。審査部長は腕を組み、考え続けていた。

アドバイザーの彼女が突然立ち上がり、部長に怒鳴りつけた。

「なんでそんなにネガティブなことを言い出すんですか？　せっかく最高なアイデアを思いついたというのに、面倒なことばかり言って台なしじゃないですか。部長こそがアイデアを出してくれればよかったじゃないですか！」

審査部長自身はそのホテルまでどうやって行くべきだと考えていたのだろうか。答えられず、ただオプションがいくつかあるということを述べただけだ。結論を出すこともできず、自分の意見を言うこともしなかった。

ホテルに行くというこの計画は、不安定な計画のままですよということを皆に知らしめたかっただけなのだ。パーティーの計画の基盤すらできてませんよと。

幸いにも緑タイプが、車で皆を迎えに行きますからと言ってくれた。必要な車は5台、これも緑タイプが用意してくれるとのこと。これによりその場は落ち着き、彼女はまたもいいアイデアが浮かんで、私の勝ちねという気持ちに戻っていた。提案したパーティーがきちんと決行されることになったのである。

そのパーティーを誰もが楽しみにしていた。でも、そこで印象的なことがあった。

それは、パーティーのアイデアを思いついた例の黄タイプのアドバイザーがパーティーに出席しなかったということだ。というのも、ほかにも予定が入っていたそうなのである。たしか人の結婚式に参加するためだったと思う。親戚の50歳の誕生日会だったかもしれない。いや、その両方だったのかもしれない。

社員パーティーで起こった悲惨な結末

社員パーティーの当日、面白いことがいろいろと起こった。

お酒を飲むと人が変わったようになったり、また、アルコールから受ける影響は人によって違うというのはあなたもご存じだろう。ここまでは承知の事実だ。ここからの話は、アルコールの量がどれほどだったのかということは考えず、翌日に車を運転する必要のなかった人が適量に飲んだという前提で読み進めていただきたい。

その支店には黄タイプが多くいた。個人向けの営業担当に関しては、4名とも全員が黄タイプの強い性格で優秀な成績を収めていた。お酒の力を借りなくとも、明るくてポジティブで皆を楽しませる性格のタイプだ。

周りの人と話を始めるのにも何も飲む必要はなかった。明るすぎるので、ちょっといきすぎではないか、という印象をすぐに与えてしまうこともあるが、彼ら自身は「人生は時間の長いパーティーのようなもの。楽しまなくては」という考え方だ。

ここで面白いのが、お酒の影響によってこの黄タイプの明るい性格が消えてしまうこともあるということだ。営業担当者の4人のうち3人がパーティーのあいだ、ずっと静かにしていたのに私は気付いた。

パーティーが盛り上がり始め、お酒を飲み始めると、黄タイプの3人はその場から離れて行ってしまったのだ。ワイングラスを片手に会場の外近くの階段で座っている1人を見かけもした。なんでそんなところにいるのかと聞くと、落ち込んだ様子で何かを考えるようにこう答えた。

「パーティーの意味がわからない。どうしてこんなに一生懸命になってまでもパーティーをするのかわからない」

仕事に対する感謝の念を誰かからもらったわけではない。銀行なんて辞めてしまったほうがいいのかもしれないとも言っていた。あんなに明るかった同僚が悲観的な性格へと一変してしまったのだ。


ほかにも不思議なことがあった。あれだけパーティーに対して硬い表情だった青タイプの審査部長が、パーティーの会場ではテーブルの上でダンスをして、先にもあとにも聞いたことがないような下品な冗談を笑いながら話していたのである。

近くにいた人にいったい何があったのか聞いてみたが、その人は肩をすくめて「調子が出てくるといつも部長はあんな感じになる」と言うだけだった。初めて部長に会ったのがその夜だったならば、私は部長を青タイプではなく黄タイプの人間だと判断していたことだろう。

まるで、黄タイプと青タイプの性格が入れ替わってしまったかのようだった。お酒を飲んでいない黄タイプとお酒が少し入った青タイプがいるパーティーというのは大成功になるはずである。

さらに面白かったのが、普段は堅苦しい赤タイプの支店長の様子だった。ウイスキーを片手に、緑タイプばかりが集まっていた事務担当の一同と話をしていたときである。少し曖昧な感じではあったが、次のように話していた。

「私はそれほど悪い人間ではないですよ。皆のことは気に入ってるし、仕事で機嫌が悪くなったとしても、個人的に受け取らないでほしいです。悪気があるわけではないし、私のことを怖がらないでいただきたいですね」

この話を聞いたそこにいた6人の緑タイプ——男性が2人、女性が4人——がこれまたアルコールの影響なのか、なんと正直な気持ちを話し始めたのだ。

支店長のやり方に怒っていた彼らは、最悪な上司だと彼のことを罵《ののし》り、「私たちは20年以上もこの銀行で働いています。上司のあなたがクビになったとしても私たちは残りますよ。そのときに自分がどんな気持ちになるか考えたことありますか？」

支店長の立場はさらに悪くなり、最後には大声で叱《しか》られていたのである。支店長はその戦場からさっさと抜け出し、誰よりも早くパーティー会場から姿を消していった。

赤タイプと緑タイプでさえ性格が変わってしまうことがあるのだ。お酒の影響は強いが、それがどのように人に影響を与えるのかと疑問に思いながら、私はパーティー会場をあとにした。

翌週の月曜日、オフィスに出勤すると、何もかも元通りになっていた。黄タイプの営業担当者は最新のジョークを言って周囲を笑わせ、青タイプの審査部長は無口。支店長は皆を冷たい目でジーッと見つめ、緑タイプの事務担当者は、部長が出勤してくると同時に目のやり場に困る始末。すべて元通りになったのである。

何度も言うが、このパーティーで私が見たことに関しては科学的な根拠はない。金曜日の夜などに友達と出かけて、人を観察してみて、自らの結論を出してみてほしい。私が言いたいことを理解していただけるかと思う。ただ、お酒の飲みすぎには気をつけていただきたい。

次の章では、タイプ別に適応する方法を見ていくことにしよう。

第12章 バカと付き合う方法

バカ——自分とは違うタイプの人間——との付き合い方

誰が言ったかはわからないが、昔から、「頭のいい人というのは、自分に常に賛同してくれる人のことを言う。賛同してくれないヤツは明らかにバカである」（皮肉な笑みを浮かべながら言ったに違いない）という言葉がある。

その言葉の本当の意味を、あなたは理解する能力をお持ちであるという前提で話を進める。

誰もが「どうしてわかってくれないのか？」と疑問に思ってしまう人に会ったことがあるに違いない。この本の初めのほうで述べたように、私も若かりし頃、見かけは賢そうなのに実はとんでもないバカだったという人によく会った。私が言いたいことを理解してくれないのだ。そのような人たちを知的適応能力がない人だと形容する人もいるが、これは結局「バカ」という言葉をきれいに言い換えただけである。

●人がそれぞれ違うのはわかった。でも、それから？

人というものはそこまでの違いがある――それではどうしたらよいのだろうか？　人の反応や、やり方に違いがある、その対応方法は？　異なる性格を同時に見せることは可能だろうか？

この最後の疑問には興味深いものがある。カメレオンのように100パーセント周りに合わせて色を変えることは可能だろうか？　それをする価値はあるだろうか？

誰もが自然体――つまり、自らを成している基礎的な行動様式――でいられるのが一番なのだが、自分が周囲に合わせなくてはいけないこともよくある。異なった状況下でも問題を起こすことなく、自分とは違うタイプの人ともきちんと向かい合って対応できるようになるためには、1人ひとりが融通を利かせて臨機応変に対応できたほうがいいとよく言われている。

そのような適応能力はEQとか情動指数と呼ばれている。その適応能力を身につけるようになるには、かなりの努力が必要だということを覚えておいていただきたい。

自然に振る舞うというのは、自分の本来の行動タイプの基礎的な行動様式で行動することだ。常に周りに適応させて「正しく」振る舞わなければならない行動は「不自然」なのである。

また、そんな不自然な行動ができるためには、才能、訓練や活力などが必要になってくる。何が「正しい」のかわからなかったり、訓練不足だったり、「正しい」行動をしなければならないという活力が一時的にでも足りなかったりすると、恐怖心や躊躇を抱いてしまったり、ストレスの原因となってしまう。

そうなると活力がさらに減り、その結果、本来の行動タイプの基盤である基礎的な行動様式が目立ってしまう。それまでのしっかりと適応できていた行動に慣れていた周りの人間は、いつもと違う様子を見て驚くかもしれないのだ。

●人間関係にユートピアはあるの？

完璧な世界が存在するのならば、そこでは何もかもが初めからうまくいっているはずだ。誰の意見にも反対する人はおらず、口論もまったくない。そんな場所を「ユートピア」と呼ぶが、実際にはそんな世界はない。

この本の初めのほうで述べたように、もし自分は人を変えることができると信じているのならば、がっかりしてしまうのは目に見えている。もし人を変えることができるのならば、その方法を教えていただきたいぐらいだ。

赤、黄、緑、青、複数の色――自分がどのタイプの人間であろうとも、人が属するのは常に少人数のグループである。自分とは違う人間が周りに多くいるものだ。たとえ自分が完璧な人間だとしても、同時に全色の性格を出すことは不可能だ。周りに自分が合わせていかなくてはいけないのである。「相手に合わせる」のが、人とのコミュニケーションなのだ。

「でもちょっと待って。違うんじゃない？」と思うかもしれない。「自分は自分のままだし、誰にも合わせたことなんてない。それでも今まで特に問題はなかったけれど？」と。

もちろんだ。自分自身のままでいることは可能ではあるし、問題はない。だが、自分が伝えたいことが周りにきちんとすべて伝わっていると勘違いすべきではない。誰も自分の発言を信用してくれなくても大丈夫だというのならば、もちろん問題はない。

●他人との対応で無意識のうちにやっていること

人に対応するときはその人に合わせるというのは、無意識だが誰もがやっているはずだ。常に行っていることなのである。社会で生きていくうえでは当然のことであるし、コミュニケーションというのは見えるところでも見えないところでも常に行われている。

この本で紹介するやり方を実践してみると、たいていの場合は問題が発生することはない。とりあえずやってみようかなとか、当てずっぽうにやる必要はない。初めから正しいやり方で人に合わせることは可能である。ただし「たいてい」である。完璧なやり方などない。

この相手に合わせるというやり方はイヤだという人もいる。人に合わせるということは、自分が素直になっていない証拠であるし、人を騙しているのと同じだというのだ。だが、ここでまた繰り返し言うが――もしイヤなのであれば、合わせる必要もないのである。

●ある実話から――他人に合わせることなんてできないという怒り

何年か前に行った、とあるセミナーで出会った男性の話をしよう。

その彼は、専門分野で大成功を収めていた企業家で、思いやりもあり、周りから評判のいい男性だった。この男性——仮にアドリアーノと呼ぶことにしよう——は黄タイプの性格が強く、野望が多くあり、すぐに実行に移すという人だった。

アドリアーノは私が開催したセミナーで、初めて自分の性格を分析したり、他人からどう見られているかといったことを考えてみたようだった。それ以前は、特に分析したり考えたりする必要がなかったのだ。

誰かがアドリアーノにセミナーに出てみるよう説得してくれたようである。そのため、彼自身はセミナーで何を学べるかについてはまったく知らなかった。

その日は、あなたが今まさに読んでいる「異なるタイプの性格を理解する」ということがテーマだった。1日がかりのセミナーである。

ランチのあと、私はアドリアーノが心配そうな顔をしているのを見逃さなかった。真剣な顔をしており、体はピクリともしていない。私がセミナーを進めているあいだも、さらに沈み込んでいるアドリアーノを見て「ほかのことを考えているな」と私は勘付いた。

そこで私は彼に、何が引っかかっているのかと聞いてみた。

するとアドリアーノはいきなり激怒した。

「これは間違っている！　本当に腹が立って仕方がない！　人をこうやって振り分けたり、理論がかった型に人間をはめ込んで定義するだと？」

彼は、どんな人にも自分が相手に合わせようというやり方にまったく納得がいかなかったようなのだ。皆がアドリアーノに合わせなくてはいけないからではない。彼が心配していたのは、自分が人に合わせるというのは自分と人を騙していのと同じことではないかということだ。気に入らないやり方だと言うのである。

私もセミナーの参加者も、何が問題なのかを考えてみることにした。アドリアーノは、人を振り分けたりして、人との接し方をいろいろと試してみるのは間違っていると言う。本当の感情を持って人と向かわないのは致命的な間違いであると言った。

誰かが彼に、「ここで人の話を聞くべき人がいるとすれば、議論に発展してしまった原因の張本人であるあなた自身だ」と明確に伝えてくれた。だが、その後も議論は白熱し、30分後には私が無理やり止めなくてはいけない羽目《はめ》になってしまったほどだった。

アドリアーノの不安さは理解できるし、皆の前で発言をしてくれたことに対して感謝もしている。彼が心配していたのは、「皆が皆、お互いに合わせていたら自分自身でいられる人間は1人もいない。だから、人間がいろいろな人に合わせることなんてできない」ということだった。アドリアーノにしてみると、自分ではない人間を演じるというのは大嘘つきの人間がやることなのだ。

たしかに彼の言いたいことはわかるが、アドリアーノがそのようなやり方でやりたいのであれば、そうすればいいだけのことだ。他人のことを理解すればするほど、どうやって対応をしたらよいのかの決断を簡単に下すことができるようになる。他人を演じるか、それとも素のままでいくのか？

決断をするのは自分自身なのだ。

もう1つ彼が激怒した理由がある。それは、専門家の私が彼の性格を詳しく描写して、彼の気持ちをピタリと当てたことだ。個人の性格を描写するツールを使用したとき、彼は思い切り黙り込んでいた。

だが、この出来事がきっかけで、自分自身の知識の使い方に気をつけなくてはならないということを学べたため、私にとっても実りのあるセミナーとなった。

●うまくいくかわからないまま、どれぐらいの頻度で型にはまった行動をしているのか？

完璧な方法などない。常に何かしら例外というものがある。この本の初めのほうで述べたことを思い出していただきたい。ここで述べていることは、人間という大きなパズルの1つのピースでしかない。もちろんその1ピースは大きくて重要なピースかもしれないが、パズルを完成させるにはほかにもピースが必要である。

そこでこの適応方法の章は2つに分けた。1つ目は、人と心を通じ合うためには何が必要なのかということについて書いている。相手に近づいてその人を喜ばせたり、私はあなたのことをきちんと理解していますよということを相手にわかってもらいたいときのことだ。

2つ目は、逆に相手が自分に合わせてくれるためにはどうしたらいいのか、ということだ。それぞれの色のタイプがやりたいという方法が必ずしも人に近づける最適の方法であるとは限らない。

よし、人の性格に適応できるよう努力してみよう！　とやる気があるのならば、ここからの章は大いに役立つことだろう。

赤タイプの対応の決め手

「頼んだことは素早く済ませてください。いや、できればもっと早く！」

赤タイプに言わせると、周りには何をするにものんびりしている人が多すぎるそうだ。しゃべるのも遅いし、いったい何を言いたいのかもわからないし、仕事はぐずぐずしていて非効率的だと言う。赤タイプの世界では、ほかの人の行動はノロノロして見えるのだ。

赤タイプは忍耐力がなく、常に迅速に結果を得たい性格だということを思い出していただきたい。だから、それまでうまくいっていたことをほかの人がひっくり返してしまうと、彼らは狂ったようになってしまう。

彼らにとって、考えることと実行することは同じことだ。何事も素早く考え、行動しなければいけない。彼らが最も嫌いなことは、終わりがこないような果てしないことだ。そんなことがあると狂ったように怒り出してしまう。

結論

赤タイプのテンポに合わせたければ、素早く行動をしよう。スピードを速めよう。話すのも行動も素早くするのだ。

赤タイプがよくやるように、時計をチラチラと見るのもいい。会議を予定の半分の時間で終わらせることができるならば、そうするのだ。車でスピードを出しすぎることがあっても、彼らは特に悪気もなく平静と乗っていられる（逆にノロノロすぎると「運転を代わってくれ」と言われるかもしれない）。

「何がご希望なんですか？　はっきりとしゃべってください！」

赤タイプは、何事に対しても素早く率直に発言をするので、同じように早く話せる人との会話ならば楽しむことができる。言いたいことにたどり着くまで「ああだこうだ」と遠回りをしてしまう話し方をする人は、赤タイプとの会話は難しくなるだろう。

必要以上の言葉を使って話をしていると思われてしまう。彼らは、そのようなおしゃべりな人と話しているときをきちんと見極めている。

そんな赤タイプとの会話の際によくやってしまうのが、何か問題があったときにその肝心の問題点を伝える前の導入部分が長くなってしまうことだ。問題点を伝えたあとの解決方法を話すときの導入部分も長くなってしまうかもしれない。

結論

赤タイプにそのやり方は通じないので、避けるようにしよう。

赤タイプの注意を引きたいのならば、雑談は避けるべきだ。雑談をしないという断固とした態度を見せるかどうかにすべてがかかっている。伝えたい最も重要な事は何かをまずは考え、そこから話し始めてみるとよい。

たとえば、決算報告をしなくてはいけないときは、何よりも最後のページの一番下に書かれた数字をまず報告すること。彼らはその数字だけを聞きたがっている。それから、ほかの数字を報告するのだ。

必要以外の話はしないこと。ただ、重要なこと以外でもその裏付けとなる事実などもきちんと把握しておくことを忘れないように。どんな質問が飛んでくるかわからない。彼らがあなたの自信のなさを察してしまうと、事実関係に関する質問をあれこれとしてくるかもしれない。

文書で何かを報告する際も、簡潔に書き、きちんと構成した形で報告するようにすること。ついつい酔いしれてしまうほどの博士号レベルの論文のような長い文章を提出してはいけない。見積もりを出すときは、レストランにあるナプキンの裏に書いても大丈夫だ。私もそれは経験がある。

「……あなたが休暇中に何をしたかなんてまったく興味がない」

赤タイプは「今」を生きている。今ここで起こっていることがすべてなのだ。つまり、彼らは、その場所、そのときに扱っていることに集中できるという能力が備わっているとも言える。

そのため、彼らと話すときは、1つのことだけに焦点を当てることを忘れないでほしい。何か新しいものを作り出したり、アイデアが浮かんできたりしたら、それはそれで伝えてもかまわない。

プラスになるのであれば、彼らは新しいことでも歓迎する。ただ、本来話したい内容からあまりにも離れてしまい、必要のないことを話し始めてしまうと、それが口論の原因になってしまう。

彼らとうまくやっていくために一番効果的なのは、まずタスクの内容を把握して、それから実行するということだ。難しくはない。

結論

1つの話題だけに集中すること！　最も簡単な方法は、赤タイプと会う前にきちんと準備をしておくことである。議論が白熱しているとき、急にあることを思いついたとする。そうしたらその場でメモをしておき、最後に「ほかに話したいことがあるんですが、いいですか？」と聞いてみるとよいだろう。もしダメならば、次に会う約束をして話す場所を設ける。

赤タイプの性格が強い人に時間を聞かれたら、きちんと何時何分か伝えるようにしよう。「まだ時間はたっぷりあります」などと答えてはいけない。というのも、時間に余裕があるかないかは、彼ら自身が決めることなのだ。時間がどんなふうに動いているかなどの説明は赤タイプにするべきではない。

また、時間を答えるときのテンポも忘れないように。彼らにとって素早く答えを得られるということは効率性があるということでもあるのだ。

「『仕事』の話ですから。それを忘れないように」

キャリア生活の中で、プロとして仕事をてきぱきこなすというのは、当然のことである。どうだろうか？　考えていただきたい。営業を担当されたことがある方なら、営業関係のセミナー等で、顧客との関係を大切にしなさいと教えられたことがあるかと思う。まずは相手を知ること、そして相手を自分の味方にすることが大切だと。

このような素晴らしいアドバイスは実行すべきである。必要だと思う顧客との関係は築くべきだ。ただ、これを赤タイプとはしないことである。たとえば会議などで、初めて会う赤タイプがいたとする。彼との会話を「どこに住んでいらっしゃいますか？」「休暇中は何をされていました？」「昨日の試合を観てどう思われました？」といった雑談的な質問で始めることはしないこと。雰囲気が悪くなってしまうだけだ。

彼らにとって、興味がないことはひたすら興味がないのである。会話をしたり人間関係を築くためにそこにいるわけではなく、仕事をするために会議に参加しているのだ。赤タイプの性格が強い人は、人が友達のような関係になろうとしているのを察するとイライラし始め、攻撃的な態度を見せ始める。

友達になるためにその場にいるわけではない。彼がそこにいるのは、ビジネスをするためだけというたった1つの理由しかない。媚《こ》びながら個人的な関係を作ろうとしたり、お世辞を言ってごますりばかりしていることに赤タイプが気付くと、その場を追い出されることも考えられる。文字通り、追い出されてしまうのだ。

赤タイプ自身もそんなことはしたくないし、話している相手もそんなことにはなってほしくないはずだ。深い仲でない限り、彼らに対してきれいごとを言うのはやめたほうがいい。人を称賛するのは、赤タイプがいない場所でやるべきだ。

結論

赤タイプの性格は複雑そうに見えるため、たとえば、ものを売ったりするのは難しそうだが、実はそれに反してどのタイプよりも一番ラクに交渉ができるタイプかもしれない。赤タイプといいビジネスがしたければ、まず彼からの注意を引き、「これこれこういう提案がありますが」と話し、「そこで、どうでしょうか?」と尋ねてみるのがいい。

前日にあったサッカーの試合の話などは持ち出すべきではない。前の週にその彼をスーパーで見たとかそんな雑談も不要だ。どうせ彼は、あなたがそのスーパーにいたことなど気付きはしなかったのである。

赤タイプが人を信頼し始め、その人を使える賢い人間だと判断すると、そこで車やボート、政治の話といった雑談を始める。ただ、それ以外はそんな雑談すらすることはない。また、話をしている途中で急に「じゃあ」と話を終わらせることがあっても驚かないでほしい。

彼らは十分に交流できたと満足したら、もうそこで終わりなのだ。相手に悪いことは何もない。

ただそれ以上会話を続ける気がないというだけだ。

「本当にわからないんですか？　じゃあ、あなたがここにいる意味は？」

矛盾しているように聞こえるかもしれないが、赤タイプは相手にも決断力を求めている。大切な決断を下すのは自分だと要求をするかもしれないが、優柔不断な人とは一切関わりたくないのが赤タイプの性格だ。

曖昧さから信頼は生まれてこない。「難しい質問ですね」「場合によります」「どうしましょうか」といったセリフを聞くと、彼らはイライラしてしまう。

ここまで読んでもうお気付きだろうか。赤タイプは、人に会うとその人にどれだけやる気があるのかで判断をする。もちろん、相手は赤タイプの話を聞くが、きちんと彼らの性格を理解していないと弱い人間だと見られてしまう。それでは株が下がってしまうばかりだ。

人というのは、自分と同じような考え方をしている人を好む。赤タイプが同じような性格の赤タイプに会うことは滅多にないため、たまにそんなことがあると「私と似たような人が！」「素晴らしい！」と喜ぶ。大がかりな議論の前に、赤タイプ同士が握手をしているところを実際に私は見たことがある。

結論

赤タイプに言いたいことを言うときは、瞬《まばた》き1つせずに話をしてみよう。最後には長く続けられずにあきらめざるを得なくなってしまうかもしれないが、決して自分を安売りしないこと。

イライラし出して大声を出して地団駄《じだんだ》を踏み、拳を握り始めたりするかもしれない。

まずは彼を避けるべきだ。怖気づいて赤タイプにやられてしまうと、彼らのあなたに対する尊敬の念が消えてしまう。尊敬をまったくされていないと滅茶苦茶にやられてしまう。何度も何度もやられてしまい、最後には完全に無視されてしまう。その後は、何の仕事もさせてもらえないだろう。海に浮かんでいる浮きのように、あなたはただの目印でしかなく、あなたが赤タイプに近づいたことに気付いたら、その場からすぐ姿を消されてしまうのだ。

逆にすべきことは、その荒れた台風の目の中に立ち、「あなたこそ間違っている」と伝えることだ。こいつなかなかやるなと思われたらこちらの勝ちである。もちろん、自分が正しいということがわかっているときだけできることではあるが……。

「怠け者はいらない。休憩なんて死んでからたっぷりとれる」

上司が赤タイプの場合、その上司は誰よりも一生懸命に仕事をこなしていることだろう。複数のプロジェクトを一度に抱えることは赤タイプにとって普通だが、そのプロジェクトをきちんと監督したがるのも赤タイプの性格だ。

一度くらいの失敗なら彼らは特に気にしないが、あれをしてくれ、これをしてくれという命令がなくてもきちんと働いてくれるというのが第1条件だ。しっかりと真面目にやり、もし可能なのであれば時間を延長してでもタスクをこなすこと。

もちろん、ワーカホリックになろうと言っているのではない。人生は仕事だけのためにあるわけではない。だが、部下が残業をしてまでも頑張っている姿を見ると、赤タイプの上司は大いに褒める。精いっぱい仕事をしている社員は大切に扱われることだろう。

結論

赤タイプに一生懸命働いている姿を見せることだ。だが、上司の部屋にしょっちゅう駆け込んでは、「昨日は夜の11時半まで残業していました」とかそんなことを報告する必要はない。伝えたとしても特に感心されることもない。逆に、それほどでもないタスクをこなすのにそんなに遅くまで残る必要があったのか？　と聞かれてしまうかもしれない。ただ、自分がやったことだけを報告し続け、手短に、その結果を伝えるようにするとよい。

何事も自ら進んでやること。赤タイプに頼まれていなくても、提案できることがあったら伝えるようにしてみること。ちょっとした口論になるかもしれないが、あなたが積極的になっている態度は気に入られることだろう。

右の文章をもう一度注意深く読んでいただきたい。彼らは積極的だからあなたを気に入るのではなく、積極的なあなたを気に入ってくれる。もちろん赤タイプの上司が部下を気に入ることもあるが、素晴らしい評価は期待しないほうが賢明だ。

あなたの本来の姿で——赤タイプの対応での注意

赤タイプに適応して、赤タイプの希望通りの態度でいるのは容易ではない。自分の意見を何も持たず、誰にも抵抗をしないようなものだ。それなりの結果を出すためには、ほかにも考慮すべきことがいくつかある。

彼らは自らの間違いや欠点には気付かない。だが、よい結果を出すために、周りの人ができることもある。ただやり方を知っていればではある。そのやり方をここでいくつか挙げてみる。

「詳細だって？　なんてつまらない……」

第1に、赤タイプは細かいことにこだわることが苦手である。つまらないし、時間がかかるだけだ。詳細にこだわるのが苦手なため、小さな間違いをしてしまいがちだ。

彼らが注意深いということはない。赤タイプは、目標にたどり着くまでの過程よりも目標自体が重要なので、目標を達成するためならば手段を選ばない。彼らは細かいことにはこだわらないし、分析結果といったものもきちんと見ない。

結論

赤タイプに協力をして、最終的に良い結果を出したい場合は、詳細に注意を向けることが大切だということを伝えてみるとよい。実行するタスクについては、「細かくなってしまいますが、大切なポイントにいくつか注目すると、良い結果が出て利益も大きくなりますよ」と説明してみるとよい。

そんなことはしたくないと従いたくないようなこともブツブツ言われるかもしれないが、きちんと説得させることができれば、アドバイスに従ってくれることだろう。もうわかっていらっしゃると思うが、彼らは何かに到達できることがわかっていれば、自分自身にプレッシャーをかけることは問題はないのだ。

「素早く、間違いなく」

これまでに何度も述べてきたように、赤タイプの世界では何もかもが早く進んでいる。だが、そんな世界では、リスクが多く潜んでいることは明らかである。素早く着手するというのは聞こえがいいかもしれないが、全員が同じテンポでいないと意味をなさない。

たいていの場合、彼らは誰よりも早いスピードでタスクをこなすので、ほかの人が追いつけないほどだ。彼らは追いつけない人にイライラしてしまう。

赤タイプがここですべきことは、そこで立ち止まって、周りは自分ほど早く状況を理解することができていない、ということに気付くことだ。自分ひとりでタスクをこなすことは不可能である。たとえ自分だけでやろうと努力しても、結局はチームワークでないとダメなのだ。

「急《せ》いては事を仕損じる」ということわざは、あなたにも馴染みがあることだろう。

結論

急いでしまったがためにミスをして、逆に時間がかかってしまったという例があれば、その例を赤タイプの人に伝えてみるべきだ。急ぎすぎると、その先にはリスクがあるということを教えるのだ。また、赤タイプの速さに周りの人はついていけないことを説明し、プロジェクトの内容を皆がきちんと把握すべきだ、ということも明確に告げる。

あきらめないでほしい。赤タイプだけしか発言ができないような状況ではなく、ほかの人が発言するのを彼らが待つ状況を作るのだ。

タスクやプロジェクトが終了した際には、「落ち着いて取り組むことができたから、良い結果が出たのだ」ということを赤タイプに伝えるとよい。

「今までやったことないけど、試してみようじゃないか」

前例のないことを試してみる――そんなことが可能だろうか？

赤タイプはリスクというものを恐れていない。ただ単に面白そうだからという理由だけで、リスクのある状況を追い求めている人が多くいる。ちなみに、赤タイプ以外の人が、「これは危険かも」と思う行動でも、彼らにとってはリスクがまったくないような行動になることが多くある。

ただ、誰かが彼らにリスクを負うことによる長所と短所を教える必要はある。短所に関しては、彼らも聞きたくもなく、無視をしたがるかと思う。特に、その先のリスクを考えるということは細かいことに注意を払わなくてはいけないということだから、先に述べた例のような結果になってしまう。

結論

事実を確認することによって、どれだけのリスクが潜んでいるかを予想できるよう赤タイプの人に協力してみてほしい。事実そのものや、事実確認に関する質問というのは彼らでも重要だとわかってはいる。

赤タイプは過去——昔のことだし、つまらないことだ——を顧みず、現在とその先のことをよく考える。そのため、過去に彼らが経験した失敗話は持ち出さないで、あなただけが経験をした話をして例を見せるとよいかもしれない。

危険を顧みずにいると失敗しがちな一般的な出来事を話してみてもよいだろう。ビジネスリスクの話や、ヘルメットを被《かぶ》らずにスラロームスキーをするのは危険だという話だったり、上司のことをバカ呼ばわりしたらどうなるかといった例を挙げてもよい。

赤タイプが新しいプロジェクトに手をつけようとするとき、プロジェクトに関する事実をまずはきちんと見せ、手がけていくうえでの条件をきちんと読んでから開始するかどうかをもう一度よく考えてくださいとお願いをしてみよう。

何度も言っているが、あなた自身が正しいとわかっているのならば、赤タイプを説得するのにあきらめないことだ。

「私はあなたの友達になるためにここにいるんじゃない。ほかの誰とも友達になる気はない」

ここまでお読みになっておわかりのように、赤タイプにとって人間関係とはそれほど大切なものではない。もちろん赤タイプでなくても、人間関係を重視しない人はいる。ただ、彼らのやり方はほかの人より違って見える。プライベートな人間関係についてですら、自分の都合のいいようにしかしないといった批判がよく聞かれる。

赤タイプの周りにいる人がよく困るのは、彼らに振り回されてしまうということだ。彼らにそういう意図があるわけではなく、ただ単にそうなってしまうのだ。彼らは人のことなどかまわず、結果重視なのである。オムレツは卵を割らないと作れないように、きれいなもの（卵）は壊して（割る）しまわないと、結果は得られない（オムレツ）。

赤タイプが見逃しがちなのは、口論をしたくないがために赤タイプを避ける人がいるということだ。これは、何か大切な情報を人から聞く機会を逃してしまうということでもある。

金曜日の夜の飲み会に招待されないぐらいならかまわないだろうが、大切な結論を下すチームに入れてもらえていないと感じてしまうのはよくない。最悪の場合、大切な情報があるから意識して避けられているのだと赤タイプが疑い始めてしまうこともあり得る。権力争いがすぐ起こりそうだというのに、避けられているのだ。

結論

ほかの人に合わせて初めて物事の全体像が見えるということを赤タイプは知る必要がある。自分のことに夢中で、そんなことは考えすらもしないかもしれないが、人間は1人では何もできないことを理解すると、ちょっとほかの人にも注意を向けて気にかけてみようかなと思えるかもしれない。雑談。たとえば子どもの初めての乳歯のことや、バカンスのあいだに借りていた別荘にかかった税金の話や、買いたい船の話なんかでも、人にとって大切な会話だということがわかると、赤タイプでも真剣に話を聞き、会話に参加する。

どう会話が進められるのかを彼らが知るようになれば話は速い。赤タイプの人について、何か知ることのできるいい機会になるかもしれない。

「何なんですか？　ちょっと我慢してくださいよ！」

赤タイプはひと言で言うと怒りやすい性格だ。それ以上、形容のしようがない。すぐにキレやすい性格で、周囲の人にはそれが大きな悩みの種となり得る。彼ら自身はそれに気付いておらず、ちょっとぐらい大声を出すのもコミュニケーションの一部だと思っている。

人から威圧された態度を見せられたいと思う人は誰もいないが、それをきちんと声に出して伝える人はいない。彼らが人を罵ってつぶそうとしているときに、丁寧に止めるように努力してみてほしい。すると彼らは、「何も悪いことはしていない」といった表情をして、わけがわからないという振りをすることだろう。ただ、赤タイプは心の中で密かに、自分を怖がっている人がいるのは面倒だなと感じているのである。

結論

赤タイプの行動に対して速攻で反応すべきである。暴力は避け、「品のない発言や意地悪な態度、意味もなく癇癪を起こしたりするのはここでは受け入れることはできない」とはっきりと告げてみよう。

「大人らしく行動をしてください」ともお願いをし、もしその人の機嫌がさらに悪くなってしまったら、さっさとその場から離れるべきだ。ただそこに立ちながら大声で叱ることによって言うことを聞いてくれると思わせてしまわないことが重要なのである。

だが、赤タイプの大声で怒鳴り散らしたりするというやり方は、彼らが長いあいだやってきたやり方だということは忘れないでほしい。子どもの頃からすでに自分にプラスになることのためなら喚き散らしていたりもしたことだろう。家族はかなり幼い頃から、その短気な性格に気付いていたこととかと思うが、面倒なことにならないために、その場であきらめて子どもの言うことに従っていたというのもわかるかと思う。

赤タイプのこういった性格と真正面から向かい合ったことのある人はあまりいない。落ち着いた会話をしたとしても、それが逆にさらに赤タイプを怒らせてしまう原因にもなりかねない。そして、彼らが一番聞きたくないセリフを言ってしまうのだ。

「声を落としてください」と。

黄タイプの対応の決め手

「一緒にいると楽しいですよね！」

黄タイプは基本的に人との争いを好まない。何か気に入らないことがあると激怒してしまうこともあるが、それよりかは楽しくて明るい雰囲気を好む。誰とも仲良くできて、いい日を過ごすことができれば黄タイプにとっては最高なのである。

ただ、周りの人の機嫌が気になってしまうというところもある。グループの中で1人でも機嫌が悪くて攻撃的になってしまう人がいると、その場をまったく楽しむことができない。

結論

黄タイプの機嫌がいいときこそが、彼らにとって一番調子がいいときである。あれもこれもと創造力も豊かになり、ポジティブな活力があふれかえる。そんな雰囲気を作り出すためにも、穏和で優しい環境作りをしてあげることが大切だ。

笑顔でいられる時間を増やし、冗談を言い合ったり笑い合ったりしてみてほしい。黄タイプが、ふざけたときに起こった話などを始めたらその話に耳を向け、子どもっぽさを笑ってあげよう。会話の場が楽しくなり、和むに違いない。

そのような雰囲気になったら、黄タイプはあなたのことを気に入ってくれ、話も前以上に聞いてくれるようになるだろう。これはとてもいいことである、というのも、彼らの機嫌を損ねてしまったら、その対応に困るだけなのだ。

「その詳細については頼んだけど……誰に頼んだのかは忘れてしまった」

黄タイプに、ある1つのことに興味を持ち続けてもらうことは容易なことではない。つまらないことがあると飽きてしまう。これは周りにいる同僚や顧客、友達や近所の人たちなど、誰と接していようとも起こることだ。黄タイプを素早く飽きさせたければ、ありとあらゆる詳細を話し始めると効果抜群だ。

ただ、そんなことはもちろんしないでほしい。黄タイプは細々とした話が苦手だ。ただつまらなくなってしまうだけだ。細かい話をし始めると、その内容を忘れられてしまうだけでなく、そんなもの聞く必要がないと勘違いされてしまう。

彼らの強みが全面に出されるのは、そのような細かなときに関わっているときではなく、もっと大きな規模のことを考えたり関わっているときだ。

たとえば、今後のビジョンを描いてもらうようにお願いをするときは、「大まかに10年後のビジョンを」とだけお願いし、そこにたどり着くにはどうしたらいいか、といった細かいことは聞かないようにするとよい。

結論 黄タイプに話を聞いてもらうためには、できるだけ詳細を話さないことだ。常に大きなことから話し始めてみる。

たとえば、スピーカーを設置するとき、設置の仕方を知っているかどうかは黄タイプにはまったく興味がないことである。それよりも、彼らが気になっているのは、最新のヒット曲をどうやったらそのスピーカーから流すことができるかということだ。

赤タイプの性格と同じではあるが、それ以上に悪くなることもある。うまくいかないことに対して、彼らは忍耐力というものがない。そんなときは手を差し伸べてあげよう。ただ、そこで覚えておいてほしいのが、黄タイプはどうしたらうまくいくかということにはまったく興味がないということだ。うまくいくことだけに興味があるのだ。説明書など使うことはないため、見せても意味がない。

「直感だけで大丈夫。毎回当たってるから」

黄タイプがとんでもない決断をして、「直感でそれがいいと思ったからその決断を下した」と言うたびに毎回5クローナもらえるのであれば、私は今頃高級レストランで食事を楽しんでいることだろう。

直感を信じていれば良い決断を下すことができるという研究結果が仮にもしあったとしても、黄タイプはその理論に賛同し、ますます自分は正しいと信じるだけだ。どんなことがあっても、その結果を彼らには伝えないようにすべきである。

正しいと感じなければならない。ここで注意していただきたい。「感じ」なければいけないのだ。直感が正しいと信じている限りは、事実をなるべくなら聞きたくないというのが黄タイプだ。

ただ、誤解はしないように。彼らは事実がとても大切だということと、事実をきちんと見て判断する人がいるということもきちんとわかっている。黄タイプだからといって頭が悪いわけではない。ただ興味がないだけなのだ。事実よりも直感で感じたいのである。

もし、黄タイプからの決断が必要な場合、エクセル表を見せられるだけ見せて、前かがみになりながら大きな笑顔でこう聞いてみるとよい。「これを見てどう感じますか？」

黄タイプは、あなたが何を聞きたいのかすぐに判断し、決断を下してくれるはずだろう。

結論

黄タイプにとっては、直感を信じることが大切だということをまずは理解してほしい。

直感の力を信じているとかなり安心していられ、その後にあり得るリスクに対しても、それほど恐れていることはない。あなたがその黄タイプのやり方に順応するようにしよう。

また、私もそんな気がしますと言うと彼らに近づけるはずだ。どんなに間違っていたとしても、彼らの気を向けるにはこの方法がよいのだ。

自分と似ているところがあるなと思われたらこちらのもの。黄タイプとは気の合う友達となり、何もかもいい方向へいくことだろう。

「えっ？　この車、試験車なんですか？　初めて搭載された機能がある試験車なんですか？　えっ？　誰も乗ったことがない？　乗ってみたい！」

赤タイプは何事も素早く実行するという性格だが、黄タイプは速さではなく真新しいものに対してすぐに飛びつくタイプである。

「最新の」と「良い」は、彼らにとっては類義語なのだ。だが、これは悪いことではないだろう。創造力や新しいアイデアがあるからこそ、何事も進化していくのだ。

誰もが毎日の生活で、ある程度の面白さを求めていると思う。ただ、「面白さ」という言葉の定義は人によって違ってくる。黄タイプにとっては真新しいものこそが面白いものだ。彼らはよくアーリー・アダプター（early adopters）と呼ばれる。つまり、何に関しても一番に試したがるのだ。最新のファッション事情に詳しいのは誰だろうか？　ちょっと奇妙なモデルの新車に誰よりも早く試乗したがるのは誰か？　最新のスマートフォンを持っているのは？　レストランのランキングで次に1位になるレストラン名を知っているのは？

黄タイプはこれらの情報をどうやって得ているのだろうか？　興味のあることならば仕事中に情報を収集したりしているのだろう。だが、仕事中にするのは趣味のためだけではない。彼らは、たとえば商品を売る際に使えそうな新たな戦略法やコンセプトを取り入れようともする。これは仕事に役に立ちそうなことである。

結論

「最新の情報を収集してください」と黄タイプの人にお願いをすると機嫌がよくなるはずだ。また、黄タイプのお客さんに物を売るときは、試供品、新開発品、未使用品という単語を使いトークをしてみること。「えっ、誰も試したことがないんですか？　じゃあ私がやってみなきゃ」と、お客さんの興味を引くこと間違いなしだ。

そのように商品を紹介すると、黄タイプのお客さんは、あなたのことを面白くてなんて革新的な人なのだと興味を持ってくれることだろう。ただ、最新情報を常に知っていなくてはならないので、かなりの努力が必要だ。その努力があるからこそ、黄タイプはあなたがいることで新しい情報を得ることができ、いい関係が築ける。黄タイプにかなり気に入られるはずである。

ただ、自分より新しい情報にさらに詳しい人を黄タイプが見つけたら、その人のほうへとすぐに移ってしまうかもしれないことも心得ておくことだ。

「あなたは面白そうな人ですね。私のことを知りたくありませんか？」

もうここまできたらおわかりのことだろう。黄タイプは人が好きだ。多くの人に囲まれていれば囲まれているほど良いのである。もちろん会う人全員を好きになれるわけではないのだが、たいていの人に対して好きになろうとはするだろう。

黄タイプと接するときは、その人と同じぐらいオープンな心でいるように心がけるとよい。閉鎖的で秘密じみた態度でいると、自分は受け入れられていないのでは？　と疑われてしまう原因となる。そのような態度でいると、彼らにはさまざまな疑問が浮かんでくる。発言をしても反応がないのはなぜか？　飼っている犬に起こった面白い話をしたのに、なんで笑ってくれないのか？　なんでこの人（あなた）のことをよく知らないのか？　この人（あなた）の夢はいったい何なんだ？　といったような疑問だ。

付き合いが悪くなると、お互い安心していられなくなり、それ以上いい関係を築くことはできなくなる。赤タイプと青タイプは特に、黄タイプといい関係を作りたければ考慮すべきことが多くある。もちろん、それを望むのであればではある。

結論

黄タイプにとって近づきやすい態度でいよう。笑顔を絶やさず、好意的な印象を与えるボディランゲージで対応をしよう。彼らから、どこで生まれ育ったのか聞かれたら、〇〇市です、と市名だけではなく、住んでいた地区の名前や、よくランニングをする場所だとか、具体的なお店やレストランの名前を挙げて、「そこで一度悪酔いしたことあるんだよね」とか、「あのお店で働いている誰々を知っている」とか、そういった具体的な話をしてみるのもいいかもしれない。

そんなこと言う必要もないと思われるかもしれないが、彼らにとっては、とても興味深いことなのだ。こちらからそのような話をすると、その後に自らも全部話してくれるはずである。そうすると、その人についても知ることができる。あなたも、「興味がある」という態度で話を聞くとよい。あと覚えておいてほしいことがある。それは、黄タイプは褒め言葉を聞くのがとっても好きだということだ。

あなたの本来の姿で——黄タイプの対応での注意

黄タイプの機嫌をよくするためには、その人と同じようなやり方をしていることが必要だ。ただそうすると、少ししたあとに何も進んでいないということに気付くかもしれない。

黄タイプが、とある問題を解決するために集まっていたときのことである。口々に何か楽しそうなことを話していた彼らに「どうですか?」と私は尋ねてみた。すると彼らは「いい感じです!」と答えるだけだった。

だがよく見ると、解決策をメモしていたわけでもなかった。何かしらの結論に達するためには、雰囲気をよくするだけでは十分ではない。彼らといても何も進まないということが頻繁に起こり始めたら、次のことを試してみるといい。

聞いている振りをしている人と、きちんと聞いている人との違い

ここでハッキリと言ってしまおう。黄タイプは聞き下手である。聞き下手というとネガティブで

聞こえも悪いため、本人が認めることはない。

たいていの黄タイプは、自分は聞き上手であると信じている。どうしてそう信じられるのかわからないのだが、聞き上手であるというのは間違っている。

もちろん、きちんと人の話に耳を傾けてくれる黄タイプもいる。ただ、その人にとって興味がある話のときだけだ。それが会話から何か得るものがあるとわかると、人の話を聞くようにもなる。ただ、ほとんどの場合は人の話に耳を傾けない。

黄タイプは、人の話を聞くよりも自分が話をしていたい。自分のほうがうまく表現できると思っている。ただここで問題になるのが、彼らは人の話を聞かないため、ほかの人の発言を聞くことがないことだ。

結論

黄タイプといるときは、無理やりにでもすべきことがある。それが、自分のパートナーとバカンスの計画を立てているときや、進行中のプロジェクトの話を同僚としているときだとかは関係ない。どんなときでも、自分が言いたいことは何か、誰からの賛成意見が必要なのかということをきちんと事前に把握しておくことが大切だ。

彼らに質問をして、「はい、約束通り4時に行きます」とか「今話し合って決めた内容をきちんとお客さんに伝えておきます」と喜んではっきり答えてもらうためには、こちらから仕掛ける必要がある。

ただ、ここで強調をしておきたいことがある。それは、重要なことに関する場合は、あなた自身でもきちんと確認をすることを忘れないでいただきたいということだ。

というのも、彼らはメモをすることもなく「はいはい」と答える傾向にある。もちろん、カレンダーに予定を書いてくださいとお願いをして、黄タイプがきちんと書き留めてくれればよいが、それ以外の場合には確認が必要だ。

そうすると確実だ。だが、たいていの場合、こちらから話した内容は、黄タイプのもう片方の耳から出ていってしまっている。

「任せてください。すぐにできますから」

黄タイプは時間にルーズだったり、無頓着だったりする。仕事を素早くこなす人もいるが、自分が思っているほど早くできない人ばかりである。これは、計画性がない、人生設計ができていないという黄タイプの特徴と関係してくる。

私自身も多くの黄タイプと会っているが、たとえば1日に8つの会議に参加するだとか、台所の改装を全部で2日で終わらせるとか、ストックホルム市内を車で通り抜ける——それも4月の月曜の朝に——のに30分もあれば足りるだとか、そんなことを言う人ばかりだった。

時間にルーズだというのは、黄タイプの楽観的な性格の典型的な特徴とも言える。考えてみれば不思議ではない。彼らがやりたいことをすべてこなすのに時間は足りない。特に、どれぐらいの時間がかかるのかをやり始めた時点で計算をしていない場合、間に合うわけがない。その質問を他人にしたところでその答えを聞くわけでもないし、間違ったことを教えてしまうと、さらに状況は悪くなる。黄タイプは、自分ほどしっかりと把握している人はいないと信じているため、聞くことはしないわけだ。

彼らのもう1つの問題は、何かをすべきときにやり始めないということだ。仕事を休んでまでも寝室のペンキ塗りをしようとしていたのに、午後3時になってもペンキ缶の1つも開けていないといったような人を知らないだろうか？「これをやってから」とばかり言うだけで何も始めないのである。

つい最近、仲のいい友達カップルと食事に出かけた。そこの夫婦は2人とも黄タイプの性格である。レストランは1時間半しかテーブルが予約できなかったのだが、ということは、たとえば25分遅刻したら、前菜かデザートを食べる時間がなくなってしまうということだ。

それでは時間が足りない。それはイヤだということで、青タイプの特徴を少しばかり備えた私と私の彼女はレストランに約束の15分前に到着するようにした。すぐにテーブルに座り、友達を待っていた。彼らが姿を現したのは40分後、つまり25分の遅刻だった。

「いや～時間をすっかり忘れちゃっていてね」と2人は笑っていた。メインの食事を注文して、食べ終わったらもう次のお客さんが待っていたのでレストランを去らざるを得なくなってしまった。

この話をしていて不思議なことがある。というのも、遅刻したのは25分ではなくて、ほんの数分だけだったと彼らが記憶をしていることだ。本当は、遅刻したがために夕食ができるはずだった時間の30パーセントも消えてしまったのに、そういうことはすっかり忘れてしまうのだ。

結論

黄タイプと時間の約束をするときは、きちんと事前に確認をしておくこと。時計をきちんと調節することも忘れずに。

飛行場で待ち合わせをするときなどは、「飛行機はきちんと時間通りに離陸をするから、その2時間前にはもう飛行場に向かっていないと、ストレスが原因で心臓発作を起こしてしまいますよ」とか、「もしそんなことになったらあなたのことを見損ないますし、友達関係もなくなりますよ」とか、そんなふうに伝えることである。

たとえば、夕食が夜の7時に始まるとすると、その時間までにほかの人を全員集めるのが普通だが、彼らには30分早い時間を告げるようにするとよい。結局来るのは最後だとは思うが、本来の時間通りに来てくれるはずだ。

ただ、よくできた言い訳を言われる心の準備はしておいてほしい。時間にルーズだということは決して認めないことに対しても、心の準備をしておくといいだろう。もちろん時計はちゃんと見ていた、ただ今日に限って……と言い訳をするに違いないのである。

「手榴弾でも投げてみる必要がありそうですね」

こんなに散らかったデスク見たこともないというデスクをいくつか見たことがあるが、どれも黄タイプのデスクだった。モニタには付箋《ふせん》紙がたくさん貼られていて、画面なんて見えたものではない。車庫がぐちゃぐちゃになっていたり、倉庫がものであふれかえっているのも黄タイプだ。

ただ、デスクや車庫、倉庫といったものは目にはっきりと見えるものだ。目につかない、たとえば黄タイプの女性の手帳の中身や、カバンやクローゼットという場所を見せてもらってほしい。

何が出てくるかわからないが、怖がらないこと。きっとめずらしいものが見つかるだろう。青タイプの性格を持つ人ならば、彼らからどうしてこんなことになってしまうのかという理由を聞けるに違いない。手帳やカバンはそれでも目に見えるものである。では、形をなさないものや事に関してはどうだろうか。

会議の予定は変更される、忘れられる、ものがなくなる、車を駐車場のどこに停めたのか忘れてしまう、鍵はなくなる……さらに、毎日の計画を立てることが苦手な人が黄タイプには多くいると思われる。

買い物リストも作らない性格なため、ちょっと買い物に行っては忘れたものがあるということでまた同じスーパーへ戻るということが5回続けてあってもおかしいことではない。その場にいないと何を買いたいのかわからないのであろうか。それとも、買うものが19個もあるとしたら、それぐらいならメモをしなくても覚えていられると勘違いをするからだろうか（黄タイプは、できないことでも自分には能力があると勘違いしてしまう性格だということを覚えているだろうか？　自分は記憶力がすごくいい。忘れっぽくなんかない、と自分の性格を人に教えたがる）。

結論

もし本気で黄タイプを助けたいのであれば、周りにあるものを彼らが整理整頓し始めるようにしてあげることだ。シンプルな予定表を作ってあげたり、買い物に行くときは、買い物リストを密かに作っておこう。彼らはリストに書いてある半分のことを忘れてしまうのだ。

きちんと計画を立ててあげること。予定表やリストを一番必要としているタイプは黄タイプだが、それを彼ら自身が知るとイライラされてしまう。自身で選んでいないやり方にはめられてしまうことを嫌うのだ。

彼らと話すときは交渉するような気持ちで挑むとよい。ちょっとやりすぎたかなというときに、「そんなに細々としたことをいちいちやっていかなくちゃいけないんですか？　ここはファンタジーの世界ですか？」というように、彼らから強い反応をされることだろう。

目立つこと、それが常に重要である

私、私、私。黄タイプは赤タイプ同様、自我が強いことは誰の目にも明らかだ。周りから注目されたい性格なので、どんなときでも誰よりも早く人の前に立ちたがる。

何かが起こっているとき、その中心にいられるということが何よりもうれしいことなのだ。注目の的は常に彼らに当てられ、さらに目立ちたいがために大きな声で話し、そのスピードも速くなる。

「注目してちょうだい。私を見て、聞いて、私を好きになってください！」

そんな黄タイプの性格が原因で起こり得ることは予想できる。そう、ほかの人の居場所がなくなってしまうということだ。どんな会話も、自分の経験や考え方を大声で話し始める黄タイプに持っていかれてしまうのだ。

戦争のこと、飢餓のこと、ダイエットのこと、車のこと、上司のこと、庭のこと――何を話していようが黄タイプの人が寄ってきて、自分が経験した話を自分中心となって話し始める。もし話すことがなければ作り話をその場で披露するのである。

彼らの発言はいつも「私は～がしたい」「私は～と思う」「私は～ができる」「私は～を知っている」「私は～をする」といったように、「私」から始まることが多い。それが彼らの自然な話し方だ。他人のことを好きでもあるが、それ以上に自分のことが好きなのである。

結論

黄タイプがまず知るべきことは、その場にいる人やプロジェクト担当のメンバーが自分だけではないということだ。何もかも独り占めをしてはいけない。ほかの人も会話に参加すべきだとか、あまりに黄タイプが話しすぎているという状況を、彼ら自身に伝えることが必要だ。ただ、勇気も忍耐力もある人でないとできないことではある。

しかし、会話の途中で、それも皆の前で伝えても意味はない。黄タイプが批判を受けたときの傷というのはかなり大きくなってしまう。

「みんな自分のことだけを考えている。誰も私のことを考えてもくれない」と、（少し矛盾しているが、黄タイプ自身は気付かずに）感じてしまうのだ。

このようなフィードバックは慎重に、そしてポジティブに伝えなければいけない。黄タイプといっても人それぞれである。もちろん、それぞれに対応できるようにきちんとした準備が必要となるかもしれない。

１つだけ、心の準備をしておいていただきたい。それは彼らとの仲が悪くなってしまう可能性もなきにしもあらずだということだ。わがままで自己中心的だと呼ばれて喜ぶ人がいるわけなどない。黄タイプは、頭が悪いわけではない。自分がそういう性格だということは心得ている。ただ、その分析は間違っていると信じている。そのため、彼らに対してああだこうだという話をするときは、かなり大変な思いをすることになると思われる。

それがイヤならば、その人と友達にはなるべきではない。

素晴らしいが現実的でないアイデア

誤解のないように、ここではっきりと述べてしまったほうがいいかもしれない。黄タイプは、手を動かすよりも口を動かすことが多い。実際にそのタスクをやるよりも、タスクをやるにあたって何が必要なのかということを話したがる。ここまでにも何度も述べてきたが、身近に黄タイプがいる人は、私がここで言いたいことがわかるかと思う。

もちろん、何かをするときになかなか始められない人は多くいる。特にタスクがつまらない内容だとやる気も出ない。だが、彼らがイヤだなと思うことをやらなくてはいけないときは、やり始める様子もまったくなく、その場に留まったままである。

つまらないというのは、たとえばクレームをつけてきた顧客に電話をしなくてはいけないときだとか、ベランダの取り付け作業の仕上げだとか、ドラッグストアに用事があるときだとか、そういうときのことだ。つまらないうえに何も得るものがないものは実行されない。彼らの口からは、取りかからない言い訳がよくそこまで言えるものだなぁというほど、いろいろと出てくるのである。

黄タイプは、先のことを中心にして考えるので、実際にそこにたどり着くまでの行動よりも先に何があるかということを話す。彼らの手にかかると、ありもしないような計画を立てられたり、無理だとしか思えない目標を設定されたりしてしまうこともある。

思いついたことは大きな声で話すので、周りの人は実際にそれらが実現されると信じて、「なんていいアイデアなの！」と反応してしまうわけだ。

結論

黄タイプを助けたいのであれば、何かを始める前には必ず手順があるということを教えてあげることだ。押しが必要だが、その押しもあまり強くならないように。子どもに何かを教えるように、背中をポンッと押してあげるのだ。優しく、でもわかりやすいように押すのだ。

ただ、あなたがそこで舵を取ろうとしていることが見つかってしまうと、大変なことになってしまう。彼らは人から指示されたりするのが嫌いだ。何かを始めるときに一番助けが必要なのは間違いなく黄タイプなのだが、彼ら自身にはそれが気に食わないのだ。自分は自由にやる。誰からの指示も聞かないという姿勢なのである。

黄タイプは慎重に扱わなければならない。何をすべきかわかったら、次はその仕事を実行することによって、どれだけのものを得られるかを優しく丁寧に説明してあげることだ。仕事を終わらせた際には、「今以上に（あなたの）人気が上がりますよ、誰からもそれまで以上に好かれることになりますよ」と話してみるのもいいだろう。

簡単に聞こえるだろうか？　その通り。簡単ではある。ただ、覚えておくべきこともある。そこまであからさまな形で誰かのわがままを押し通すのはできないと躊躇してしまう気持ちに打ち勝つことだ。でもきっと大丈夫なはずである。

「あなたが話をしているのはわかるんですが、何も聞こえてきません」

ここに大きく「聞き下手な人間」というタイトルをつけたほうがいいかもしれない。というのもこれから述べることは、黄タイプは人の話を聞くのが上手ではないということに関係があるからだ。誰もが間違いをする、これは紛れもない真実だ。小さな間違いを犯しても、人はそこから何かを学べる。学べないものや向上できない人はこの世にないはずだ。

これは黄タイプにとっても明らかな事実ではある。彼らは激しい議論のときですら、他人に対して「お願いだからきちんとして考え直してきてくれ」と願うほどだ。黄タイプですら、完璧で欠点のない人間はいないと認めており、そこまでは特に問題はない。だが、彼らもきちんと成長すべきだということを周りの人が話し始めたときに、問題が発生するのである。皆の前で批判されようものなら口論となる。

彼らは批判を聞きたくない。というのも、批判を受けるというのはかっこ悪いことなのだ。何をするにも、何を言うにもすぐに批判をする人のことを考えてもみてほしい。黄タイプにプロフィール分析を渡すときによく起こることだが、とある項目にたどり着くまでは特に問題はない。だが、「向上すべき点」という項目、つまり弱点の話になるといきなり問題となる。

そんなときは、急な言い合いになるか、そうでなければ部屋の中の気温が一気に下がってしまうようなひやりとした雰囲気になってしまうかのどちらかだ。

自分には自己認識がないと話す前に、自分を守ろうという守備の壁ができてしまう。彼ら自身も、自分に弱点はあるということは心の底でわかってはいるのだが、それについては話したくないのだ。

結論

黄タイプにネガティブなフィードバックをするときは、忍耐強くいかなくてはいけない。かなり強く、だ。落ち着いた場所で話すこと。また、きちんと相手に伝わるよう、言い方に気をつけること。

デスクを思い切り叩いたり、彼らの肩を揺すぶったり、強く言い合ったり、耐えられる限りのことを与えてやったりと、そんなこともできないわけではないが、私はお勧めしない。できないことがあれば、まずその場であきらめて、また出直すようにしてほしい。またダメでもまた出直してくる、その繰り返しだ。

はっきりとすること。自分の意見を裏付ける事実を思いつく限り用意しておくことが大切だ。彼らは誰よりも自分が一番になりたいという人間なため、他人の行動を操るのがとても得意である。

人から言われた批判が深刻なものだと気付き、相手にその後の様子を観察されるというのがわかると、ほかのやり方をさせようと必死になり、方向転換をすることだろう。ジェットコースターに乗るように、あちこち方向転換をするのが得意なのだ。周りの人は暗闇の中で迷子にならないように気をつけることが大切だ。

質問をしたら、きちんと答えが返ってくることを確かめるようにもすること。彼らがきちんとメッセージを理解してくれたことも確認すること。言ったことをメモしているかも確認して、今聞いたばかりのフィードバックをもう一度繰り返し言ってみてくださいとお願いをしてみよう。

だが、ここまでたどり着くにはきちんとした計画を練らなければいけない。いや、ここで話はやめておこう。というのも、黄タイプについては十分理解してもらったことだろうし、もしこのまま読み続けたら疲れ果ててしまうだけだ。

ただ最後に、1つだけ付け加えておきたい。先に述べたフィードバックというのはポジティブなフィードバックのことではない。ポジティブなフィードバックをもらった黄タイプならば、誰も想像できないほど素早く行動をし始めることだろう。

緑タイプの対応の決め手

気分がよくないと落ち込んでしまう……

緑タイプにとって常に大切なのが安心感だ。彼らは何か変なことが起きてしまうのではないかと心配しがちである。

不安なことがあると、布団を頭からかぶって姿を消してしまうように、何も見なかったことにして不安をなくす。見えなければ不安はないということである。不安定なものとは一切関わりたくないのだ。落ち着いた状況を求め、大きな賭けには出たくないのである。

「でも、この世界は危険だらけじゃないか」と思われるかもしれない。外の世界には危険がありすぎる。いつでも最悪な状況になり得る。

人との関係も悪化する、病気になるかもしれない、配偶者に見捨てられるかもしれない、子どもたちにバカ呼ばわりされるかもしれない、仕事をクビになるかもしれない、私はバカだという子どもたちの意見に上司が同意するかもしれない、多くの人とケンカしてしまうかもしれない、通勤途中に車の事故にあうかもしれない、魚の小さな骨を喉《のど》に詰まらせて死んでしまうかもしれない！

そんなことを考えてしまうので、緑タイプにとっての人生とは常に危険が潜んでいるものだ。どんなことだってあり得る。

私が指導をしてきた多くの緑タイプは、このようなあり得る危険なことを想像してしまい、何もできなくなってしまうこともあると言っていた。危険や縁起の悪いことが起こってしまうかもしれないと思い始めると、そのループから抜け出すことができなくなってしまうというのだ。そうすると何もできなくなってしまう。それに加えて、特にあれをしようこれをしようという性格でもないため、家にいるのが一番だとなるわけだ。家にいると安心するのだ。

数百年前、スウェーデンからアメリカに渡った移民が多くいるが、その大多数は緑タイプの性格ではなかったであろう。先に何が起こるかわからないような、遠いアメリカまでの危険な旅に緑タイプがボートなんかで行けるわけがないのだ。

たとえ地球の反対側に渡ることができたとしても、その後の生命の保証はない。アメリカに移住したスウェーデン人にもアメリカで成功をした例がいくつもあるが、緑タイプに言わせると、そんなの作り話かもしれないじゃないかというわけだ。

たとえ仕事が見つかって住む場所を確保したとしても——そこからの生活の保証がないではないか。スウェーデンでも貧困な生活だったのに、それ以上に悲惨な生活が待っているかもしれないじゃないか。今あるものは確実に手に入れたものだということがわかるけど、これから何を得られるのかなんて誰にもわからないじゃないか、という考え方なのだ。

今さらではあるかもしれないが、あの当時アメリカへ移住したスウェーデン人は赤と黄タイプの性格の人が多くいたのではないかと私は思う。そして、スウェーデンに残ったのは緑と青タイプだったのではないだろうか。

結論

緑タイプはあなたと同じように物事を考えているわけではないということをまずは受け入れよう。また、彼らはいろいろなことに振り回されることがあるが、それが恐怖心だったりすると普段以上に振り回されてしまうこともあるということを周りの人間は理解してあげよう。

何を怖がっているのかを聞くよという姿勢を見せよう。ただ、「恐れることは何もない」というセリフだけは言わないように。というのも、もうすでに恐怖心を持っている人にその言葉は通じない。それに、恐れることはないというのは事実ではない。恐怖を感じたり、心配してしまうことは誰にでもある。ただ、緑タイプに限っては、心配したり恐怖心を抱いてしまうものが多くあるのだ。

怖がることはないという嘘のメッセージを伝えるよりも、その恐怖心に立ち向かっていくように助けてあげるべきだ。何か変だなと感じていてもそれに向かっていけるよう、力づけて前進できるよう協力すること。

子どもの頃、「冷たそうだな、怖そうだな」と目の前にある水を見て怖くなっても、泳ぎ方を習ったときには背中を優しく押してもらったものだ。そんなふうに、緑タイプの背中を優しく押してやるのだ。

それでも、彼らから「隣の芝生なんて青くない」なんて言われることがあったら……大きく深呼吸をし、さらに努力を続けてみることだ。

結局何も起きない。何度も何度も、そんなことが繰り返される

緑タイプは受動的な性格だということは覚えていらっしゃるかと思う。どんなことがあっても、自ら行動することはしない。率先して誰よりも活力的に早く行動をしたり、アクティブな毎日を過ごすと、落ち着きが乱れてしまう。これは彼らが苦手なことである。常に新しいことばかり考えられたりすると、イヤになってしまうのである。

緑タイプは、アクティブにならないように行動するのが得意だ。金曜日の夜は1週間の仕事で疲れ果てて帰宅し、できるだけ何もしないようにする。きちんと休まなくてはいけない。仕事をしない時間を設けるためにいろいろと努力をしてきた緑タイプの人に会ったことがあるが、仕事をすること自体よりも仕事をしない時間を確保するためにかなりの努力を必要としていた。

彼らのこのような性格を見ると、周りの人は緑タイプの傾向がよくわかる。彼らは予定が詰まりすぎている週末を過ごしたいとは思わない。義理のお母さんを訪ねたり、ピクニックをしたり、息子のサッカーのトレーニングについていったり、車庫の掃除だったり、隣人を夕食に招待したり……そのような行動がすべて重荷になってしまう。

計画しても、その場から逃げて姿を隠し、何もしないことだってある。自らが一番得意なことをするためには、落ち着いた環境が必要なのだ。そして、その得意なことというのは、何もしないということだ。

結論

緑タイプのこのような性格はある程度受け入れてあげるべきだ。いつも活発に活動してくださいと彼らにお願いすると、それがどれだけストレスになってしまうのかを理解しておくべきである。

今日の社会では、アクティブに活動をしていることは普通であり、活動的だからといって人から褒められるということでもない。ということは、緑タイプが取り残されていると感じてしまう社会なのである。週末に何をしただとか、どこに行って複雑なプロジェクトを終わらせてきたとかなどの話を聞くと、ストレスを感じてしまうのだ。

彼らには「何もしなくていいよ、のんびりしていていいよ」という落ち着いた時間を与えるといいだろう。そうしないと、緑タイプはうまくできない。もちろん、人生を通してずっと怠けた生活をしてもいいというわけではない。だが、緑タイプが一番得意とすること――何もしないということをする時間を与えてやることが大切だ。

「えっと、何をするんでしたっけ。すみません、ついていけていないのですが……」

安定していて、何が次に起こるのかわかっている状態というのが緑タイプにとって最高の状況である。だが、よく考えてみると当然のことではある。次に何が起こるのかわかれば、いろいろと楽だ。

状況をコントロールしたいという気持ちが誰にでも少しはあるかと思う。誰もが先のことを知りたい。ただ、彼らはその気持ちがほかのタイプよりも大きいのである。赤タイプは内容を知りたがり、黄タイプは誰がを知りたがる。青タイプは理由を知りたがり、緑タイプは方法を知りたがる。

緑タイプは、どんな計画で進められるかを知りたがる。どのような手順をどんな感じで踏んでいけばいいのか？　いつ実行すべきか？　実行したら何が待ち受けているのか？

日常で起こり得ることを考えてみてほしい。朝食のとき、いつも同じ場所に座っているのは誰だろうか？　人間というのは習慣性のある生き物なのはわかってはいるが、前から決まっていた緑タイプの席を奪うようなことがあると、彼らはその存在すらも脅かされてしまったかのように振る舞い、食事に手を付けることもない。

だが、次に待ち受けていることを知るのにも限界はある。というのも、ある時点から言えるのは、これから先に変化が起こりますよということだけだ。今の時代、どこでも何でも変化が訪れるということばかりだ。何が起こるのかを予期することもできないし、状況が大きく変わって何もかも一新されたということもあり得る。緑タイプにとっては、さらにストレスの原因となってしまう。

結論

緑タイプは、自ら何かをしようという性格ではないため、何をするにも周りの人が計画してあげなくてはいけない。あれをこうしてこうやってと、彼らに説明することによって面倒なことが起こらないのできっと周りの人が計画を立ててあげるということでよいのだろう。

何が起こるのかをただ単に伝えればいいだけだ。たとえば週末に人を招待するとき、「ゲストを招待しましたよ」だけではなく具体的に、「レーナとラッセを夕食に招待したんだけど、そのときに前菜、メイン、デザートの3つを作る予定なの。私がメインを作るから、あなたはデザート担当でよろしくね」といった感じで話をしてみよう。

誰が何を買う担当なのかも伝えるべきだ。ワインは誰が担当か、花を買うのは誰か。またいつ買い物に行くべきかというのも伝えるとよいだろう。どの花をどこの花屋さんで買うべきかという具体的なメモを渡しておいてもいいかもしれない。何が起こるかわからないのである。

大袈裟に聞こえるだろうか？　いや、そんなことはない。思い出していただきたい。緑タイプは自ら行動することがとても苦手だ。会社ではそれぞれ得意な分野を受け持って仕事をするが、家族単位でも同じことだ。

得意なことは人それぞれ違う。ただし、緑タイプもしっかりとチームの一員として働いていることは確認すべきだ。それをしないと、彼らがいつの間にかチームから離れてしまっていた、ということにもなりかねない。

あなたの本来の姿で――緑タイプの対応での注意

緑タイプがあなたにどうやって対応してもらいたいか、おわかりいただけただろうか？

きちんと対応すれば、緑タイプとは穏やかでいい関係ができ、長いあいだ、よい友人としても付き合いができるだろう。いいことではないか。

ただ、それだけで終わってはいけない。というのも、自分自身がかなりの緑タイプの性格でない限り、新しいことやアイデアが浮かんできて、あれもこれもと試したくなるはずだ。そのためには、安定ばかりを求めている緑タイプの友達に対してきちんとした作戦を練らなくてはならない。

「いつもそうやって言い争わなくてはいけないんですか？　イヤですね。私はさっさと寝床につきますよ」

以前にも述べたが、この緑タイプという性格を表すには、「かなり濃い緑タイプ」と形容する必要があるかもしれない。薄れたことが緑タイプの人は苦手なのだ。

たとえば議論が白熱したり、場違いの場で顔をしかめたりするのを見ると彼らは引いてしまう。どんなことでも口論に発展することがあるが、そうなると彼らにとっては最悪な状況になる。緑タイプは自らを閉じ込めてしまい、ひと言も発することなく受動的な姿勢になる。

何年か前、とある営業マン向けのセミナーでこんなことがあった。個人レベルでの効率化の身につけ方に関するセミナーだったのだが、とある参加者がセミナー中、ずっと携帯電話をいじっていたのだ。「メッセージは休憩中にお願いしますね」と落ち着いた態度で丁寧に注意をしたが、彼はいきなり、ハッとして、その後一切話さなくなってしまった。

質問をしても答えてくれないし、ほかの参加者との議論にも参加しない。私が注意をしてからはメモすらも一度もとっていなかった。「何か問題ですか？」と聞いても何も答えず、私をただじっとにらみ、「わからないね」と肩をすくめるだけだった。

彼からのセミナーに対する評価はさんざんだった。あんなにひどい評価をもらったことはない。セミナーは6日間にわたって行われたのだが、彼にとっては、あの私が注意をしたという1日がセミナー全体に対する評価の決め手だったわけだ。

私はボロボロに酷評された。彼によると、私みたいな礼儀がなく能力もないコンサルタントに会ったことはないというのだ。彼は真正面から思い切り自分を傷つけられたと思っていた。セミナー中、つまり仕事中は携帯電話を見ないと皆で約束をしていたので、私が注意をしたことはもちろん間違ってはいない。だが、そんなことは緑タイプの彼にとって無意味だ。どんなに携帯電話を使ってはいけないと約束をしていても、彼は罵声《ばせい》を浴びせられたととらえてしまったのだ。

そのため、彼にしかできなかった唯一の方法――セミナー中、何にも参加せず受け身の形でいるだけ――で、仕返しをしたというわけだ。セミナーのあと、この件について電話をして聞いてみた。彼は電話越しに、子どもじみた行動だったことを認め、謝ってくれた――と私は理解している。

結論

緑タイプに対して意見があるときは、その伝え方に注意をすることである。

たとえば、批判をする場合、周りに誰もいないことを確認してから伝えること。人間としてはその人のことを気に入っていることを伝えたうえで批判を伝えるとよい。

「少し態度を変えてくれれば、自身もそうだけど、所属しているチーム（グループや、何かの競技チーム、家族や団体など）全体もうまく機能してくれることだろう」と伝える。

「そのためには何をしてくれますか？」と聞いてはいけない。その代わり、具体的にあれをやって、これをやってと頼むのだ。彼自身もわかっていることばかりかもしれないが、たいていの場合、そうであったとしても、彼らから進んで会話を進めることはない。緑タイプに変わってほしいと本気で思うのならば、その話も周りが始めなくてはいけないのだ。

「昔のほうがよかった。すごく、よかった」

セミナーで「変化」について話をしているときにとある実験をするのだが、これがとても面白い。どういう実験かというと、緑タイプの参加者全員に、「変化に対して恐怖心がある人は立ってください」とお願いをする。1人2人と立つ場合もあるが、ほとんどの場合は誰ひとりぴくりともしない。

なぜだろう？　人は常に変わっていかなくてはならないし、時代の流れに沿ったように生きていかなくてはいけないというのはわかりきったことである。そこで変化がイヤだと認められるはずがない。

緑タイプはそれを認めるのだが、認められるのは頭で考える理性の中だけだ。認めながらも誰も起立しないし、変化を恐れている人はいないんだと落ち着いて座りながらいろいろと考えている。ほかに誰にも立っている人なんていないではないかということは、自分が立つ必要もないのである。

実験では、その後、もう1つお願いをする。「ここに、変化に対して恐怖心があると思われる人がいると思う人は立ってください」と聞くと、急に皆が立ち上がり周囲を見始めるのだ。「変化を苦手とするのはいったい誰だ？」と聞くと、答えは自分以外の人間なのである。変化してほしくないと考えているのは自分以外の人だから、私は何もする必要がありませんよというわけだ。

これは大きな問題である。緑タイプの性格が一番強い人が人口的に見ても大多数を占めているため、全体的に見ても大きな変化を受け入れようという姿勢がなくなってしまう。新しいものに良いものはない、だからそれを拒否する体制作りをしていこうというわけだ。

緑タイプにとっては、素早く変化するものが一番苦手な変化の方法だ。速ければ速いほど悪い結果を伴う。動きが速い社会にいると、彼らのような変化反対派にとっては、ただただ疲れ果ててしまうだけだ。

これに関しては、そのような研究の報告もされている。黄タイプと赤タイプは常に新しい変化を求めているが、それに必死になって追いつこうとするのが緑タイプと青タイプだ。そして、ストレスが伴うばかりである。

結論

変化することを緑タイプに受け入れてもらうには、かなりの忍耐力が必要だ。説得してなんとか受け入れさせ、その気持ちを維持させるためには、大きな変化についてから話し始めるのではなく、1つの変化を小さく分けて何週間もかけて説明するとよい。

どのような手順を踏んで変わっていくのかという詳細を話すのだ。そこでメモを取っている人が

1人もいないことに気付くだろう。だから、きちんと理解してもらえるまで何度も何度も説明して、頭の中に叩き込んでもらうのだ。

解決方法が見つかったとグループ全体で思えるときがくるかもしれない。そこでようやく落ち着けるのだが、そこにたどり着くまでが長く困難な道程だ。自分がどこへ向かっているかをきちんと把握する必要もあるし、どうしてこんなに苦しいのかわからないということもあるだろう。

赤タイプならば、こんなグループつぶしてやりたいという衝動に毎日駆られるかもしれない。そこまでの衝動があると、会社自体をつぶしてしまったほうがいいのではと思うかもしれない。だが、そこまでの考えが出てきてしまうかもしれないということは、ここで詳しく書かなくても理解してくださるかと思う。会社をつぶしてしまったほうが時間もかからないし、ダメージもそれほど大きいわけではないはずである。

船を沈ませないためには舵を取る人が必要だ

緑タイプにはさまざまな特徴があるが、ここまで見てきただけでも、彼らはリーダー向きの性格ではないというのがおわかりかと思う。

リーダー格のある人というのは、この1つ前の章でも取り上げた、「変化」を受け入れることができる人だ。だが、だからといって緑タイプのリーダーがいないわけではない。かなりの多くのリーダーが緑タイプの性格を持っている。ただ、緑タイプのリーダーが増えているわけでもない。また、緑タイプのリーダーは、赤タイプや黄タイプのように目立つことはない。

責任を持たなくてもいいというのは、楽なことである。誰もが責任を逃れることができると心の中でホッとするものだと思う。もちろん状況にもよるが、緑タイプはこれを芸術的レベルまで持ち上げていく。

彼らが責任から逃れたいのには2つの理由がある。1つ目は、何かを決めたあとでもそれに納得のいかない人がいると口論になってしまうから。2つ目は、仕事量が増えるばかりでいい結果が出ないからだ。つまり、できるだけ隠れていたいというわけである。

何かに対して責任を取るというのは大きなことで、責任を持つということは精神的にも強くなければならないし、何事もやってみせるぞと活発にもならなければならない。人間誰でも、自分自身や自身の人生に責任を持たなくてはいけないため、その人に責任があるかどうかというのは、人間的に成長しているかどうかという目安でもある。

緑タイプは（ほかのタイプにも当てはまることだが）自分以外の人を責める傾向にある。

私にはそれほど近い関係ではないが、知り合って何年にもなる、ある女性がいる。彼女は、自分の思い通りにならなかったときの「責めるべきものリスト」を持っていた。そのリストには、政府、反対派、税金、上司、市場、教育、両親、旦那、子どもと、これは違うのでは？　と思われるものもあったが、そのリストを自分で書いて持っていたのである。ただ、そのリストに、「自分」という文字はなかった。

自分は責められる対象ではないと自身で断言することによって、何が得られるだろう？　わからない。責任逃れができるだけだ。ほかの誰かが責任を取ってくれるから問題があっても対処する必要はないし、何も変えずにそのままでいればいいわけだ。なぜ彼女自身の名前がリストにないのか？　と聞いたことがあるが、質問を理解されずに終わってしまった。

このように動こうとしない緑タイプの受け身型の性格は、問題の原因となってしまうこともある。舵を取って指揮をする人がいなければ、どんなに願っても前には進まないが、彼らが何もしないでその場に座っていると、ただただ助けを待っているだけになってしまうことだ（たいていはなんとか助けられ、結局生き残ることができるのが緑タイプなのではあるが）。

結論

緑タイプが多くいるグループを率いるときは、自分が指揮をとり、舵をしっかりと握り、時には自身で船を動かすことをしなくてはいけないことをまずは理解しておこう。

指示を出して、それぞれの場所につかせないと緑タイプは動かないため「このタスクをお願いします」とだけ頼むことはできない。

「でも、緑タイプも大人なんだから、そんなことしなくてもやれるはずだ」という考え方は、ここでは通用しない。もちろん、彼らだって大人の人間ではある。だが、決断を下すといった基本的なことでも子どものような態度でいるのが緑タイプだ。決断は下さないと決めたらしないという性格が起因して、このような行動を取るのだ。そのため、ほかの人がその場できちんと方向を示してやる必要がある。
やるならば今すぐにすべきだ。ただ、気をつけてやることである。

青タイプの対応の決め手

初めから最後まできちんと調べておくことだ

青タイプは、何でも準備をきちんとする性格だ。待ち合わせを約束したら、時間通りその場所で待っている。

仕事の場合、青タイプは事前に資料にきちんと目を通し、詳細まで分析をして、その仕事のことならば何でも話し合えるように準備をしているはずである。何があってもいいように代案をも用意し、その代案が使えないときに提案できるさらなる代案をも作っている。そんなこともある。

「何もかも考えてみること。あなたもそうしたほうがいいかもしれない」

青タイプは軍隊にいるような人だと言ってもおかしくない。どんな言い訳もできない。

たとえば車のタイヤがパンクをしてしまった場合、そんなときのために何も準備をしていなかったのはどうしてかと、彼らは疑問に思う。予備のタイヤもパンクをしてしまう場合もあるから、そのときの対策もきちんと考えていなくてはいけないじゃないかというのである。

また、青タイプは「仕方がないじゃないか、そうなんだから」というあきらめたような態度でいると、それに対して批判的な質問をしてくる。そのようなことがあると、今後その人に会うことがあっても信頼されるということはないだろう。

結論

青タイプに会うとき、自分は信頼のできる人間で、きちんと準備をしているということを見せるようにすること。

たとえば、お客さんや何かの決定権を持っている人が青タイプで、あれやこれやと細かいことに質問がある場合、資料を全部カバンから取り出して見せてあげてみるとよい。きちんと答えられるからということで、それを自慢げに話したりするのはやめること。青タイプがそれを聞いて感心するわけでもない。

また、もし答えられないような質問をされたら、正直に「わからない」と答えることである。その場しのぎで言葉を濁《にご》すことはやめること。その後にばれてしまうと――青タイプにはどちらにしろ気づかれてしまうことだろう――青タイプはあなたのそのような態度を冷たくあしらってしまう。

質問の答えを伝えるために、次の日にまた来社してもらうというのは理想的なやり方ではないが、嘘をついて取り返しのつかないことになるよりかはましではある。

知り合いに車のセールスマンがいるが、お客さんが青タイプの性格の場合は初めて会ったときからきちんと対応の仕方を心得ているという。

車のセールスマンは、50ほどの車のモデルについての知識がないといけないが、お客さんが青タイプの場合、そのお客さんは興味のある車のモデルに関する知識をすでに事前に勉強してきているという。質問をするのはその答えを知りたいのではなくて、すでに知っている知識を確認するためだそうだ。そのため、わからないことがあったらわかったふりはせず、その場でわからないと認めるそうだ。それが青タイプのお客さんからの信用を勝ち取る唯一の方法なのである。

「ここにいるのは仲良くなるためではない」

仕事関係で青タイプの人と会う場合、仕事以外の話はしないこと。しなくてはいけないタスクの話だけに集中すること。

青タイプは、仕事に関係のない個人的な趣向だとか、自分の車、家、スポーツの趣味を人がどう思っているかなど、まったく興味がない。仕事をするためだけにそこにいるため、そのような話をする必要はないのだ。それだけである。

ある大企業の人事部長に5回目か6回目に会ったときのことだ。そのときにはもう何度も会っていたし、会ったときに握手をする必要もなかった。コーヒーを出してくれるときも、その部長は私の好みをすでに知っていたので、「砂糖は？　ミルクは？」と聞かれることもなかった。

部長と私のあいだの距離は近づいているなと私も感じていた。だが、7回目に会ったときである。ふと私はその部長に、「バカンスのあいだ、何をしていましたか？」と聞いてしまったのだ。ついつい口が滑ってしまった。

それを聞いた部長は驚いたような目をし、それから心配そうに目のやり場に困った様子だった。私は思わず手を振りかざしながら、わけのわからぬことを言って自分のミスを謝った。自分のバカンスの話もせずに相手に先に聞いてしまったのだ。

それから数えて4回目ぐらいに会ったときだろうか。部長は「新年は家族と一緒にタイへ旅行をする」と教えてくれた。そこでようやく心を開いてくれたのだ。

結論

タスクに集中することである。青タイプと一緒にチェックができるタスクに関する細かな事実が書かれたチェックリストを作って、それを確認しながら作業をしよう。あなたが黄タイプで、たとえ急に思いついたことがあったとしてもいったん脇に置き、できるだけその場に持ち込まないようにする。

1つのことを終えてから次へと進むこと。青タイプは、人に「調子はどうだ？」とか質問をすることは滅多にないし、個人が抱えた問題などに興味を持つこともない。彼ら自身にも「調子はどうか？」とか、個人的なレベルの話はやめること。

個人的なこととはつまり、プライベートなことである。プライベートについては話題にしないこと。もし青タイプにその気があるならば時間をかけてではあるが、心を開いてくれることだろう。

それまで心を開かないというのは、人が嫌いだというわけではなく、人との関係よりもまずは仕事をやり終えたいという気持ちがあるからだ。もしそれを理解して青タイプに対応すれば、いい付き合いができるはずである。

「未来のビジョンなんて必要ない。現状維持で十分だ」

青タイプは、青空で飛び回っているような性格ではない。きちんと地に足をつけ、現実を見ながら物事に対して批評する。そんな青タイプを「つまらない、あやしい、悲観主義者だ」と見てしまうのならば、「青タイプは現実主義者なのだ」と見方を変えてみるとよい。彼らは夢や未来のビジョンよりも、現実の状況を把握しておきたいのである。

銀行に勤めていた頃、とあるキックオフ・ミーティングで、私は誰も収めたことがないぐらいの大きな功績を目標として掲げたことがある。その場で、チームのメンバーにやる気を与えた。ビジョンを膨らませ「それを達成できた日には、山の頂上に登ってそこから市場を見下ろしてみるんだ、皆で山の頂上で！」と活を入れた。

黄と赤タイプ、あと緑タイプの一部は「すごい、頑張る！」とやる気があるのを見せてくれたのだが、青タイプはそこでひと言、こう発言をした。

「山の頂上？　どうやってそこまで登っていくんだ？」

青タイプが見て「これは無茶だ」という計画のとき、もうその時点で彼らからの信頼は失われてしまう。感情で話したり、その無茶なアイデアを売り込もうとしても無理なのである。現実的な目で物事を見ないと、青タイプには受け入れてもらえない。

結論

何を言いたいのか、どんなことを青タイプに同意してもらいたいのかをよく考えること。ビジョンなどは脇に置いておく。どんな言葉遣いをすべきかも大切だということがわかってくるはずだ。黄タイプや赤タイプが好んで聞いてくれそうな、「こんなことに刺激を受けた」とか、そういった話はやめよう。事実だけに集中するのである。それと、明確に伝えることも大切だ。

誰も試したことがないようなことを思いついたら、それに見合った目標設定をすること。「3カ月間で市場を独占する」とか、それまでの試合が全敗なのにもかかわらず、「あの少年サッカーチームは勝つ」とかそういう話はしないこと。

「何を考えてるんだ、この人は」と思われてしまうだけだ。もしあなたに黄タイプの性格があるのならば、きちんと考えてから彼らに対応すべきだ。青タイプに対応するのは大変だというのは、この時点でもうおわかりだと思う。また、大袈裟なジェスチャーをしないように気をつけることも大切だ。

「詳細を――事実だけが重要だ」

詳細を伝えることは絶対に必要なことだとは言わないまでも、かなり重要である。青タイプに本気で近づきたいのであれば、細心の注意を払うことを忘れずにいることだ。油断をしてしまう、つまり細かいことを確認しないと、彼らは目もくれてはくれない。

営業に行ったにもかかわらず、不注意が原因でその場を追い出されてしまったという人が多くいる。細々とした詳細が、人が決断をするかどうかの決定打になるとは言わない。

たとえば、会社の設立がどうのこうのといった事実を知ったとしても、特にそれが交渉成立につながるわけではない。だが、青タイプには、事実を知りたいという純粋な気持ちがある。

それに、はっきりとした事実を知りたがるのが青タイプだ。たとえば、ある商品の価格を彼らから聞かれたとする。そのときは、「70クローナぐらいですね」と答えるのではなく、きちんと「69・5クローナです」と答えたほうがよい。

正確な数字を伝えるのだ。青タイプは価格が低いということよりも正確な数字を知りたがる。もちろん、そのあとで価格交渉をするかもしれないが、直接その場で正確な数字を知りたがる。

結論

何度も言っているので聞き飽きているかもしれないが、ここでまた繰り返すことにしよう。青タイプと会うときは、準備万端な体制で臨むことだ。きちんと準備ができたと思っても、もう一度最後に確認をすることである。漏れている箇所はないか、きちんと確認をするのだ。

青タイプは、安心しながら話を聞くためにも詳細を知りたがるタイプだということを理解すること。先へ進めるためには、初めに詳細を伝えること。どんなに細かいことを伝えたとしても、「それから？」とさらに細かいことを知りたがるはずである。そうすることによって安心し、満足感を得られるのだ。

質こそがすべて

青タイプは、良い質のものを目の前にするとやる気が出てくる性格だ。何よりもまずは質なのである。間違いない。

彼らが焦点を当てる事柄は、何事も完璧であってほしいという願望に基づいて決められるようなものだ。やり終えた仕事の結果の質がよくないと、彼らの機嫌は悪くなる。あなたにとってどんな質の結果を出せばいいのかは関係ない。というのも、その質を決めるのは青タイプなのだ。

もちろんそのためには、かなりの時間がかかる。ただ、プラス面は明らかだ。初めからきちんと質の高い仕事をしていれば、やり直しする必要がなくなる。長い目で見れば、時間を稼げるということでもある。

ただ、青タイプが考えている仕事を終えるまでの時間というのは、何時間、何日、何週間というレベルではなく、月単位や年単位だ。彼らにとってはそれが普通なのである。求めている質の高い結果を得るには、当然時間もかかるわけである。特に不思議なことではない。

結論 いい加減に仕事をしてはいけない。というのも、それが質の悪い結果を生み出してしまう原因となってしまうからだ。また、質を重視したいがためだけに時間をかけすぎて仕事をする青タイプに対して言いたいことがあっても、ネガティブな言葉は避けること。

その代わり、「慎重に確認をする」「徹底的にチェックする」「質の大切さ」といったような言葉を使うのだ。自分も青タイプ同様に質の高さを求めてきちんと仕事をしたいという気持ちを見せるとよい。

ということは、青タイプと会う前には、常に準備万端でいなければいけないということでもある。彼らは、質の高いものを提供してくれるかどうかで人を判断する。これから会う人は面白いのか、知り合いに誰がいるのかとか、お昼をおごってもらったからとかそういうところを彼らは見ていない。注意が足りない人でも、そんなことは青タイプにとっては関係ない。

また、会う前の準備が完了しても、再確認することを忘れないこと。可能であれば、再確認をもう一度確認すること。誰かに確認してもらうのもいいかもしれない。そのときになって初めて第三者を巻き込んでもいいかもしれない。

あなたの本来の姿で——青タイプの対応での注意

青タイプのやり方に合わせるというのは、ハンドブレーキを上げたまま車を走らせているようなものだ。あなたの周りの青タイプの性格を持った知り合いや友達、パートナーはブレーキをかけたままでいたいだけだ。

そんな青タイプにすべきことは、そのブレーキを外すことだが、アクセルを探して思い切り踏み込んではいけない。正しいブレーキを探して、それからブレーキを外してやることが大切だ。いくつかやり方を紹介しよう。

人間関係のスムーズな対応方法と築き方とその理由

青タイプにもほかの人同様に感情はあり、人との関係を大切にする。ただ、少し違ったように見えるだけだ。特に感情を込めて話すわけでもないので、冷たく見られがちだ。

表情やジェスチャーがあるわけでも、感情を見せることがあるわけでもない。人に興味があるということを見せるわけでもない。その日に決められたことだけを話す、それだけなのだ。

会計事務所や、会社にとって重要な問題を解決しなければいけないところでは、そのような青タイプの人材がピッタリだろう。だが、ほかのタイプ、特に黄タイプと緑タイプが絡むと、青タイプは人との距離を置くようになり、周りの人にとってはそれが面倒なことになる。

彼らには、周りは自分とは違う人間なのだと気付くことができない。しかし周りはというと、この青タイプと人としての関係を築きたがる。人間味のないロボットとして扱われたくはないのだ。

結論

人には感情というものがあるということを青タイプに説明してみよう。彼らが必要以上に他人の家の欠陥点だとか欠点を指摘したことなどの例を挙げてみるとよい。批判ばかり言うべきではないことを説明して、人は家だとか車とか、子どもについて批判されるのはイヤがるということを教えるのだ。

「私はそういう人間だから」という言い訳は通用しないということを、はっきり伝えること。青タイプが批判をしているときは、その欠陥や欠点の具体的な説明ではなく、彼自身の考えを伝えているのだということをわからせよう。

批判ばかりして何を得られるのかと青タイプに聞いてみてほしい。これは簡単に聞けることではない。というのも、すぐに彼らは間違いを指摘するに違いないからだ。

青タイプは、自分には批判をしたり、欠陥や欠点を指摘したりする権利があると勘違いしている。何か間違ったことを見つけるとそれを言わずにはいられないのだ。青タイプに、そこまでいきすぎるのはダメだということをわからせるのが、周りの役目である。

「底まで深く掘って掘って。あと少し掘って……」

何か面白いことがあって、青タイプがその様子を伝えているのを聞いたことがあるだろうか？　たとえば、高速道路で車のタイヤがパンクをしたときの話だと仮定してみよう。まず、その日がどのように始まったから、説明してくれるはずだ。

「目覚まし時計、ソニー製なんだけど、その日は木曜日だったから1分早めに設定しておいたんだ。というのも木曜日は、リステリン（液体歯磨き）で口をまずはゆすぐことにしているんだけど、その時間を取るために早く目覚ましをセットしているんだ。で、そのリステリンは緑色のリステリンを使ってるんだけど、どうしてかっていうと、品質テストが載ってた雑誌の21号目にそれがいいって書いてあったからなんだ。

朝ごはんは7分茹《ゆ》でたゆで卵とコーヒー。ゲバリア（訳注・コーヒー焙煎《ばいせん》業者）が新しい味のコーヒーを最近発売したばかりなんだけど、どうも気に入らなくてね。全体の9パーセントぐらいの豆がやられちゃってるんじゃないかな。だからそれでコーヒーの質が悪くなってると思う。

あっ、それから新聞を取りに行ったんだけど、『ダーゲンス・ニュヘテル（訳注・スウェーデンの新聞名）』が、3カ月購読すると18パーセントの割引になるっていうキャンペーンをやってるんだ。新聞を取りに行ったとき、隣の人と話したんだけど、その人は『ダーゲンス・ニュヘテル』じゃなくてそのライバル紙の『スヴェンスカ・ダーグブラーデット』を購読してるみたいなんだ。その隣人と話したのは、9月の芝生の手入れの仕方についてなんだけど、秋に使える肥料についていろいろと説明したホームページがあるらしくってね……」

彼の話が高速道路にたどり着くまでに、きっとお昼も過ぎてしまっていることだろう。話を始めてから話の核心にたどり着くまでそれだけの時間がかかっているわけだから、一生のうちどれぐらいの時間をムダにしているのか？　と疑問に思ってしまうのもおかしくはない。

青タイプは内向的な性格だが、一度おしゃべりを始めたら止まらない。1から何もかも話したくなる。恐ろしいことに、詳細を細々と覚えているのだ。

結論

もうおわかりかもしれないが、そんな青タイプに対応するには、とにかく口を挟んでしまうことだ。黄タイプに似たところがあるが、たとえば会話などでも話の核心にたどり着かせることが青タイプには必要になってくる。いったいこれまで何を話してきたか？　ということを踏まえて、青タイプに直接話をしてみよう。

黄タイプほど感情的ではないので、そのような質問をしても大丈夫だ。青タイプは少し話が長すぎると批判をされると、こうやって詳しく話をしているのにどうして面白いと思ってくれないのか、と落ち込んでしまうことがあるかもしれないが、それは批判されたことによってお互いの仲がぎくしゃくしてしまったのかもしれないという心配感よりも、理解をしてもらえないということが悲しいからである。

たとえば、ある1つのプロジェクトの話をしている場合、そんな詳細を話している暇などないのだということも伝えるべきだ。来年の賃貸料がどれだけ値上がりしそうかという数字を出すときに、小数点以下の数字を4桁も知る必要もない。だいたいの予想ができる、きりのいい割合パーセンテージだけで十分だ。

ただ、詳細に大切な情報があることも多いので、なかなか難しい判断ではある。それでも、もしちょっといきすぎたところまでいってしまったと思ったら、ハンドブレーキを引いてブレーキをかけてみることだ。

ローマは1日にしてならず——時間はかかるものだ

いい加減にことを済ませようとする人は何事も急いでしまう。「急いでください」と青タイプにお願いをしても聞いてくれないだろう。

彼らにとって、急いでやることは目標にはならない。間違いをしてはいけないということで、ストレスを抱えた状況にあろうとも、仕事のテンポをさらに遅めてしまう青タイプも多くいる。時間をかけてあとから間違いを直すよりも、慎重に仕事を進めたほうがいいというやり方なのだ。

にもかかわらず、私たちが生きているこの社会では、いろいろと急がなくてはできないことが多くある。急いで通勤をして、仕事を急いでこなして、急いで帰宅し、また、学校や幼稚園、車で、スーパーで急ぐこともある。

ストレス関係の病気を患ってしまう可能性もあるため、私は人に急いで何かをするようにとは勧めない。が、先のことを考えて急ぐ必要もあることはある。だが、青タイプはそんなことにも影響を受けない。周囲の人が燃え尽き症候群で悩んでいたとしても、自らに原因があるんでしょう？と考え、その人たちのことなど心配したりせず、彼らは自分のペースで仕事をする。

結論

たとえば来週に、急いで作業をする必要のある仕事があるとする。青タイプにそれを伝えるときは、落ち着いて丁寧に話すようにしよう。なぜ早く仕上げる必要があるのかをまずは説明する。作業時間がきっちり38時間しかないということを説明し、その貴重な時間をムダにはできないと伝える。細々としたことではなく、全体像を見せるようにすること。青タイプの通常のやり方とは違う方法で作業を進めなくてはいけないしっかりとした理由を伝えること。

通常のやり方とは違う方法でこなさなくてはいけない理由を伝えるときに、長期計画表を見せて詳しく説明してみよう。その計画通りに進めなくてはならないこと、そしてそのためには締め切りを守らなくてはいけないことを伝えるのだ。

たとえば、家の改築作業の話だと仮定しよう。まず、いつ完成させるかを決める。4週間後に義理の両親が来るからそれまでにしようと決めたとする。それから、改装に何時間かかるのかを計算する。どの作業を優先してやるかも決める。

ちなみに、1つの作業が終了したら次の作業へと青タイプが計画通りに進めているのを確かめることを忘れずに。確認をしないと、青タイプは1つの作業が終わってもそこからさらに細かい作業もしてしまおうということで、計画表には書かれていない時間、たとえば5時間といった時間を費やしてしまうかもしれない。

もちろん、時間に制限がないのであれば話は違ってくる。

「本にはそう書いてあるのならば、それは正しいはずだ」

「直感ではどう思います？」と青タイプに聞いたらどんな答えが返ってくるだろうか？　実は、そのような質問をするのはヴィーガン（絶対菜食主義者）にアザラシの殺処分作業を見せているようなものだ。直感というのは理性的な考え方に反するものであるし、彼らが直感に頼るというのはあり得ない。

だが、ここで少し考えてみよう。ということは、勘を当てにしないという人がいる、ということだろうか？　いや、それは違う。青タイプですらも、第六感や、何が正しいのかと判断をする勘みたいなものはある。

だが、ここでほかのタイプと違うのは、その勘を信じるか信じないかだ。その勘は間違っているかもしれない。特に直感を信じているからということで物事がうまくいくという証拠にはならない。

青タイプにとって唯一信頼できるのは事実だ。しかし、事実だけあれば十分だという証拠もない。というのも、これもあれもきっと大切かもしれないという事実がどんどん出てきてしまい、いくつ事実があっても足りなくなってしまうのだ。

結論

何かの事実が不足しているのにそれでも先に進まなければならないときは、「勘や直感で一番良いと思う方法でいきましょう」と、青タイプに伝えてみることだ。仕事のことかもしれないし、レストランで何を注文しようかとメニューから選んでいるときかもしれない。だが、そう伝えてみること。

伝えるときは、はっきりきっちりと、「空腹のままでいたくなければ、何かアクションを起こさなくてはいけない」と言ってみること。何もしないよりかは、何かをしたほうがいいとも伝えるようにする。

事実が全部そろっていないときでも、勘を頼ったりすることは理にかなっているとも伝えてみよう。勘や直感に頼ったとしても、いい結果――95・3パーセント足らずかもしれないが――を出すことはできる、そこから貴重なことを学べるかもしれないといった感じで説明してみることだ。リスクをまずは計算して、それから前に進むのだ。

「ここで決断します」

青タイプにとっては結論そのものよりも、そこへたどり着く道のりのほうが大切なため、たどり着いてしまったらそこから何も起こらないことがある。きちんと集められた事実や、詳細にわたる調査結果を全部参考にして最後に一番大切なこと、つまり決断を下すが、そこでこうしようか、それともああしようかと、いき詰まってしまう可能性もある。

去年、あるプロジェクトリーダーに会ったが、ちょうど彼は車を買う予定だった。8カ月ものあいだに16種類のメーカーの車を試乗したとのことだった。50以上のモデルを、エンジン、ボディ、トランスミッション、内装、色をあれやこれやと変えては試乗した。シートは布製がいいのか革製がいいのか、ガソリン車かディーゼル車か、オートマ車かマニュアル車かというように、すべて試せることは試したということである。

燃費や減価償却といったことも細かく計算をして、その表をそれぞれの車のセールスマンに渡して判断してくれと聞いたそうだ。その後、長いあいだ悩んで、結局最後に選んだのはボルボのV70というモデルの車。これはスウェーデンでは一般的な車で、色もシルバーメタリック。ちょうど購入時期に一番人気のあった色のモデルだった。また、そのモデルは車関係の雑誌でも、その年に最も試乗されていたモデルでもあった。いろいろと試乗するより、買う前に雑誌で読んでおけばよかったのでは、と思わずにはいられない。

「なぜそんなに何度も試乗をしたり、詳しく調査をする必要があったのか？」と彼の周りの皆が聞くと、「なぜいけないのかね？」と彼は答えたそうだ。

そんなときには、青タイプに助けの手を伸ばしてあげることだ。最後の一番大切なパズルのピースを彼らに渡してやるのだ。優しく気をつけて、正しい道へと導いてあげること。正しくなくとも、とにかくどこかへ導いてあげるのだ。

結論

何かをしている途中で、その過程が進まずストップしてしまったら注意が必要だ。たとえば、新たに社員を1人雇うプロセス中、同じぐらい優秀な候補者が2人に絞られた時点でまずストップしてしまうはずだ。

それまでは、青タイプが情報をメールで教えてくれたり、どのようなプロセスで進めるかという詳細を教えてくれていた。きっちりとした手順を踏まえて進められていたのだ。

次のステップへ進めるには、彼らがどちらの候補者にするかを決められるような資料を用意してあげることだ。そして、どちらかに決めなくてはいけないと彼を急き立てることだ。決断には締め切りがあるということを改めて伝え、結論に達しないと質にも問題が出てきてしまうことを伝えること。

候補者を選ぶプロセスに必要なことは全部目を通しているし、どちらの候補者を選ぼうとも先にあるリスクは特にないということを教えてあげることだ。

まとめ——タイプの課題にそれぞれどう対処するか

ここまで読んできて、それぞれのタイプと会うときに、自分の満足する形でどのように対応をすればよいのかおわかりいただけたかと思う。まずは、相手のタイプを読み取り、それに応じた形で適応していく。それによって、相手からの親近感を得ることができ、相手から信頼されることだろう。

基本的に、赤タイプに会うときは赤タイプの行動をすること、黄タイプなら黄タイプの行動、緑タイプならば緑タイプの行動を、青タイプなら青タイプの行動をすることだ。

簡単に聞こえるかもしれないが、たとえば性格のまったく違う黄タイプが青タイプに適応して行動をするのは難しいことだ。訓練が必要になってくる。

もちろんほかにも、自分の色タイプ、自分がどれだけそれを認識しているのか、毎日の生活で人と会うことによって何を得たいのかといったことにも左右される。前述のアドリアーノみたいな、何があっても自分自身を曲げないで行動をするというやり方ももちろんある。

次の章からは、タイプ別に、どうしたら人を起こり得る問題から避けることができるのかということについて見ていくことにしよう。これまで見てきたように、どのタイプにも弱点はある。ただ、弱点があるからこそ、違う色同士で手助けができるのである。

青タイプは、黄タイプに具体的で明確な話し方を教えられるし、黄タイプは、青タイプに対して逆にそんなに固くならずにもっと伸び伸びとしましょうということを教えることができる。

決まり文句に聞こえるかもしれないが——何事も協力したり、人と出会ったりすることに関わってくる。ここでのまとめは、そのために大切なことである。協力し合うこと、また、どのように人に対応をしたらいいのかを具体的にこの章で皆さんにも学んでいただいた。

第13章

フィードバックの仕方

何も隠さずに話すことは難しい

悪い知らせを聞きたい人なんているだろうか？　それほどいないはずだ。それでも、悪い知らせを人に伝えなくてはいけないことがたびたびある。まったく予想もしていなかったことが起こってしまったときに、それを伝える役目を任されることもある。

誰も伝えたくないようなことを問題なく人に言えるのは赤タイプが一番得意だろう。感情もなしに人に解雇を伝えて、その直後に「コーヒーにはミルクを入れますか？」などという質問もできてしまうのが赤タイプだ。だが、これはまったくおかしな行動ではない。伝えなくてはならないことはもう伝えたのだ。

だが、悪い知らせといっても内容による。「あなたのおばあさまがお亡くなりになりました」と伝えることもあれば、個人に対する厳しい批判を伝えなくてはいけないかもしれない。誰かが亡くなったという知らせを伝えることは決して容易なことではないし、それを聞いて良い気分になる人などいない。だが、後者の厳しい批判に関しては、相手がしっかりと聞いてくれるように伝え方を変えることもできる。

フィードバックを人に伝えるということだけでもかなり大きなことだ。緊張もするし、私のリーダーシップ・プログラムを受講している人にも、フィードバックを伝えるのが難しいと感じている人が多くいる。

フィードバックは、与える側だけではなく受け取る側にとっても難しい。受け取るだけなら座って聞いていればいいだけだから、受け取る側にとっても難しいというのは変に聞こえるかもしれない。だが、フィードバックを誰かからもらい、その場から去ったあとに何ものが言えなくなってしまったという状況になり得るというのは、おわかりいただけるかと思う。

間違った伝え方をされると、腹痛が始まったりもする。また、フィードバックを受け取るときに、心の準備がきちんとできていないこともある。

私がこれまでに会ってきた管理職の人たちは、そのような事態を避けるための解決法としてフィードバックをしないという道を選んでいたようだ。ポジティブだろうがネガティブだろうが、フィードバックの伝え方がわからない、だからしないという感じだ。これでは解決にも何にもならないということは言うまでもない。

●やらなくてはいけないフィードバックをしたときのマイナス点

何年も前に、ミッケというとても優秀な部下と働いていたことがある。予算目標を達成していたのはミッケだけだったり、社内の売り上げコンテストでは常に勝ち続けたりと、お客さんからも絶大な信頼を得ていた。顧客からのチョコレートやワインのプレゼントがあとを絶たなかったこともあった。

そのような部下に対してどう対応すればよいのだろうか？　成績がいいからそのまま留まってもらいたい。有言実行。私はミッケの上司として、彼にどうしても感謝の気持ちを見せたかったため、彼の奥さんに協力してもらって、ある準備をした。

ある金曜日のランチのあと、私は皆を会議室に呼び集めた。皆の前でミッケを褒め、「チームにミッケがいてくれてとてもうれしい」という気持ちを伝えたのだ。それからミッケに、午後はお休みをとって、奥さんとディナーへ行って、そのあとに映画鑑賞をというプレゼントを自腹で渡した。現金を500クローナと――今では大した金額ではないが、これは何年も前の話だということを理解していただきたい――映画チケットを2枚渡した。その日の子どもの世話はもう手配をしてあったので、「行ってらっしゃい」と彼を見送った。周りは彼に称賛の声を上げ、彼は皆からハグ&キスを受けていた。

その間、彼はひと言も声を発することはなかった。話をしたのは後日だった。

私は彼に呼び出され、今まで聞いたこともないような叱り方で怒られてしまった。

「私は自分がやらなくてはいけない仕事をやっただけです。それなのに、27人もの社員がジーッと見ている前で、なぜあんなことをしたんですか？」

同じような事は二度としないでくださいともお願いされてしまった。その後、ミッケの機嫌が悪いのが1週間続いた。

ミッケは緑タイプの性格だった。なんとなくおわかりいただけるであろうか?

●フィードバックに対する免疫力を高めることしか方法はない

フィードバックを伝えるときによく間違った方法で伝えてしまうことがある。この章では上手に伝える方法を述べるが、いろいろと試してみてほしい。ここで紹介する方法は、フィードバックの内容がポジティブでもネガティブでも、同じような効果があるということは興味深いことであろう。

ポジティブなフィードバックは大丈夫だが、ネガティブなのはちょっと苦手という人もいる。ネガティブな話を伝えるのが苦手な人が多いと思われるので、ここではネガティブなフィードバックをどうやったら伝えられるかということを中心にお教えする。うまくいけばポジティブなフィードバックを伝えるときにも同じ手法を使えばいいわけだ。

これから教える方法は、家でもオフィスで使っても効果がある。ただ、フィードバックを与える相手の色のタイプを知っておくこと。いつものようにまず、何色の性格の人がいるかをチェックし、徐々に実行に移る。

目的はフィードバックを話して、それを相手にきちんと伝えるということ、つまり、その先にある改善を期待したうえでの行動だ。前の章では、それぞれの色の性格を人がどうやって認識できるかを見てきたが、その対応方法を知らないと何もできない。これからの章で、その方法を見ていこうと思う。

赤タイプへのフィードバックの方法——ただし、知る勇気があれば

赤タイプにネガティブなコメントを言うことはそれほど難しいことではない——これはよいことだ。ただその際には、熱に強い石綿を身につけ、髪の毛も耐熱性があるカツラでもつけることが必要だ。

というのも何が起ころうとも、その場の気温が赤タイプの熱によってかなり上がってしまう可能性があるのだ。きちんと準備をしていれば大丈夫ではあるが、フィードバックを伝える相手の赤タイプがこちらの言うことにまったく反応をしてくれなければ意味がない。

反応してくれないのは、あなたをまったく相手にしていないからかもしれないし、伝えられた内容を無視しているからかもしれない。ただ単に、彼自身の調子が悪いからなのかもしれない。だが、たいていの場合そのどれでもない。これからお見せするいずれかの理由かと思われる。

●できるならば包み隠さずいくこと

もうこの時点でかなりハッキリと言ってしまうが、赤タイプに何か批判をするとき、最も簡単に

できる方法は「包み隠さず話すこと」だ。彼らは、自分以外は間違っているという考え方をする性格である。そのようなタイプに批判といったネガティブなメッセージを伝えるのは、決して容易なことではない。

何年か前に、黄タイプが多く集まった営業チームのメンバーと、赤タイプの性格について話し合ったことがある。チームのメンバーは赤タイプの性格の特徴をすぐに理解し、そのときのチームの中で一番赤タイプなのは営業部長だと皆が口にそろえて話していた。

営業部長は性格が粗くて、人の話は聞かないし無感情。人を思い通りに操り、結果に対しては容赦がなく、機嫌は悪い。常に急いでいて、人を褒めたりもしないという性格だった。

「私たちは嫌われているのではないか」と、メンバーはかなり心配していた。もちろん部長は一生懸命働いているし、尊敬もしている。でも、部長から「業務向上のために何か提案をしてくれ」と頼まれても、彼の予定に合わないものはすべて拒否されるため、結局何も進まないことがあった。

ただ、自身で細かいことを見てチェックしたものに関しては採用するようだった。だからこそ真面目に一生懸命働くのだろう。チーム全体が心配をしているし、何か手を打たなければ、このままでは近いうちにチームが崩壊してしまいそうだった。

私は営業部長を呼び、チームのメンバーが彼に対してどういう思いを持っているかを伝えてみた。

特に心配した様子を見せず、逆にきちんと聞いてくれていたが、その彼の反応が興味深かった。20人もの部下が、部長のことを「無感情で攻撃的などうしようもない野郎だ」と思っていると伝えてみたのだ。それを聞いた彼は次のように答えた。

「一般的によく見られるような例でしかないじゃないですか。私のことを皆が言っているわけではないですよ。それに問題なのは部下の能力のなさです。もうちょっと懸命に働いて、いい仕事をしてくれたら厳しく言う必要もないんですが」

彼の何かに我慢できないという態度が、部下にストレスを与えているし、それによって皆が心配してしまうと説明しても、彼は「私の責任ではありません」との一点張りだった。

忍耐力がないのは弱点ではない、逆に強みなのである！　というのも、赤タイプの部長までもがほかの社員のようにやる気を見せることがなかったら何も達成できない。

逆に、スピードを上げすぎて周りがついていけないようなときは、落ち着いてそんなに張り切る必要がないということを赤タイプは認識すべきだ。ただ、そんなときでも、部長がどう対応すべきかよりも周りがどうしたらいいかにかかってくる。

●遠回しに言わず、きちんとした例を挙げる

赤タイプにとって、「間違い」は周りの人に起因する。自身で何かを始めることが得意だとして

も、罪を誰かに被せることは素早くできたりもするのだ。赤タイプの、外見上には見えない競争心の強い性格を覚えているだろうか？　赤タイプに近づくため、私はこの競争心というものを細かく砕いて壊してしまい、具体的な例を挙げて説明するようにする。

前述の営業部長だが、ある金曜日の夜9時に、顧客に関することを聞くため、部下の1人に電話をしたことがあるという。部長がそんな時間に部下に電話をしたのが原因で、部下の翌週の仕事が台なしになってしまった。しかし、その部下は、調子が悪くなったとか、眠れなくなってしまったとかそんなことを伝えても意味はない。というのも、部長はそんなことをまったく気にしないのである。部下の調子がどうのこうのというのは部長の責任ではないのだ。

私は部長にこう伝えてみた。「部下が、月曜日の朝にきちんと出勤したとしても、精神的にやられてしまい、仕事をしっかりとこなすことができないかもしれません。となると、その日の売り上げはゼロになりますよ」と。

私は指導を通して、最終的にすべての結果が彼に降りかかってくるんだということを理解させようとした。それまでは他人事だとばかり避けていたのに、「これではいけない」と急に考えられる理由ができたのだ。

●事実関係だけにこだわること

事実関係、これが難しい。赤タイプは、他人の感情や他人が何を考えているのかといったことにまったく興味がないことを覚えているだろうか？

彼らは事実だけを見て、自身で何もかもやりこなしたがる。自分は素晴らしい問題解決者だ、だから自分こそがチームの成功の鍵となる人物なのだと自称する。赤タイプはそのエゴが強い性格ゆえ、チームを率いることができる、力のある偉大なリーダーとして事業部門を完全に仕切ってしまおうとする。

●さぁ、戦闘の準備を始めよう

営業部長と一緒に、チームの彼に対する気持ちを1つひとつ順番に、また、状況ごとに見ていったが、部長はチームからの批判すべてに強く反論するのみだった。「私はただ自分の仕事をしていただけなのだ」と言うのだ。

「あなたがどう思おうとも関係ありません。チームがあなたに対して、このような感情を持っているということは、あなたに何かしらの問題があるのです」と、私は例を挙げるたびに、同じことを繰り返し伝えなければならなかった。

部長は私を罵り、能なしと呼んだ。「お前になんて二度とお願いしない！」とも言われてしまった。予期しないほど部長を追い詰めてしまった、もう誰も私なんかを雇ってはくれないだろう、もうコンサルタント生命も終わりだと私は思った。

だが、私はこの部長との嵐のようなやり取りに対しても、相手に合わせることだけはしなかった。椅子に座り、部長の嵐が収まるのを待っていた。このような状況で一番よくないのは、叫び出したり拳をテーブルに叩きつけたりというように、相手と同じことをしてしまうことだ。それをしてしまうと、相手の「どんなことがあっても自分が勝つのだ」いう本能がその場を支配してしまう。そうなれば、次の日に顔を合わせようとも挨拶されなかったりと、無意識にそのような行動をされてしまう。

人との関係がどうなろうとも関係ない、自分はここで勝つのだという気持ちが赤タイプには大きい。どんな結果になろうとも関係ない。攻撃的になり、ひたすら戦うのみなのだ。

だが、私のように、相手に合わせることをしなければ、やっつけられることはない。私はその場にいて、何もせず彼の嵐が収まるまで待っていただけだ。

彼が落ち着きを取り戻すと、私は何事もなかったかのように次の話へ進んだ。長ったらしく大声で怒鳴っていたことにはひと言も言及せずに、とにかく次へ進んだ。話し続けるにつれ、自分の態度がチームに与える影響というのを、彼はどうやらわかってきたようだった。少しずつではあったが、自分が欲しい結果を得るためには、まず冷静な態度になることが必要だと理解できたようなのである。

それ以外にも、人に対して落ち着いた態度で接すること、人にあれだこれだと要求しすぎないこと、自分にも大きな要求をしないこと、プロジェクトは基本的に施行が無理だったということ、自分がつまらないからという理由で締め切りを1週間早める代わりにきちんと待つこと、そのようなことも理解できたようだった。

●最後は自分の発言内容を繰り返し言ってもらうようにお願いをする

第三者が私と部長とのやり取りを見ていたら、いかにも激しい口論をしているように見えたのかもしれない。だが私は、彼の好きなようにやらせないようにすればうまくいくと信じていたので、「赤タイプにネガティブなフィードバックを伝えるときにするべきこと」として、私がいつも人に教えていることを私自身も実践してみたのだ。

それは、お互い納得し合ったことを、赤タイプに繰り返し言ってもらうことだ。話し合いをして、一致した意見を繰り返し言ってもらうのだ。

その後、営業部長と一緒に、チームからの意見を1つひとつ確認し、どう対応していくべきかという話を進めることができた。彼はしっかりと話を聞いてくれるようになったのだ（私は、営業部長の上司である社長に依頼されて彼と話すことになっていたのだが、彼もそれはきちんと心得ていた）。

ただし、私が正しいことを言っているとわかってはいても、完全にあきらめることはできなかったようである。チームからの、それほど重要ではなかった意見は否定してきたのだ。それが彼の中での勝利であった。とりあえずは、何かしらの形で勝利を得たわけではある。

結論

「これでもか」というぐらいの準備をして赤タイプに挑むこと。もしその日の調子が悪いと感じたら、赤タイプにネガティブなフィードバックを伝えるのはほかの日に回したほうがいい。自信がないとできないことなため、いつ伝えるかというのは慎重に決めること。何があっても強い姿勢で攻撃してきて、常に自信があるのが赤タイプの性格だ。

だから、彼らにとってはあなたの調子がどうのこうのというのは関係ない。彼らは必要だと思ったらすぐ攻撃的になる。何度も何度も繰り返し攻撃的な態度で攻めてくる。自分が優位になるまで、攻撃を続ける。

赤タイプの罠《わな》にはまらぬよう気をつけることだ。

黄タイプへのフィードバックの方法――ただし、忍耐力が必要である

黄タイプは多様なことが得意である。その1つに、さまざまなことに対してコロコロと変化を加えるということがある。それもかなり頻繁にである。

フィードバックを人からもらうというのは、特定のことを向上させるためには何が必要かを知るための手段なはずだ。特に、ネガティブなフィードバックは、それまでのやり方を最高レベルに上

げるため、何をすべきなのかを知るためには最適なアドバイスである。だが、これが黄タイプには通用しない。

簡潔に言ってしまうと――彼らにはフィードバックが最適なアドバイスとはならない。何かを変えてみるということに対して黄タイプは前向きではあるが、自分自身で変える方法を思いつかないとダメなのである。周りから言われたことが効果をもたらすわけではないのだ。

私にはヤンネという友人がいる。彼はびっくりするほど人を楽しませるのが得意だ。ヤンネは話す機会があれば、どんな人をも楽しませることができる。

彼が話す小話は面白い。たとえば、ディナーの場でヤンネが話を始めると、あれこれと話が出てくるものだから皆が大笑いをする。いろいろな話をしてその場を楽しませるのだ。彼が本当に面白い人だというのは誰にも否定できない。

だが――かなり強い否定になるが――ヤンネは、その場の空気がなくなってしまうのではないかというほどおしゃべりになってしまう。ほかの人が話に割り込むことすらできない。もし誰かがヤンネの話を遮ろうとすると、彼はそれ以上に大きな声でほかの人の声をかき消してしまう。というのも、彼にとって周りにいる人は会話をしている相手ではなく、彼を見ている観客なのだ。

その後、笑いは途切れ、雰囲気も悪くなってしまう。ヤンネの親友――私もその1人だ――は、彼が常に中心にいたいことを知っているが、ほかの人がそれを理解するまでに時間がかかる。

あるディナーの場で、ヤンネの態度がいきすぎてしまったことがあった。その後、そこにいた人たちは彼の悪口を言うようになった。

これはよくないということで、私は彼と向かい合うことに決めた。

●ほかの話を始めてしまうかもしれないという心の準備をすること。そのためにも何を話すか計画をして、それに沿って話をすること

ヤンネに向き合うためには、まず初めに準備が必要だった。思いつくままに、悪いところだけを話をしても効果はない。そんなことをしたら、彼は私の話を遮り、まったく違う話を始めてしまうだろう。

もしかして、それをネタにした小話を思いつくかもしれない。そんなことにならないよう、私は具体的な例をいくつか用意しておいた。また、ヤンネのやり方が、周囲に与える影響も書き留めておいた。それに対する彼の反対意見も想定しておいた。

有言実行。あるとき、ヤンネに庭の石詰め作業を頼んだことがあった。作業が終わり、疲れ切って汗だらけの私たちは、ビールを飲みながら座って話す機会を設けた。彼は、つい最近行ってきたスペイン旅行の話をし始めた。小さなある島に船で行ったのだが、そこで2泊したらしい。船に乗っているあいだ、かなり怖かったこと、船が転覆しそうだったことなどを語ってくれた（実は、ヤ

ンネの奥さんからその旅行の話を事前に聞いていたのだが、彼らが島に行ったのは小型の飛行機だったそうだ)。ヤンネの話が少し止まったところで、私はこう言った。

「ヤンネ。君が抱えている深刻な問題について話そうと思う。というのは、君はかなり話しすぎだ。スペインへは船じゃなくて飛行機で行ったことはレーナから聞いて知っている。そんな嘘をついたりするのはやめるべきだ。そんなことを続けていたら友達がいなくなってしまうだけだ」

頭がおかしくなってしまったんじゃないかという目で私を見つめながら、ちょっと驚いた様子で彼はこう言った。

「話しすぎてなんかいない。もしそう思うならば、それは話したいことがたくさんあるからなんだ。そういえばこの前……」

私は彼の顔の前に手をやり、バタバタさせた。ヤンネは黙り込み、私は次へと進んだ。

●具体例を挙げ、そのたびに納得させること

「この前一緒にやったパーティーで、食事中、半分以上の時間、君が話していたのを覚えてるか？実は時間を計っていたんだ。ディナーは2時間だった、でもそのうち1時間は君がずっと話をしていた」

「でも、みんな笑っていたじゃないか」ヤンネは満足そうに答えた。

「初めのうちはね。もっと周りに目をやっていれば、皆が笑っていたのは初めのうちだけだったこ

とに気付いていたはずだ。そのあと、君がどれだけ皆の中心に立っていたがっていたかを彼らが話していたけど、ネガティブなことを言っていたのが聞こえたさ」

ヤンネは激怒した。「なんてイヤなヤツらなんだ！　楽しませていただけなのに、そのお礼にそんな攻撃を受けなくちゃならないのか？　裏切られたみたいだ！」

「そういうことじゃない。でも、君が話しすぎだと彼らが思っていたのは事実だ。それはわかってもらえるか？」

ヤンネがここで、私が言いたかったことを受け入れることが重要だ。問題を認めないと解決できないからだ。そこで彼は何をしたと思われるだろうか？　彼は、満足そうに首を縦に振っていたのである。反論されたりもしたが、いい調子だと私は思った。

が、その後、おかしなことが起こってしまったのだ……。

●聞こうとする耳がないことを理解すること

ヤンネはこう言った。

「つまらなくなってしまったのはわかる。それは正しい。そうだね、僕もちょっと変わらなくちゃいけない。たしかに、同じ話を何度もしていたし、繰り返して話すことをやめなくてはならないのは確かだ」

私はがっくりしてしまった。ヤンネは私が言っていたことをまったく理解していなかったのである。そこで私は言った。

「話す内容に問題はない。ただ、話す量をもっと減らすべきだと思うんだ。3分の1ぐらいに減らして、残りの3分の2は黙っていること。問題なのは、繰り返し同じ話をすることじゃなくて、話しすぎるということ。テーブルにいたほかの7人にも話す機会を与えるべきだったんだ」

だが、ヤンネは聞いてもくれなかった。それどころか、新しい話をし始めて、私に「この話はしたことがあったか？」と聞いてくる始末である。私は初めからやり直しをして、彼にもう一度理解させなければならなかった。

●人格に問題があるのではなく、行動に問題があるということを伝える

黄タイプは、批判を悪く受け取ってしまうため、彼らにそれを伝えるのは難しい。常に楽しいことが起こっていないと、何かしらの問題が発生するのが黄タイプだ。急に仲が悪くなってしまったとも思われてしまうのだ。

ヤンネも当然、そんなふうに振る舞っていた。彼は体を私から少し離してみたり、まったく納得がいかないという態度を私に見せてきた。私はそこで、子どもを扱うようにしてみた。「ヤンネほど面白い人はいないし、ヤンネこそが一番の親友でとても感謝している」と告げてみたのだ。いきすぎた彼を黙らせたい一心だった。ヤンネのことは大好きだということは少なくとも10回ほど伝え

たと思う。

残念ながら、ヤンネは人の話を聞くのがそれほど得意ではないので、あまり効果がなかった。私は今まで一緒にやってきた楽しかったことを話したりした。彼のことを気にかけているのは本心なのだ。ヤンネがつい最近買ったばかりの新車についても話をして、「買ってよかったね」とも言った。彼を操ってみたのだ。少しずつではあったが、ヤンネは元気を取り戻し、彼のボディランゲージもそれほど攻撃的ではなくなっていった。

●かなり強い自己防衛体制への心構え――被害者的な行動の可能性あり

それでもまだ不十分で、ヤンネは次のようなコメントをしてきた。もちろんそれまでの自己防衛を踏まえてである。

「僕は誰にも好かれていない。ほかの人のほうがもっと面白いんだ。面白いと思われていたと信じていたのに」

ヤンネ自身は、楽しい時間を過ごしていたのだ。黙りこくって、つまらないと思っていたのは彼以外の人たちではないか。内向的でつまらない人を楽しませて何の得があるのだろう？　多く話すことが問題？　いや、どれもいいことじゃないか。ヤンネはその場を乗っ取ってしまっただけでなく、ほかの人が言えなかったことを言う役目も負っていたということを伝えた。

そして具体的な例も挙げてみた。ヤンネとレーナ夫人と一緒に最近、夕食を食べたときのこと。

レーナ夫人に質問を5つしたのだが、その1つひとつに対して答えていたのはヤンネだったのだ。そのため、最後のほうにはその場の雰囲気も変な感じになっていたのだが、ヤンネだけがそれに気付いていなかった。レーナ夫人は話すことすらやめていた。

「レーナが答えるのには時間がかかりすぎる！　僕が答えられたから答えたんじゃないか」

彼はそう言っていたが、何もわかっていなかったようだ。それか、わかっていたけれど、わざとわからない振りをしていただけなのかもしれない。

●合意したことを繰り返し言ってもらうこと。できるだけ早くそのフォローアップもすること

理論上は簡単だが、実際に行うのは難しい。この出来事があってからヤンネに2回ほど会った。1回目は、ヤンネは黙りこくって何も言わない姿勢。どうにでもやってくれという態度だ。子どもっぽい態度である。それに今にもイライラ気分が爆発してしまうというのがすぐにわかった。ヤンネにとって話の場を制限されているというのは、呼吸をしないというのと同じことなのだ。

そして、彼にとって何よりも腹立たしかったのは、そこにいた誰も彼に「なんで今日は静かなのか？」と質問されなかったことだ。周りのことを思って黙っているのがわからないのか？　という態度なのである。

だがそこで、レーナ夫人が話をたくさんしてくれ、その場は救われた。レーナ夫人はとても楽しい方で、皆からも喜ばれていた。

その少しあと、ヤンネはまた元のヤンネに戻ってしまっていた。元に戻るのは簡単だったようだ。黙っていても得るものがないとわかったのだ。彼に言わせると、レーナ夫人はもの忘れがひどいから質問に答えられないという。

私は彼の態度や行動を変えることよりも彼との友情を大切にしたいため、これ以上関わることをやめた。だが、私自身ヤンネからたまに離れる必要もある。休憩が私にも必要なのだ。

結論

黄タイプはその柔軟性や創造力の豊かさに反して、性格を変えるのが一番難しいタイプである。人の話は聞かず、自分が思いついた変化だけを取り入れたいのである。あなたができることと言えば、できるだけ黄タイプのエゴを緩め、伝えることはきちんと伝えることである。

黄タイプは記憶力がそれほどよくないということも覚えているといい。批判されてどんなにイヤな気持ちになろうとも、すぐに忘れる。イヤなことは抑制してしまうのである。ゆえに、黄タイプがあぁだこうだとブツブツ言ったり、うめき声を出されてしまったときには、涙を流されたりするのに耐えられることとさえできれば、お互いにとっていい変化に向かえるため、ひたすら努力を続けてみるべきである。

忍耐力さえあれば、最後には黄タイプも変わってくれることであろう。

緑タイプへのフィードバックの方法――ただし、よく考えてから

できればこの箇所は飛ばしてしまいたい。「どうして？」と疑問に思われるかもしれないが、その理由は単純だ。緑タイプに批判をするというのは大変残酷な行為なのである。彼らは批判を受けると気分が悪くなり、もうそれ以上何もしたくなくなる。緑タイプはエゴを見せるわけでもなく、自己批判をしてしまう性格だと常に思われている。だから批判をすることによって、それ以上重荷を増やしたくない。

ただ、１つだけ覚えておいてほしい。自己批判をするということと、その批判に対して何か行動をするというのはまったく違うことである。今とは違う人生だったらなぁと感じている緑タイプは多い。だが、それに対して何をするわけでもない。そのため、不満足なまま過ごしている。

この不満足でいるということ自体に何かあるのではないかと私はときどき思う。不満足でいることによって、人からの注目を浴び、自分がその場を少し支配するという１つの手段かもしれない。家庭のことであろうと何のことであろうとも、何もしないことによってその場を支配しようと考えている緑タイプを多く知っている。心理学者はこれを「受動的攻撃行動」と呼んでいる。まさにぴったりな呼び方である。

そんな緑タイプにも、上手に批判的な意見を伝える方法がいくつかある。ただ、本当に使いたい

ときだけ使うようにしていただきたい。

●優しい言葉で具体的な例を挙げること

明確に話すことはいいことだ。前の章で書いた赤タイプ、黄タイプとは違って、緑タイプは人の話を聞く。ただ、批判されたらその言葉を聞いてうれしくは思わない。だが、聞いてもらうにはきちんと明確に話すことだ。赤タイプに対応したときのようにするのだが、真逆の方法をとるのだ。

赤タイプに話をしても埒《らち》が明かないときは、その態度が原因で自分も周りも気分が悪くなると伝えるといいが、それこそ緑タイプにとっては一番効果的なやり方なのだ。彼らは人間関係を大切にする性格で人を傷つけることは嫌いだ。もし緑タイプの態度が原因で誰かが悲しんだり怒ったり、落胆してしまったら、それをそのまま緑タイプに伝えるべきである。彼らは、周りの人の機嫌を全身で感じ取る。もし明確に周りの気持ちを伝えることができたら、緑タイプはきちんと聞いてくれるはずである。

●あれこれと遠回りした言い方をしないこと、そして優しい言葉を使うこと

明確にということが大切である。人の気持ちを考えないような人間が緑タイプに批判をすると、彼らが落ち込んでいく様子がはっきりとわかるはずである。

もしあなたのパートナーがスポーツに夢中だったり、サッカーの熱狂的なファンだったとしよう。

あなたはパートナーから無視され、愛されていないと感じるかもしれない。そこでそれを告げてみる。すると、相手が相当落ち込んでしまうのがわかる。が、そこで「でも、そんなに悪くはないかも」とか「私にも絵画の趣味もあるし、あなたのことは言えないわね」とかいう発言はしてはいけない。はっきりと言いたいことをストレートに伝えることが大切なのだ。

そこで大切なのは、正しいやり方で告げることである。きちんと、優しい言葉を使うのだ。相手の肩に手をあててやるだけでも、仲が悪くなるのを防ぐことはできる。そしてそこで、改めて欲しい態度や行動はあれだこれだと伝えてみるのである。

●「あなたは正しい。でも私はすごく　バカ！」

緑タイプは完全に相手に合わせてしまう。たとえば、彼らのやり方についてあなたがどう感じるかを話すとする。すると、緑タイプは黄タイプの殉教的な態度に似た態度を取る。言われたことに間違いありませんと、自分のことをバカと呼ぶのである。「もうそんなことはしないから」と発言するのもめずらしくはない。

緑タイプは人から言われたことを強く受け止め、ときには涙も流していたりもする。自身で心を傷つけ、どうしてそこまで自分は価値がない人間なんだということをさらに話し始める。その後、何週間も姿をできるだけ見せず、誰とも関わらないようにするのである。

知り合いに、夜のとある決まった時間になるとゲームを始めてしまう男性がいる。奥さんは、あまりにゲームばかりしているものだから、夫のそんな習慣を毛嫌いしていた。彼自身も、その趣味を子どもっぽくて、必要がないのにお金ばかりかかってしまうものだと認めた（毎月相当なお金をかけて、戦略ゲームのデジタル人形らしきものを買っていたのだ）。

彼は、奥さんのことをもっと考えるようにしたり、何か必要なものがあったらきちんと話を聞いたりというように、意味のない趣味のことを埋めてしまうかのようにいろいろと約束をした。仕事が終わったらすぐ帰宅し、ゲームを始める前に食事を作る。1週間に一度は妻に花をプレゼントし、お願いされなくても妻の足のマッサージをするといったようにだ。

とてもいいことだし、奥さんも感謝していたことだろう——だが、彼は奥さんが一番お願いをしていたこと——つまりゲームをやめることはしなかった。そこだけはどうしても譲れなかったのだ。すぐにやめると宣言はしていなかったのだから、やめなくても不思議ではなかったのだ。

●その人に問題があるのではなく、その行動に問題があるということをきちんと伝えること

「パパはお前のことを愛しているよ。でもソファでアイスクリームを食べるのだけはやめてくれないかい？」と、父親が子どもにお願いするように、緑タイプを扱うのは子どもを扱うようなものである。

黄タイプ同様、ネガティブなフィードバックを伝えると人間関係にも悪影響が出てしまうことが

ある。だが、すぐにポジティブなフィードバックを与えることによってこれは解決される。ただ、そこで問題となることを述べるだけではいけない。相手を黙らせようとしていない態度を見せなければならないのだ。緑タイプは人が言うことよりも人の行動を信頼する。

●合意に達したことを繰り返し言ってもらい、素早くそのフォローアップもすること

ふと気付いたことなのだが、緑タイプは人が話していることをメモしたりはしない。そのため、会話をしていてお互い同意し合えたことは確認するといい。

たとえば、時間を守ってほしいという同僚がいて注意をする場合、時間のことだけを今は話しているのだということを確かめるべきだ。こちらは時間の話をしているのに、まったく違うことを話していると理解されてしまう場合もあるからだ。

人の態度や行動を比較するとき、たいてい比較するのは自分の行動と他人の行動である。緑タイプの態度はハッキリしないでぼんやりとしていることが多いため、自分が言いたいことを間違ってとらえられていることもある。また、言いたいことをストレートに言わない性格なので、周りの人間は彼らがどうして不満なのかわからないのである。

お互いに合意に達したことは確認をすべきだ。そしてフォローアップも忘れないことだ。

人に変化をもたらして、それまでとは違う態度になってもらうためにどうアプローチしたらいいのかをここでは見てきた。緑タイプは、基本的に何もしないことで問題を解決しようとする。

あなたの周りではそんなことがないようにすべきである。

結論

もしあなたが心ある人間ならば——と私は信じているが——緑タイプに対してちょっと言いすぎかもしれないと思うに違いない。私自身にもそんな経験がある。

銀行で働いていたとき、与えられた仕事をきちんとしていなかった部下と口論になったことがある。彼女は完全に落ち込んでしまい、2日間仕事に来なかったほどだった。かなり最悪な状況であった。だがその後、彼女と話をしたときに判明したのだが、なんと私は彼女にその仕事を頼んでいなかったのだ。私は勝手に、彼女だったらわかってくれていると勘違いしていたのだ。

当時の私は経験も浅いダメな上司だったことは認める。典型的な間違いをしてしまった。つまり、自分の目に見えていることが、彼女の目にはまったくほかのものに映っていたことに対して激怒してしまったのだ。だが、それを理解した途端、とても恥ずかしい思いをした。彼女は大変落ち込み、私を避けるようになっていた。その結果、私自身も彼女に挨拶をするだけで、それ以上話をしようとしなかった。彼女は、身を隠しながら最低限の仕事をするという、緑タイプが一番得意とすることをしていた。

緑タイプは、それまで以上に落ち着いた態度で対応をしなければいけないときが直観的にわかるようであるが、それが彼女の場合なくなってしまった。自分が疑われているとわかったので、実際に真面目に仕事をすることはなく、私が罪悪感を感じているということを利用して、仕事を避けていたとしても不思議ではない。

私は彼女のことがわからなくなってしまった。結局、業務をきちんと遂行していなかったという理由で彼女は解雇されてしまい、私は上司にきちんとしろと注意をされる羽目になったのだ。

このような私が犯したような過ちをしないよう注意していただきたい。やりすぎないようにすること。問題が発生しても、解決する時間があるときに解決してしまうこと。ネガティブなフィードバックであろうが、きちんと伝えるべきである。身近にいる緑タイプに対しても、そうすべきである。

青タイプへのフィードバックの方法――注意の言葉をかけるだけ

青タイプは、ネガティブなフィードバックを伝える前に、伝える内容を再確認することが大切である。彼らは自分が関わったことに関してはしっかり自身で把握をしているし、誰よりもそれに関する詳細を知っている。きちんと事実を集めてから、どうやってフィードバックを伝えるか考えること。その方法をこれから見ていくが、最も重要なのは、いったい何が起こったのかをきちんと理解しておくことである。

青タイプに話す前に、ほかの人と確認をするのもいいかもしれない。その際、彼らの意見や教えてくれたことをきちんと記録しておくこと。青タイプは、それまで言われたことならすべて覚えているし、正確に仕事をこなしたことをいつでも証明できる。正確にすべきことだったからそうしたのは当然だという態度だ。もし仕事の結果が間違っていたりしたら、それは青タイプが関わった仕事ではない。

そんなこともあり、しっかりと準備をしてから彼らと向かい合うべきである。

●詳細が書かれた具体的な例をできれば文書で渡すこと

青タイプに話すときは「作業が遅すぎると思う。もう少しスピードを上げてほしい」と伝えても通じない。そのような言葉は通用しないのだ。言葉の内容が正しかろうが間違っていようが関係ない。「作業が遅すぎる」というセリフは青タイプにとって意味をなさない。作業が遅いと思っているのは誰か？　何に対して、作業が遅いのか？

ここで必要になってくるのは、具体的な例を挙げることだ。「最近関わっているプロジェクトには16時間半、余分に時間がかかっている。この分を取引先に請求することはできない。これはわが社にとって2万6２５クローナ分（時間あたり１２５０クローナかかると仮定すると１２５０×16・5）の損失だ」というように、具体的な例、といっても正確かつ、かなり具体的な情報でなければならない。

このような伝え方だと青タイプも納得することができる。これが黄タイプならば聞くことすらしないだろうが、青タイプには効果のあるやり方なのである。

ここまで詳しく伝えるのは、口頭では難しくなってくる。そのため、文書で伝えるのがいい。遅れたがために発生してしまった想定外の作業時間や損失額などをエクセル表にまとめておくと、あとで何かと楽になるはずである。また、青タイプはあれこれと話をされると疑う傾向にある。それが文書だと信憑《しんぴょう》性も高まる。

言いたいことを文書にまとめること。ただし、確認をきちんとすることである。細かい数字などをほかの人にも確認をお願いしてはどうだろうか。その後、作業のテンポがゆっくりな青タイプに話をしてみるのだ。

●仲が良くない限り親しい態度で接しないこと

青タイプに接するときに、親しく近づいていこうとする可能性があるのは、黄タイプと緑タイプである。かなりネガティブなフィードバックを伝える前にも、個人的に親しく近づこうとする。

その理由は単純だ。黄タイプや緑タイプ自身、前置きもなしに単刀直入に批判の言葉を浴びせられると、かなりイヤな思いをするからである。だが、青タイプにこのやり方で近づくと、かなり動揺されてしまう。相手を疑い始め、人の話を聞かなくなるのである。

これが赤タイプだったらどう対応するだろうか。まず、フィードバックを伝える人と会う約束をして、その内容をメモする（もし、ネガティブなことがあればだが。たとえば、隣近所から落ち葉が大量に自分の敷地内に風で飛んできてしまった場合は、その落ち葉を集めて袋に入れ、速やかに隣人に渡すだろう。そして、袋の中に落ち葉が何枚入っているか数えてくれと頼むはずだ）。だが、赤タイプは遠回しに伝えず、単刀直入に伝える。赤タイプにとって、「そのやり方はダメだ」と人に伝えることは難しくない。

また、赤タイプにとってプロジェクト作業の時間が計画以上にかかってしまうのは許されないことだ。というのも、彼らとしては、プロジェクトを16時間半、遅めてしまうのではなく、早めたいのだ。激怒するのも当然のことである。

●とにかく事実にこだわること

ここでの結論は明確である。青タイプに話を聞いてもらうためには、事実関係にこだわることだ。彼らにネガティブなことを話すとき、罪悪感を持ちながらも、彼らに対して「とても感謝をしている」と伝えると「いったい何が言いたいのか？」と、それを聞いている青タイプはただ困惑するだけである。彼らには大きなエゴがあるわけでもないし、遠回しに批判をしたいのだな、というのはすぐにバレてしまう。そのため、ネガティブなことを伝えるという事実だけにこだわるべきである。

スウェーデン人の管理職やリーダーのあいだでよく使われている有名なサンドイッチ方式は、青タイプに使うべきではない。サンドイッチ方式というのは、厳しいこと（「お前のせいで顧客が一気に減ってしまった。お前のせいで経済的損失が大きくなってしまった。お前は締め切りを守らない。お前は受付のベリットに失礼な態度をした」）を言う前に、大袈裟にならず、また雰囲気をほぐすためにも、まずはポジティブなことから言い始める（「あなたがいてくれて皆が感謝している。しっかりと作業を正確にこなしてくれているし、間違いがまったくないこともある。あなたのことはとても気に入っている」）方式だ。

サンドイッチ方式では、結局何が言いたいことなのかわからないところに問題がある。その人との関係を壊したくなかったり、感情的にならないようにという理由で遠回しにものを言ってしまうため、青タイプにとってはわけがわからなくなってしまう。

これはプロのやり方ではない。青タイプは周りの人と友達になりたくて仕事をしているのではない。あくまでも、仕事のためにオフィスへ来ているのだということを覚えていてほしい。そのため、話を個人的なものにしてしまうのではなく、仕事の話として進めることだ。

改善するための方法を青タイプに聞いてみるといい。その際、「質」「評価」「分析」「フォローアップ」といった言葉を使うといいだろう。青タイプが聞き慣れた言葉を使うことだ。すると、批判的なフィードバックもきちんと届いてくれるはずだ。

●分子レベルの反問をされる心の準備をしておくこと

とはいえ、青タイプは言われたことをすぐに受け入れようとはしない。だから、青タイプにそこで質問されるのはちょうどいいのかもしれない。だが、多くの質問をしてくるため、もしかして間違ったことを言ってしまったのではないかと自分を疑ってしまうほどだ。

「何でそんなことがわかるんですか？　誰が言ったんですか？　どうやって計画していたんですか？　このようにやりなさいってどこに書いてあるんですか？　何で社内にその情報がないんですか？　何で今頃になってそんな否定的なフィードバックなんですか？　もっと前に言えなかったんですか？　その証拠はありますか？　その請求に関する契約書はどこにあるんですか？　本当に16・5時間分の費用を請求できないんですか？　前にそんなことありませんでした？　たしか4年前にお願いされたお客さんが……」

すべての質問に答えることはできないかもしれないが、どこまで答えるかどうかは自身で決めなくてはならない。「今さら何を言ってもこうなんだから仕方ないじゃないか。さっさと仕事に戻って」と言ってもいいが、青タイプからの信頼を失いたくなければ、これは一番言ってはいけないセリフだ。この言葉によって、何も状況を把握していないということを彼らにばらしてしまったようなものなのだ。

●合意に達したことを繰り返し言ってもらうこと。その後のフォローアップもすること

リーダーシップに関するセミナーでは、フィードバックの方法に関する質問をよく受ける。何よりも複雑なことではあるし、フィードバックを与えるときの気持ちによってもそれは違ってくる

（もちろん受け取るときもだ）。

だが、青タイプへの対応方法も、ほかのタイプのやり方と同じように教えることにしている。それは、青タイプに互いが納得したことを繰り返し言ってもらうことだ。彼自身も、見たことや聞いたことを確認をしておきたい。

青タイプは文字通り、初めから最後まで、あなたが言ったことを繰り返し言うかもしれないが、もし受け取ったフィードバックが曖昧だったり、関係を壊したくがないために正直に伝えられなかったりすると、彼らはそのフィードバックを好意的に受け取っていない可能性が高い。

青タイプは、あなたが聞きたいのはこれこれこういうことだというのがわかっているため、それを繰り返し言う。それは、あなたの批判的なフィードバックに納得をしているからということではない。まったく別の考えを持っている可能性もあるのだ。

前述の、締め切りをすぎてしまうというプロジェクトの例は、悪質な罠と呼べるかもしれないというのも、青タイプはこのように考えるのである。

納品されるものの質の基準は、その依頼主が決める。だから、質を重要視することは大切である。もしいい加減――青タイプの基準ではあるが――なものを納品してしまったら、それ以降その客からは仕事がこないかもしれない。

利益を出さないと意味がないのでは？　なぜ締め切りを気にするのか？　青タイプからは、このように論理的に考えても間違っていることを簡単に指摘されてしまうのだ。

だが、あなた自身は自分の発言が正しいことをわかっている。感じているだけではない。ある程度の時間が経ったら、青タイプをフォローアップすることだ。そして、彼らが以前のようにきちんと作業をしてくれることを確かめることだ。

結論

完璧主義者に批判をするのは易しいことではない。青タイプは、自分にとって一番いい方法は何かをすでに心得ているし、あなたがどんなに偉い立場にいたとしても、自分の考え方を曲げることはしない。そのため、青タイプにフィードバックを与えるときの効果が出るかどうかは、あなたの準備次第である。不思議なことでもない。

もう1つ覚えておきたいことがある。それは青タイプがフィードバックをもらってきちんと受け止めるのが難しくても、ほかの人を批判することに特に躊躇しないということだ。青タイプは、他人の間違いを見つけることが得意だということを覚えているだろうか?

あなたが気付いていないときに、あなたがやってしまった間違いを指摘してくるかもしれない。仕返しをしようと思ってやっているわけではなく、ただ単に……あなたのやり方がいい加減なだけだからだ。

第14章

相性のいい色の組み合わせとその理由

異なる色のタイプ同士が活発的になる最適な形がある

どの色同士の組み合わせがいいのか――端的に言ってしまうと、全色の組み合わせだ。全部の色がそろったチームには、最大限のダイナミクスさが見られる。

それぞれの色から同じくらいの数の人を集めると、最高の世界ができ上がる。黄タイプは新しいアイデアを思いつき、赤タイプが決断をし、緑タイプがそれを実行する。青タイプはその評価をして、質がいい結果につながるよう指導する。

だが、そんな世界は現実にはあり得ない。赤タイプに最適な役職に黄タイプがついている場合などもある。いや、もっと悪い事態を招いてしまうのは、黄タイプが人を説得してその役に就いたのはいいが、実はその役職には青タイプの性格が一番適切だというときだ。

自分の性格には適していない役職に就いている人が多くいる。仕事がうまくできないのは、性格上、自然とタスクをこなすことができないという理由もあるわけだ。また、人によってやる気も違ってくる。人によってやる気を起こさせてくれるものというのはそれぞれである。

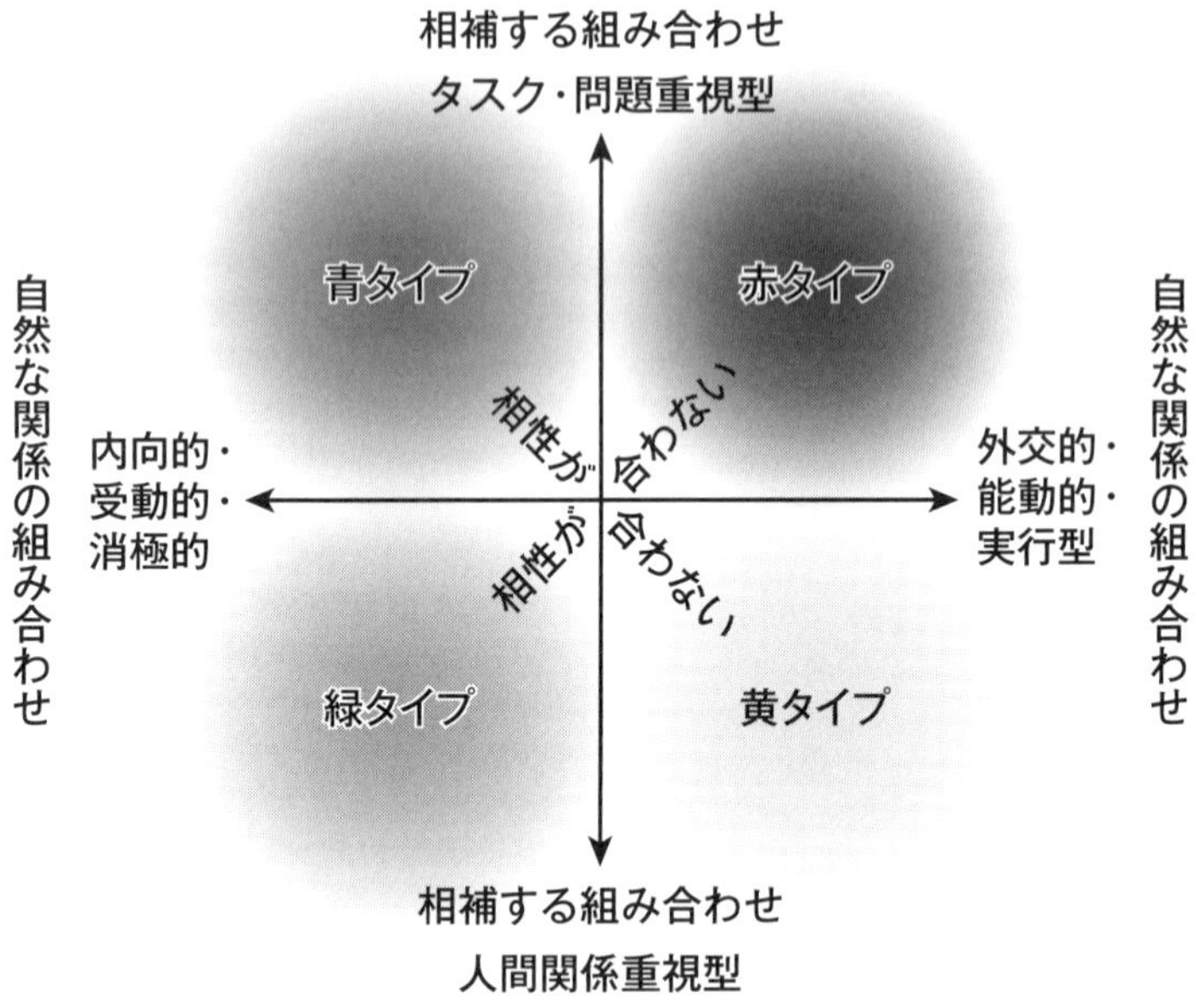

そのため、特定の状況において自分の基礎的な性格からかけ離れた行動をしてしまうこともある。ただそれについては、この本では取り上げないことをご了承いただきたい。

では、どの色同士を組み合わせてチームを作るのがいいのだろうか？　上の図を見ていただきたい。これを見ると、相性のいい色の組み合わせもあれば、相性が合わない組み合わせもあることがわかるだろう。この図を使えば、チームのメンバーを選ぶ際のいい参考になると思う。

図を見てわかるように、色の組み合わせによってうまくいくかどうかというのは変わってくる。もちろん、例外はいくつもあるが、ここではチームに誰ひとりとして自らの性格に関する知識を持っている人がいないと仮定する。つまり、自分の性格がどんなものかという認識がない人の集まりだということだ。同じタイプの人——たとえば、動きのテンポを持っている人——と一緒に働くと、うまくいくことが多い。

●赤と黄、緑と青という自然な組み合わせ

前ページの図を見ていただくとわかるように、青タイプと緑タイプはいい関係を築ける組み合わせだ。気を張ってお互いに合わせようとする必要はない。穏和で何事もよく考えて行動をするという共通の性格に気付くはずである。

どちらも内向的な性格なため、一緒にいても安心していられる。見えない壁を作ることもなく、どちらも足が地についている。ストレスを感じることなく、物事に対してもっと深く問い詰めてみようという姿勢である。結論に達することは難しいかもしれないが、よく考え抜かれた結論を導き出すことができるだろう。

同じように、赤タイプと黄タイプもうまくいくことが多い。どちらも衝動的に行動をしたがり、常に前に進みたがる性格だ。そして、力強くて外向的でもある。どちらも口が達者なため、簡素な言葉を使って話す。会話をしていると焦点がお互い合っていないことがあるが、それでも会話は止まることがない。どちらのタイプも高い目標を掲げ、素早く考える。

黄タイプと赤タイプのいるチームは素早く行動し、望むものが明確になると同時に大きな目標に

向かって頑張っていこうと周りのやる気をかき立てるのである。赤タイプは、黄タイプが話しすぎると思うことがあるが、どちらも人の話を聞くことは得意でないため、できるときには耳を塞いでしまう。

●赤と青、黄と緑は互いを補完し合う組み合わせ

図の縦軸にも注目して、それぞれの色が何に焦点を当てているのかを見てみるのもよい。

青タイプと赤タイプはどちらも問題重視型である。赤タイプは目標にたどり着くまでの仮定よりも目標そのものに興味があるが、青タイプは逆に目標へたどり着くまでのプロセスに興味がある。興味の対象が違っても、目標は同じである。

サッカーやインテリアなどの話をするのは昼食休憩のときのみだ。青タイプも赤タイプも仕事をするために仕事へ来ているのだ。

青タイプと赤タイプはうまく補完し合えるタイプである。車にたとえるならば、赤タイプはアクセルで、青タイプはブレーキといったところだろうか。アクセルもブレーキも車の運転には必要である。ただ、アクセルもブレーキも同時に踏むことはできない。

同じように、緑タイプの横には黄タイプがいる。緑タイプと黄タイプの作業をするテンポは同じではないが、お互いのことが気になる。どちらも人に興味があり、重要な存在だと考える。一方は穏和でいたいのだが、もう一方は楽しんでいたいと思う。

また、緑タイプも黄タイプも似たようなことに注目をする。緑タイプは、黄タイプが思い切り話せる場所を設け、緑タイプは聞く側に立つ。この組み合わせはうまくいくだろう。緑タイプは、落ち着きがなくヒステリックになってしまった黄タイプを落ち着かせることもできる。何かをするときに、人を忘れるということは決してない。やらなくてはいけないタスクをしないというリスクもあるが、それでも楽しんでいる。

ただ周りの人に、緑タイプと黄タイプは楽しんでいるだけで何も仕事をしないと見られてしまう可能性もある。どちらも「ノー」と言うのが難しい性格なので、お金に関することは任せないほうがいいかもしれない。

●当然、相性の合わない組み合わせも存在する

いい組み合わせ同様、相性の合わない組み合わせも2組ある。ただ、相性が合わないからというだけで一緒に仕事ができないというわけではなく、いろいろと考慮しながら挑戦していかなければならないことがあるということだ。どちらの色も自己認識を高めるとそれが楽になる。

次ページの表を見ていただきたい。

右側には、それぞれの色別の性格で、自らがいいと思う性格の特徴が書かれている。逆に、左側にはあまり良いとは言えない状況下で、その色の人と逆タイプの人には、それぞれ特徴がどう映るかが書かれている。

青タイプ―分析型		赤タイプ―主導型	
批判的	勤勉	押し付けがましい	意思が強い
不明確	思慮に富んでいる	厳格	自主的
偏狭	真剣・根気強い	頑固	野心的
気難しい	要求が多い	支配的	断固としている
道徳的	几帳面	厳しい	効率的
緑タイプ―安定型		**黄タイプ―感化型**	
頑固	支援的	人を操る	影響力がある
不安定	尊敬される	カッとなりやすい	活気づける
従順	人の役に立つ	わがまま	熱心
依存	信頼できる	反抗的	劇的
扱いにくい	楽しい	エゴが強い	外向的

つまらないと聞いていた人から興味深い話をたくさん聞いて、実はその人がとても面白い人だったという経験はないだろうか？　この場合、どちらの意見が正しいだろうか？　答えは、聞かれた人によって違ってくるであろう。

対する性格の特徴のあいだに違いがあるのはよくない。ポジティブなイメージは自身が思う自分の姿であり、ネガティブなイメージは他人が自分をどう思うかを示している。人によって見方が違う。

そして……問題が発生するのである

たとえば、何かの問題を解決させるために、赤タイプと緑タイプを一緒のチームに組み込むと、かなり大変なことになる。一緒に協力し合って解決していかなくてはならない場合、すぐに問題が発生する。

緑タイプは初めのうち、かなり受け身な姿勢でいるが、赤タイプはそれとは比べ物にならないほど素早く行動する。やり方を聞く前に取りかかってしまうほどだ。緑タイプが、「大変な仕事になりそうだな」と考えているあいだに、赤タイプはすでにものすごい勢いで問題に取りかかってしまう。

緑タイプが「やることが多すぎる」とグチばかり言っていると、赤タイプはイライラする。と同時に、緑タイプは赤タイプのことを「人の話を絶対に聞かない攻撃的なヤツだ」と見る。

それにもかかわらず、悪い状況でなければうまくいくこともある。緑タイプは単純に、人と協力し合いながら仕事を進めたいタイプだ。そして、それが彼らの特徴的な性格である。必要以上にその場を仕切ることなく、大勢の人とやっていくのには良い性格だ。だが、赤タイプと緑タイプを一緒のチームに入れるべき理由もある。赤タイプは人に命令をしたがるタイプだが、緑タイプは命令に従うことに特に抵抗がない性格だ。

マーストン教授の理論（３８９ページ参照）を基準に考えてみると、黄タイプと青タイプの組み合わせのチームが一番大変なことになる。お互いの自己認識がないと、初めからすでに激しいやり取りが起こることだろう。

黄タイプは、タスクの内容が何だかわからないまま取りかかろうとする。やり方も見ず、どうすべきかという指導も聞くことをしない。面白そうなタスクだとひどく喜ぶだけである。その間、青タイプはタスクを完了させるために必要な資料をあるだけ読みあさる。何も言わず、ただ座って読むのだ。行動はしないが、考えてはいるのである。

黄タイプはそんな青タイプを見て、こんなに退屈なヤツは見たことがないと思い、逆に青タイプは黄タイプがぺちゃくちゃと話すのをやめないことにイライラしてしまう。イライラが途切れることがないため憤慨してしまう。

青タイプは黄タイプのことを、「不真面目でただのおしゃべり野郎で、誰も気にかける必要はない」とまで思う。そんな黄タイプは、何をしても青タイプと心の通じることがないとわかると、さらにその行動がひどくなる。最悪な場合、黄タイプは青タイプをなんとかして引きつけようとするが、そうするとさらに溝が生じてしまう原因となる。離れ離れに座り、お互いイライラし合うが、その理由はそれぞれ違う。

結局、自己認識が大切なのである。

目の前にいる人がどの色かわからないときどうすればいいのだろう？ 答えは簡単。緑タイプのやり方でやるのだ

人の性格を読み取って、そこから人を理解するのは容易なことではない。もし、性格が1つの色タイプだけだったら、この本に書かれていることに従いながら進めればよいので、その人に対応するのは難しくないはずである。どのようにすればいいのかは明確である。

赤タイプだけ、黄タイプだけの性格を持った人を見分けることは難しくないはずだ。緑タイプも

青タイプもきちんと観察すれば見逃すことはない。

以前にも述べたように、性格が1つの色だけに限られる人は、全体の約5パーセントである。2つの色のタイプになると約80パーセントで、それ以外は3色のタイプの性格を持っている。全色の性格を持った人というのは、私が知っている限りはいない。

2色の性格を持っている人というのも実はわかりやすい。一般的な組み合わせは、先ほどの図で隣り合っている色同士である。つまり、青タイプと赤タイプ、赤タイプと黄タイプ、黄タイプと緑タイプ、そして緑タイプと青タイプである。

もちろん、異なる性格の色がいくつか組み合わさった人もいる。実際、私も黄タイプと青タイプの特徴が混ざった人を多く見てきた。これが悪いとかそういうことではない。ただ、めずらしいだけである。しかし、赤／緑タイプのどちらの特徴も備えている人というのはなかなかいない。その理由は不明だ。


自動車関連会社の、ある管理職の女性に会ったことがある。彼女は頑固な性格で、きついやり方をする女性だった。

が、と同時に周りのことを気にかける性格でもあった。仲間に対する思いやりに偽りはなかったのだが、その性格ゆえ、びっくりするようなこともあった。

たとえば、彼女はすぐにカッとなる性格で、叱り方も有名なほどであった。だが、ハッと我に返ると、火の中水の中、自らが起こした行動のせいで悪化してしまった状況を落ち着かせ、そこで状況修繕に努めるのだ。

相手にやらかしてしまったことを大いに後悔してはいるのだが、どうしても止められなかったのも事実である。相反する2つの性格が衝突することによって、かなりのストレスになってしまうのだ。

3つの色が混在している人というのはなかなかわかりづらい。もし、この人はよくわからないなぁ、という人がいたら、それはもしかしてその人が3色タイプ混合型だからかもしれない。その場合、その人の行動は状況によって変わってくる。

人と会って、その人がどの色の性格なのかわからないとき、黙ってその人の話を聞くとよい。もし自信がなければ、自分が緑タイプの性格だと仮定して話を聞いてみるとよい。

「何もしない人の色がわからない」というコメントをよくもらう。どんなに受け身型の性格でも、それなりのパターンは見えてくるはずである。話をしても身動きすらしない人の色は、ここまで読まれてこられた読者の方には、どの色だかおわかりであろう。身動きすらしないというのは、青タイプの特徴が多く反映されているのである。

第15章

タイプ別、文書によるコミュニケーション

多くの人たちとのやり取りに欠かせないメール

色のタイプによって文章の書き方も大きく異なるため、文書からわかることは多い。時間をかけて文章を書く人もいれば、手短に済ませる人もいる。レポートやエッセイ、手紙や投稿など比較的長い文章を読んでも多くのことがわかる。

文章を読むと、書き手がどの色の性格かというのをかなりの確率で読み取ることができる。口数が少ないと、文章は短くなる。逆に口数が多いと、文章も長くなる。

ここではメールの例を挙げるが、もしメールを日常的に使うことがなければ、もちろんほかの文書の形を想像してもらってもかまわない。メールをある顧客に送るとしよう。あなたは正しいやり方でメールを書いて、最後に確認をする。事実に基づいているか？　心がこもっているか？　簡潔に書かれているか？　それともパッと思いつきで書いたようなメールに見えるか？

そのような細かいことを考慮すると、送信する側としていろいろとプラスになる。もちろん例外はいくつもあるが、文書によって注目すべき傾向というのはあるのだ。

差出人	kristian.jonsson@teamcommunication.se
宛先	Cina.cinasson@coco.net
件名	会議について

明日 11 時に会議あり。**時間厳守！**

K

いかがだろうか？　太文字で時間厳守！　と書かれているのは、差出人が叫んでいるからだろうか？　その答えは不明だ。

もしかして、会議の時間がとても大切だということを言いたかっただけなのかもしれない。または、メールを書いていたとき、次の約束があって急いでいたのかもしれない。いかにも上から目線のこのメールを読んでイライラするかもしれないが、それは差出人の赤タイプには関係のないことだ。また、そんなことを誰が思おうと、赤タイプにとってはどうってことない。ただ明確に情報を送りたかっただけなのだ。

あなたのすべき行動は、即座に返事をすること。短く簡潔に書くこと。「オーケー」とだけ返事をしてもいいだろう。

黄タイプは、文書でも大らかでのんびりした態

差出人	kristian.jonsson@teamcommunication.se
宛先	Cina.cinasson@coco.net
件名	会議について！

こんにちは、チーナ。元気ですか？　昨日の試合はどうでしたか？　ラッセを会場で見かけたんですが、コーヒーをこぼしてしまった彼を見て、おかしくて笑いこけてしまいました(^-^;
フェイスブックにアップした写真を添付しますね！
そうそう、明日、お昼前にもし時間があえば、例のお客さんについて話をしたいんですが、都合はどうですか？　11時頃はどうでしょう？　では！

クリレ

差出人	kristian.jonsson@teamcommunication.se
宛先	Cina.cinasson@coco.net
件名	会議について！

ごめんなさい、写真を添付するのを忘れてました。送りますね (^-^;

クリレ

差出人	kristian.jonsson@teamcommunication.se
宛先	Cina.cinasson@coco.net
件名	会議について

シーナさん、
明日 11 時の会議について再度お知らせします。
前に確認したときは、時間の都合が合うということでしたが、
それに変更はありませんか？
コーヒーは私が準備します。家から菓子パンも用意しますね。
それでは！

クリスチャン

度を見せる。黄タイプの「これは書くといいかも」と思いながら書いているメールを打つ指のあいだからうれしさがこぼれ落ちているようだ。コーヒーをこぼしてしまった可哀想な友達の話を書いていることに注目していただきたい。面白い話は伝えずにはいられないのだ。

そんな彼らのメールへの返信は、すぐに返事を求めているわけでもないので急ぐ必要はないが、忘れずに書くこと。そうしないと心配をされてしまう原因になる。

心を込めて返事を書くこと。写真を送ってくれたことに「ありがとう」と伝えること。写真を見て大笑いをしたことも伝えるのを忘れずに。

緑タイプの文は柔らかく、親しみを感

親しみを感じられるトーンで書かれている。きっと送信者のクリスチャンは、送信する前に誤解されてしまう文章があるかどうかをきちんと確認したことだろう。かなり前から予定されていた会議について再度お知らせをもらうことをイヤがる人もいるであろう。だからクリスチャンは、何も誤解がないようにと確認をしたのである。

この感じのよいメールには、親しい文章で優しく返信をするといい。感謝の気持ちも忘れずに書くこと。「菓子パンを用意してくれるだなんてうれしい」などと書く必要はないが、書いても特に問題はない。会議は、焦ることなく落ち着いた態度で臨むこと。

次ページのメールは、紛れもなく青タイプだ。

会議のお知らせはかなり前に送られているはずだというのはおわかりかと思う。前日に、会議がありますよというリマインダーが送られたのかもしれない。メールには事実に基づいたことが書かれており、個人的な感じも一切しない。ただ、きちんと会議の準備をしておいていただきたいという送信者の希望は読み取ることができる。

青タイプへはどう返信すればいいだろうか？　まずはメールとファイルを受け取ったことを伝えること。資料を読んでわからないことがあったら、「教えてください」とお願いをすること。青タイプは、メールの受信者がきちんと資料を隅から隅まで読んでいるという前提で会議に挑むということを忘れずに。

差出人 kristian.jonsson@teamcommunication.se

宛先 Cina.cinasson@coco.net

件名 会議について！

シーナへ

おはようございます。明日の顧客との会議の前に、決断に至った背景が書かれた情報を読んでおいてもらえますか？
資料は添付してあります。

よろしく。

クリスティーナ・ヨンソン 電話番号：+46704808080
Kristian.jonsson@teamcommunication.se

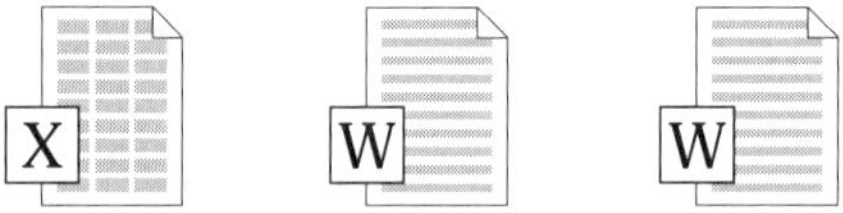

日付と参加者名簿 .xls　　IT 政策更新 EGMT.doc　　情報シートテンプレート 2014-11-27.doc

第16章

いったい私たちは何に激怒するのか？

気性がわかるとその人のことがわかる

この本も終わりに近づいてきたが、最後に歴史的観念の話をすることにしよう。この本で取り上げている4つの性格の元、ヒポクラテスの「体液説」に基づく気性の4分類についてである。

ここで言う気性とは、何か起こったときに人がどういう類型の反応をするかということだ。人がどんな態度を取っているかと言い換えることもできるだろう。まずは何に反応するかを決めて、そこからそれを表に出すためのエネルギーを見つけるかということでもある。

だが、怒りという感情はどの色であろうとも、気性を観察するのにはいい要素ではある。それに、どんな状況下にいるのかも決め手となる。ある人にとっては怒りの原因のものでも、ほかの人は怒ることすらしないこともある。何かが起こって、人がどう反応するかを観察することが大切な手がかりとなるかもしれない。これは分析の助けにもなる。

ここでは、簡単に分析ができる例を見ていくことにする。

「もう!!! 怒ってばっかり」

色別に気性をわかりやすく説明するため、我慢の限界をグラスで考えてみようと思う。まずは赤タイプの機嫌。これはショットグラスがちょうどいいと思う。ショットグラスなんて小さすぎて意味がないと思われるかもしれない。

いや、でもそれぐらい小さいグラスが赤タイプにはちょうどいいのである。というのも、彼らはすぐに機嫌が悪くなったり激怒をするタイプだ。イライラしてしまうのは、もしかして車が渋滞をしているときかもしれないし、電話を取り逃してしまったときかもしれないし、エスカレーターでノロノロと歩いている人に対してかもしれない。

自分の思い通りにならないときに機嫌が悪くなってしまう。赤タイプには他人が「基本的に何かおかしいんじゃないか?」と映るのである。

周りにバカが多いのは赤タイプだということを覚えているだろうか。赤タイプには激怒してしまう理由が多くある。一気に爆発してしまうのは、イライラした気分や、攻撃的な態度になるのを抑えるためである。

彼らの強みはそこにある。爆発してケンカ腰になってしまうのもほんの少しのあいだである。小さなショットグラスの中身をさっさとなくしてしまうのだ(周りがどうとらえるかではない)。

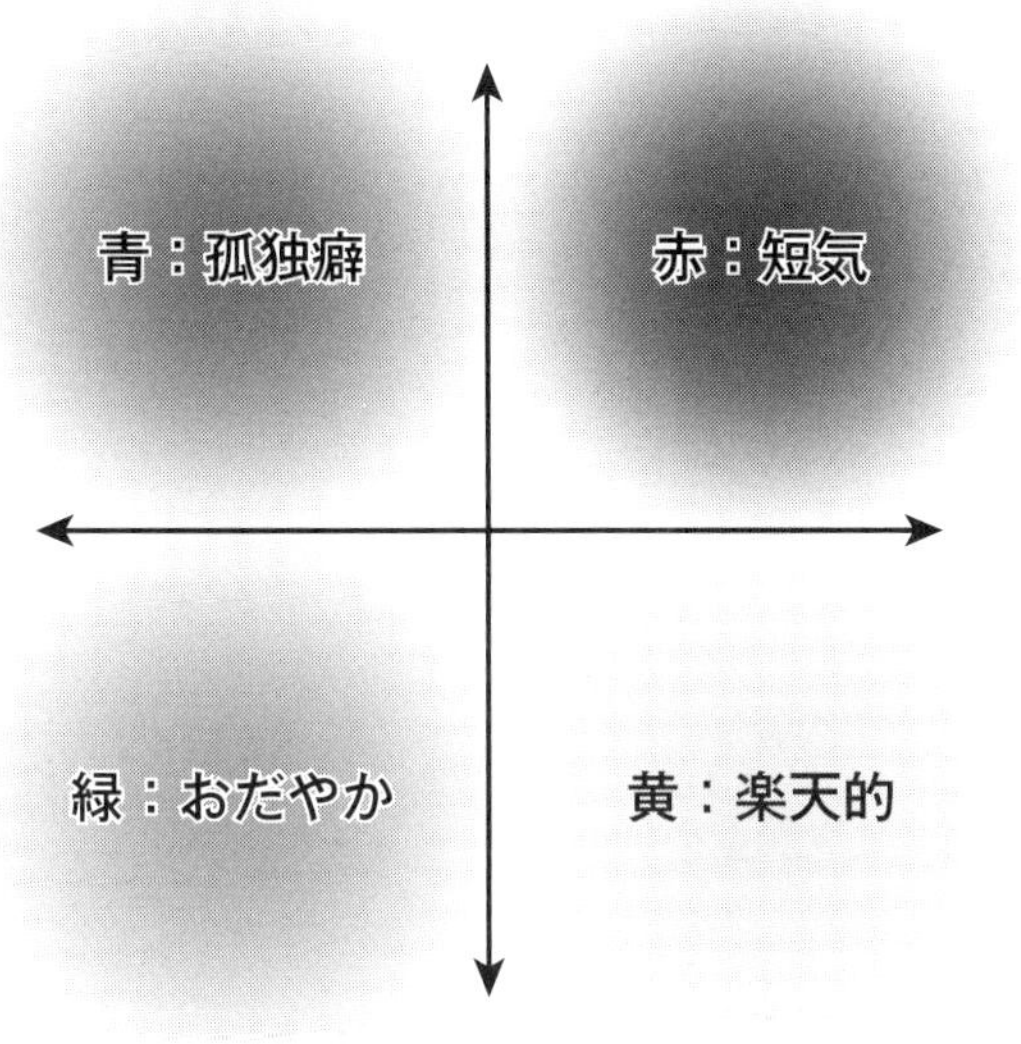

ここでいいことは、すぐに態度が変わることだ。赤タイプが、長いあいだ怒っているということはめったにない。爆発してすっきりしたら次へと進むのだ。もちろん、周りの人は困惑してしまうだろう。だがそれは赤タイプにとって問題ではない。自らの機嫌に対処することはできたのだ。それからまた赤タイプを怒らせるようなことがあったら、彼らは激怒する。そして落ち着く。そしてまた激怒する、そして落ち着く。これがずっと続くのだ。

ショットグラスの中身を全部、テーブルの上にこぼしたとしよう。よくないことだが、中身が少ないためすぐに拭《ふ》き取ることができる。

そこに注目してほしい。ショットグラスは注ぐことも素早くできるが、中身を減らすこともすぐにできる。それも何度も可能だ。赤タイプがいつ爆発してしまうかというのは、予期できないことが多い。いつでも起こり得ることだ。

私は、赤タイプの気性の激しさをそれほど悪いものではないと思っている。その人のことをよく知っていると、何が原因で怒り出すかがわかるからだ。

だが、ここで重要なことを覚えておいてほしい。周りから見ると怒っているように見えても、赤タイプ自身はそうは思っていない。思ったことを話しているだけとか、ちょっと大声になってしまっただけとか言うはずだ。

何度も言うが、赤タイプのそのような態度もコミュニケーション方法の1つである。たとえば、思ったことを繰り返し言っただけなのに「彼はすぐに怒る性格だ」と緑タイプは思うかもしれないが、これも受け取る相手の目にはそうにしか映らない。

たいていの場合、そんなときは叱られるのを恐れて後ずさりをしてしまうが、そうするとその後の展開は目に見えている。赤タイプは怒ってばかりを繰り返していると、人からフィードバックをもらうことがほとんどなくなってしまう。

「激怒しているんです！　それがわかりますか？」

いつも楽しそうにしている黄タイプですら機嫌が悪くなることもある。これは事実である。どれだけポジティブに見えても、どれだけ楽観的に見えても、黄タイプにも気性というものはある。

赤タイプ同様、活発な性格なため、周りに関して思うことも多いのだ。ということは、それに反応することも多いということである。すぐに何かを思いついても口がきちんとついていかないので、いろいろなことが起こってしまう。よく考えないでついつい口が滑ってしまったということもある。

黄タイプは表現が豊かであり、と同時に感情的でもあるため、気性が高まるとそれが目に見えてわかる。見ているほうは黄タイプが爆発しそうになっているのを見ても、特に何とも思わない。目はカッと開き、動きが早くなり声も高まるが、そういった変化が少しずつ起こる。

赤タイプの忍耐強さがショットグラスならば、黄タイプは普通サイズのグラスである。ショットグラスより多い量を入れることができるし、入っている量もすぐにわかる。機嫌が悪くなるスピードは徐々に上がっていくのだが、それを周りの人が見ても特に問題にはならない。

普通サイズのグラスに入った水をテーブルにこぼしてしまうとどうなるだろうか？　ショットグラスの中身をこぼしたときより汚れてしまうのはわかると思う。それを拭き取るためには、貴重なキッチンペーパーを、より多く使わなくてはいけないことになる。

それでもこの状況に対応することは可能だ。黄タイプが激怒したとしても、シリアスなことにならないよう対処することはできるのだ。

黄タイプのそんな性格にもいいところはある。彼らは身近にいる人――同僚や家族、隣人や、もしかしてあなたかもしれない――に怒鳴り散らしてしまったあとの後味が悪いと感じるのだ。そうなると、次に会うときには、「あんなことはしまい」と普段以上に気持ちを改める。赤タイプはそうならないのだが、黄タイプは罪悪感を覚えてしまうのである。

赤タイプと黄タイプのどちらの性格も備え持った人となると、少し難しくなるかもしれない。エゴがかなり強い性格なので、何が起こるのか予想しがたい。どんな活力や、やる気があるかにもよるが、自分の主張したいことを不合理に言うかもしれない。

黄タイプは自らのエゴを見せるのに問題はない。ただこんな性格でもいいこともある。記憶力がそれほどいいわけでもないため、何があったかを長いあいだ覚えていることができない。問題があったとしてもすぐに忘れてしまう。

それが緑タイプと青タイプにとっては少しばかり刺激的なのだ。

普段、静かな人の怒りは恐ろしい。気をつけるように

見出しにもした、この有名な言葉を聞いたことがあるだろうか？　これを思いついた人は、緑タイプのことを考えながら言ったに違いない。あなたは、緑タイプの知り合いが激怒しているところを見たことがないかと思う。また、口論などしたことのない一番優しくて温和な友達の機嫌が悪いな、と感じたことがないに違いない。

ということは、緑タイプは怒ることがないのだろうか？　いいや、違う。考えていることを内に

秘めながら怒っているのである。

緑タイプの気性を入れものにたとえるのならば、400リットルのビールの貯蔵樽だろう。この中にいくつのショットグラス分のビールが入るだろうか？　最後の最後までひたすら注ぐだけである。緑タイプの気性もそんな感じなのである。何も言い返すことなくひたすら受け止めるのみだ。口論になってほしくないと願う緑タイプの性格と関係している。それに加えて、「ノー」と言えない性格とも関係している。人が言うことに賛同する。それが一番楽だからでもある。

これは緑タイプには何も意見がないということなのだろうか？　それもまったく違う。ほかのタイプ同様、緑タイプもいろいろと考えたりしている。ただ、それを口にすることがないだけだ。そして、それが問題の原因となるのである。

樽の中をひたすら増やしていく。緑タイプは何週にもわたって自ら経験した不公平さ——経験したということろに気付いていただきたい——を樽の中に詰め込んでいくのだ。満杯になるまで何年もかかることもあるだろう。

その樽を移動させて、テーブルの上で開けてみると何が起こるだろうか。

中身が全部流れ出るに違いないだろう。テーブルの上に水がかかるだけではなく、テーブルも、はたまたあなた自身までも水に流されてしまうだろう。止めることはできない。全部流してしまうのだ。

「私が時間通りに仕事を終えないっておっしゃいましたよね？　本当にそうですか？　えっ？　先

週は私に十分に仕事をしていないっておっしゃってましたよね？　1つだけ言わせてください。去年、私に新しい部屋を与えてくれるって約束しましたよね。まだありませんが……。あと、1997年に私を雇ったときも同じことを、確かおっしゃっていたはずです。でもいいですか？……」

何もかも出してしまう。その流れてきたものを受け取るのがあなたの役目にならぬように気をつけることだ。

問題は多く発生する。緑タイプは口論にならないように、または自分が目立たないようにと自分の感情をコントロールして我慢するが、ほかの人同様、経験したことに対して、感情を持つ。ただ、それを表に出す力が身についていない。

周りにいる人ができることは、そんな緑タイプを助けてあげることだ。質問をして、「聞いていますよ」という姿勢を見せ、彼らが発しようとしているシグナルを読み取ってあげるのである。緑タイプのボディランゲージから何がイヤなのかということも読み取ってあげるのだ。彼らにとっていい環境を作り、そこで自分の意見をいうのに抵抗しなくてもいいような場を提供してあげることである。そうでないと、イライラした気分を内に秘めてしまうことになる。

そんなことでストレスが溜まるとどんな悪影響を起こすかは、最近の医学の発達のおかげで私たちにもわかるはずである。

科学的な証明はないのだが、私の理論では、緑タイプのこういう性格が、燃え尽き症候群を引き起こしてしまう一番の原因じゃないかと考える。心配、恐怖、はたまたイヤ気といったものが募りに募って最後には病気になってしまう。これは、真剣に取り組んでいかなくてはならない現実問題であると思う。

「私がなんて言いましたっけね？」とイヤミを言う

昔、銀行で働いていたとき、多忙な毎日でストレスを抱える日が続いたことがあったのだが、そんなとき、青タイプについてこんな話を聞いたことがある。毎日朝も夜も働き詰めで、誰もがイライラを隠せずにいた。皆のフラストレーションがオフィス中に漂っていた。

同僚にクレジット管理担当の女性がいた。彼女は何も言わず、ストレスが溜まっていることなど口にもしなかった。顔の表情からも何も読み取れない。動作もいつも通り少なく、最低限の動きだけだった。多忙な中、ランチを急いで食べていた同僚が多い中、彼女は落ち着いて1時間かけてゆっくりとランチを食べていた。誰も彼女の落ち着いたランチの時間を邪魔することができない雰囲気だった。

それを見た私の黄&赤タイプの上司が、「彼女、おかしいよな。感情なんてないんじゃない？」と言っていたのを聞いた。

たしかに筋は通っている考え方ではある。だが、よく考えてみるとそうでもないのだ。青タイプを簡単に言うと、緑タイプほどコミュニケーションの必要性を感じていないのだ。だから人とコミュニケーションをとらないのである。

　青タイプも心の中だけで考えることがある。ということは彼らも緑タイプのように燃え尽き症候群の兆候があるのか？　と思われるかもしれないが、それはない。というのも、青タイプはストレスをきちんとコントロールできるのだ。

　容器のたとえで言うと、青タイプは緑タイプのビールの貯蔵樽ぐらい大きな容器が必要だが、決定的な違いがある。というのも、青タイプの樽には蛇口が取り付けられている。この蛇口があるおかげで、樽の中身で余分なものを捨てることができる。また、どれだけ強い力で捨てるかとかそういうことも調整できるのだ。

　それに加えて、蛇口から中身がポタポタと漏れることもある。密封されていないので、中身が常にこぼれている。青タイプは不満があると、文句を少しずつ言うのである。

「ほら。誰かがペンをなくしたじゃないか！　まったくいつもと変わらない！　結局私がこれを仕上げなくちゃならない。毎回同じようにつまらないタスクは私に回ってくる。ここはきちんとしていない。これもいつも通りだ！」

　このように、青タイプは小さな文句を小出しにする。チクチクと針を刺すような言い草は周囲を困らせてしまうが、実はただブツブツと言っているだけなのである。特にそれで彼らの怒りのスイッチがオンになったわけではない。周囲の人は、彼らがこのままずっとイヤミを言い続けるだろうと思うのだが、ただ不満があっただけだ。そして、青タイプは自ら動くタイプではないため、不満があっても解決するために動くわけでもない。ただブツブツと文句を言う。

その内容は、「何で他人は自分と同じように物事を理解しないのか」とか、「する業務がない」とか、ただ単に機嫌が悪いということかもしれない。

これが青タイプにとっては自分の機嫌を調整するのにいい方法なのだ。それによって、樽の中身が誰かのテーブルに流れ出てしまうこともないし、取り返しの付かないようなことにはならないのである。

ブツブツ言っている青タイプにうまく対応するには、質問に質問で返すことである。例を挙げてもらうとか、向上するためには何をしたらいいのかを聞いてみたりするのだ。もうすでに問題を解決しているかもしれないのだが、人から質問をしてもらわないと、自分の解決法を人に伝えることができないのである。

結論は？　相手を激怒させないためには、何をすべきだろうか？

ここまでサッと見てきて、あなたの周りにどの色の人がいるのかおわかりになったかと思う。ストレスやプレッシャーがある状況で、彼らがどういう行動をするか注意深く見るといい。

だが、ここに書いてある対応方法は、常に通用するわけではないということを忘れないでいただきたい。一応の目安であり、１つひとつの色について説明をしただけである。前にも述べたように、状況によって違う行動や態度を見せる場合もある。自分にとって大切なことだと強く反応してしまうのが普通である。

自分のことも振り返ってみるといい。もし誰かがあなたの近所の人の悪口を言ったりしたら、いい思いはしないと思う。だが、この世の終わりだということでもない。ただ悪口の対象が、近所の人ではなくあなたの配偶者だったら、かなり激怒することであろう。

もちろんこれは1つの例でしかないが、状況が違うことによって反応の仕方も大きく変わってくるということはおわかりいただけるかと思う。

第17章 エネルギー泥棒――ストレスとはいったい何か？

怒ることとストレスがあるというのは同じことではない。関係があることもあるが、常にあるとは限らない。ストレスが原因で怒ってしまうこともあるし、怒ってしまったことが原因でストレスになることもある。

やらなくてはいけないことが多いのに時間が足りないときの感情を「ストレス」と呼ぶことが多い。仕事でやらなくてはいけないことが多すぎて時間が足りないのに、それに加えて運動をしたり、友達に会ったり、家族と過ごしたり、趣味に費やしたりする時間がなく、ストレスが発生することがある。

ストレスが原因で長期間にわたって調子が悪くなってしまうのは、時間が足りないという以外にも理由があることを知ることが重要だ。何をどういう方法で取り組んだらいいのかと考えているときにプレッシャーを感じたり、大きな期待を持ってしまうと、時間が足りてもストレスになってしまう原因となることがある。

プレッシャー、要求、期待などがストレスに起因し、そこから落ち込みが始まり、何も対処することができなくなり、睡眠不足や身体の痛みへとつながっていくのである。簡単に言うと、自分が対処できる以上の要求と期待があるときにストレスを感じるのである。

反応は人によって違う——驚くべき事実ではないか！

いや、真面目な話だが、人によってストレスに対する反応の仕方は違う。同じ出来事でも人によって見方が違うし、同じ人が同じような出来事を経験しても、状況によっては見方がそのときそのときによって変わることもある。過去にあったことや、そのときの気分も反応の仕方に関係してくる。十分に休みをとって調子がいいときは、仕事でやることが多くて忙しい週でも、「やってやろう」という気になれる。疲労がたたって落ち込んでいるときは、同じような週でもやる気がなく、ひどくて面倒な週だと思うことだろう。

では、コミュニケーション方法はストレスにどういう影響を与えるだろうか？　端的に言ってしまうと、あなたのストレスに対する閾値《いきち》、つまり、どれだけストレスに耐えられることができるかは何もわからない。

だが、どんなことがストレスの原因なのか、また、そのストレスに対してどういう反応をするかを予想することはできる。毎朝起きて仕事へ急いで行き、いつもより少し多めのタスクをこなしたりするときに見られる活力について前に少し述べたが、この本ではそのような活力について詳しくは説明しない。だが、間違ったことに時間を費やすとストレスの原因になるのはおわかりかと思う。

ストレスの原因がわかると、不必要なまでにもストレスを抱える必要がない。部下が何人もいる上司ならば、部下の行動をきちんと把握し、悪いことが起こらないようにするのを避けることもできる。やり方さえきちんとすればストレスから回避できる。また、それによってチーム内の生産力も上がる。

ここからは、今後の生活にお役に立てるだろうということを簡単に述べていく。自分の立場を考慮していただきたい。また、ストレスというのはあなたからエネルギーを奪ってしまう「エネルギー泥棒」だということもきちんと理解していただきたい。ある程度の調和を保っていると仕事の調子もよくなるものだ。

この章には、皮肉が多く書かれている。それを理解したうえで一読していただきたい。

赤タイプにとってストレスになることは？

何かしらの理由があって赤タイプにストレスを与えたければ、次のどれかを試すとよい。赤タイプは自信をなくすに違いない。

◈権力を奪う

自分が関わっていなかったり、自分に決定権がないのは赤タイプにとって耐えられないことだ。というのも、彼らは自分のほうがいいアイデアを持っていると信じているし、何よりも自分がプロジェクトのリーダーに一番適していると思っている。

●何が何でもという気持ちで結果を出さない

何をしてもどうにもならなければ結果は出ない。そのような状況が赤タイプにとってはストレスの大きな原因となり、周囲にいる人は気をつけなければならない。彼らは（ストレスを発散する）標的にする人を探し出すはずに違いない。

●挑戦できることをすべて取り払ってしまう

何もかも簡単にやり遂げることができたら、つまらないだけだ。赤タイプにとっても基準はただ1つ。それは問題を解決したり、難しいことに挑戦するのに値するかどうかということだ。その値が低いと刺激にならない。受け身の態勢になり、することがないと思ってしまう。テンポは遅くなり、本来の姿のように素早く行動することは難しくなる。

●時間や使える物をムダに使い、できるだけ非効率的に仕事をする

ただ座って何もしていないと、時間のムダになるだけだ。そうしていなくても、精いっぱいの時間を使って仕事をしていないと彼らには時間のムダ遣いにしか見えない。赤タイプの上司が、部下のそのような態度を見るとストレスになる。彼らは、組織全体にとって効率的かどうかを基準に部

下の働く姿を見る。

◈何もかも習慣化してしまう

毎日決められた単調な仕事は赤タイプにとって死に値する。とにかくつまらなくて仕方がないのだ。集中力は欠け、ほかにすることがないか探し始める。習慣化されたタスクは彼らにとって苦手なものだ。細かいことを確認したりするのが苦手で、自身でもそれはわかっている。赤タイプは、細かい作業よりも、全体像をきちんと把握することがほかの誰よりも得意だ。そのため、つまらない単調な仕事はほかの人がやるべきだと考えている。

◈バカな間違いを犯す

「間違いをする」のと「バカな間違いをする」のは同じことではない。バカな間違いは完全に不必要だ。周りにバカな人間を見つけると、赤タイプは「自分がやるべき仕事をどうしてきちんと理解しない？　そんなに難しいことか？」と狂ったようになる。

◈「他人を支配させない」

赤タイプの何もかも自分が指示をしたいという欲はとても大きい。細かいことや事実関係だけを指示したいのではない。あくまでも人を支配、指示したいのだ。何をどうやってすべきかということを指示したいのだ。この支配力がないと、彼らにとってはストレスになる。

●「落ち着いてください」「声を抑えてください」と、ときどきお願いする

赤タイプに「怒っていますよね?」と言うと「怒ってなんかいない」と激怒する。彼らは熱くなりやすい性格だが、だからといって怒っているわけではないと言う。それでも、「怒っていますよね?」と指摘をすると——本気で怒り出すというわけである。

赤タイプがストレスやプレッシャーを感じたときの行動は?

赤タイプがストレスやプレッシャーを感じると、ほかの人のせいにする。周りにいるのはバカばかりだから、誰かを被害者にするのは簡単だ。何かを台なしにしたということで人を叱るときはしっかりと叱ることができる。そうなってしまったら、かなり厳しい状況となる。私からのここでのアドバイスは、そうならないように「気をつけること」である。

彼らは、ほかのタイプより常に要求力が高い。自分自身からの期待も大きい分、他人に期待する分も大きい。大袈裟に要求をし、ストレスにさらされた状況だと余計に激しくなる。

チームに赤タイプがいたら、その人からチームを追い出されてしまう可能性もある、ということも覚えておくべきだ。彼らは1人でふさぎ込み、タスクをこなすことに集中する。そしてそれまで

以上に仕事をハードにこなす。表面直下に怒りが潜んでいることがあることを忘れないように。赤タイプの周りには何があるかを注意して見ておくことである。

赤タイプのストレス対処に手を貸すことはできるか？

赤タイプに直接指示をできる立場にあるのならば、答えは明確である。その人に「しっかりしなさい」と言うことである。

これは効果がある。仕事中ならば彼を帰宅させ、何か身体を使ったアクティビティをするようにと指示するのも赤タイプのストレスを減少させる1つの方法である。

マラソン大会などに参加させて、あり余ったエネルギーを発散させるようにするのもいい。ただ、その結果が仕事で属しているチームに影響のないものに参加させること。オフィスに戻って来る頃にはストレスもなくなっているはずだ。

黄タイプにとってストレスになることは？

何かしらの理由があって黄タイプにストレスを与えるには、次のどれかを試して彼らのバランスを崩してみるといい。

・黄タイプがそこにいないように振る舞う

黄タイプが行動するきっかけは何だか覚えていらっしゃるだろうか。それは、「私を見てください！　ここにいますから！」という態度である。そんな黄タイプのバランスを崩したいときは、彼らがそこにいないように振る舞うことだ。姿が見えなければそこにはいない。自分は無視されている、忘れられていると感じ、それがストレスとなるのは間違いないはずだ。

・何もかも疑っていることを伝える

何に対しても疑い深いということはネガティブなことだ。それが黄タイプにとってはストレスの原因となる。彼らはポジティブで先が明るいことを好み、「疑い深い」などと伝えると、変哲もない現実主義者でさえ預言者だととらえられてしまう。悲観主義的見解を持ちネガティブな姿勢でいると、彼らのやる気を効率的に消すことができ、プレッシャーを与えることができる。

・できるだけ枠にはまったやり方で仕事をする

赤タイプ同様、黄タイプは習慣化された仕事、同じことの繰り返し、すでに決められている計画に従って仕事をすることが嫌いである。ほかの人には計画を立てたがるのだが、それに自ら従って進めることはできない。あなたが計画した予定表に黄タイプの作業を取り込んでみると、そのあなたと仲のいい（悪い）彼の顔にはストレスを示すサインが出てくるだろう。

◈チームから疎外させる

黄タイプにとって、話す人がいないというのはこの世の中でもっともイヤなことかもしれない。話さなければ気が済まないので、聞いてくれる人が必要だ。デスクがあるだけのオフィスに閉じ込められるというのは、彼らにとって死よりも厳しい罰である。シベリアへ追放されてしまうみたいなものだ。

◈「仕事中に笑うのは、真剣ではない証拠だ」と伝える

「冗談もユーモアもダメ？　ここは葬儀社なのか？」「コンサルタントには冗談を言う時間すらもないのか」と、ある黄タイプに言われたときの言葉である。何もかも真剣にやらなくてはいけないことにストレスを感じ、彼は試用期間が終わる前にコンサルタント会社を辞めてしまった。

◈事前にきちんと確認するようプレッシャーを与える

黄タイプを突発的に抑圧するというのは、温めている牛乳が吹きこぼれそうなときに鍋の蓋を閉めようとするのに似ている。つまり、無理だ。それにより危険な行動を生み出し、彼らは声を張り上げるように話し始め、ほかの人をも自らのストレスを抱えた状況に巻き込もうとしてしまう。そんなときのために心の準備をしておくといいだろう。彼らがストレスを感じているというのはわか

りやすい。気付き始めたら、今ストレスを感じているはずだなと注意することだ。

●絶え間ない口論や小さなことに対するグチ

黄タイプにとって、何かが絶え間なくやってくるというのは耐え難いことである。ただ、これは少し矛盾している。というのも、彼らは緑タイプのように口論は避けたいという態度ではないが、あまりにひどい口論になると、「冗談を言いたい」という姿勢や、そのポジティブさが崩れストレスの原因となるのである。口論になってもいいが、激しくなると自らの形を崩してしまい、それまでの輝きもなくなってしまうのだ。

●皆の前で批判する

黄タイプにとって、人がいる場所でネガティブなフィードバックをもらうのはイヤなことだ。人と話したくなくなるに違いない。また、自分を守ろうと守備態勢に入り、何を話しても話が通じなくなってしまう。

黄タイプがストレスやプレッシャーを感じたときの行動は？

黄タイプはストレスやプレッシャーを感じると、普段以上に自らを主張しようとする。周りの人間はそれを心得ておくべきだ。気分が悪いことの穴埋めに、黄タイプのエゴが普段以上に自らの立場を見せつけるのだ。そのため、人からの注目を浴び、彼らは気分が良くなる。

ただ、そうなると口数が多くなったり、たとえば会議中や人との関係の中でも自分中心となるように、その場をすべて自分の場所としてしまう危険性がある。

信じられないかもしれないが、黄タイプは大袈裟になったり、非現実的な楽観主義的主観を持つ危険性もある。かなりのストレスを抱えた黄タイプに対応する努力を通して、彼らの難しさが初めてわかる。彼らは、自分自身ですら実行可能だと信じていないような無理な計画を立て、胸を張ったりすることもあるだろう。だが、黄タイプにとってはそれは自然な行為なのである。

黄タイプのストレス対処に手を貸すことはできるか？

パーティーを企画するといいだろう。人と交流する場を設けて、人に会わせる必要がある。黄タイプにストレスの兆候が見え始めたら急いで計画するといい。ストレスを長期間抱えていると、黄タイプは自らの悲惨さに激しく落ち込む。あまりにひどい場合は、呑みに行ったり、パーティーをしたり、簡単なバーベキューパーティーなんかでもいいから提案してみることだ。

洒落《しゃれ》たことはしなくてもいいが、黄タイプが楽しい時間を過ごせるようにすること。ただただ、彼らにとって楽しい場を提供するのだ。

緑タイプにとってストレスになることは？

何かしらの理由があって緑タイプにストレスを与えるには、次のどれかを試して不快さを見せるといい。

- **いかなる形の安心さをも取り省く**

できれば何も説明しないで、以前にやったことのないタスクを緑タイプに与え、完璧にやり遂げるように期待すること。無理な要求を与える人とだけ部屋に残し、会話が熱くなろうともそのままにしておくこと。そこにイライラした赤タイプを入れてやると、彼らはストレスがまるで郵便物が届いたかのように、すぐに感じる。

- **未解決の問題を残す**

タスクが終わっていなかったり、問題が未解決だとかなりの不満が残る。緑タイプは物事の関係性を知りたがるタイプなため、タスクをこなすにもどのようなプロセスを踏むのかを把握していないと気分が悪くなってしまう。未完了のプロジェクトや終わりのないタスクはストレスの原因となる。つまり、黄タイプのやり方が緑タイプに多くのストレスを与える。

◈ひっきりなしに邪魔をする

自分が世界から隠れることのできる私的ゾーンがなくなると、緑タイプにとってはかなりのストレスになる。人が嫌いだというわけではなく、自分だけになる時間が必要なのだ。そのような時間を取ることができないと、彼らは完全にふさぎ込んでしまう。

◈急な変化と根拠のない方向性の変化

これは赤タイプと黄タイプが得意とすることである。急いで下された決断は常に理由があるというわけではない。予期していなかった急な変化が起こると緑タイプのストレスとなり、そこからまったく関心を示さなくなってしまう。彼らにとって最も苦手な変化というのは、たとえば午前中にもらっていた命令に取りかかろうとしたとき、急に逆のことを頼まれることである。自分なりに決めていたやり方が意味をなさなくなってしまうからである。

◈全部やり直してもらえますか？

緑タイプにとってタスクのやり直しは失敗を意味する。やり直しをするというのは初めにやったことが十分ではなかったということである。つまり、ネガティブなフィードバックと同じことだ。ということは、人間としても失格だということだと彼らは考え、ストレスを感じてしまう。「誰からも嫌われている」とまでも感じてしまう。

●人と意見が常に一致するとは限らないよ

会社のチーム内や家族内で意見が一致しないと、緑タイプにとってはストレスとなる。彼らにとって口論というのはケンカ好きな人だけが起こすものなのだ。自分にとって大切なチームや家族内で衝突があると、かなり深刻な問題となる。彼らはどう対処すればいいのかわからなくなってしまう。

●人前に出るようにプレッシャーを与える

緑タイプは、何があろうと人が多い場所では人の注目を浴びたくない。知らない人が4人以上集まると、彼らにとっては大人数になる。そんなとき、人前に立つようにお願いをすると、手に持っている紙をただただ眺めるだけで、状況が悪くなる。彼らのやる気がないのが目に見えてわかるし、そうなると周りの人にとってもストレスになるだけだ。これはよくない。

緑タイプがストレスやプレッシャーを感じたときの行動は？

緑タイプがストレスやプレッシャーを感じると、内気になり、冷淡にもなりかねない。体の動きもぎこちなくなり、彼らのストレスの原因があなたにあるとしたら、「あなたとは関わりたくない」

という態度がはっきりとわかることだろう。

「何も感じません」とはっきりと見せる緑タイプもいる。冷淡になり、普段ならば気にかけている人にすら距離をおくのである。

また、自らがやっていることに対しても疑い始めてしまう。ストレスを感じると、心配し始めて、間違いをしてしまわないかと恐れてしまう。仕事でもそうだが、家庭内でもそんなことがあるかもしれない。子どもが病気になると彼らは受け身態勢になり、何か間違ったことをしてしまわないかと恐れるため、子どもをただ見ているだけである。また、そんなふうになったのは全部自分のせいだと自分を責め、完全にふさぎ込んでしまう。

仕事では少しばかり違うかもしれないが、状況にもよる。頑固になったり強情さを見せて、何も変える気はないという態度を見せることによって周囲をイライラさせる緑タイプも多い。状況を見てどうにもならないとわかっていても、アクションを起こすことを拒否するのである。意外かもしれないが、彼らの中にある頑固さが優勢となり、何かを起こすことを拒否するのである。

緑タイプのストレス対処に手を貸すことはできるか？

何もしない時間を与えることである。自由時間を与えて庭仕事をさせたり、昼寝をさせたり、リラックスする時間を与えるのである。映画館に行かせてもいいが、大人数で行かせるのではなく、なるべく1人で行かせることとである。

それか2日ほどかけて読み終えられそうな本を渡すとか、そんなことでもいい。緑タイプは、何もしたくない。ストレスが収まるまでリラックスさせることだ。そうすると通常の緑タイプが戻ってくるはずである。

青タイプにとってストレスになることは？

何かしらの理由があって青タイプにストレスを与えるには、次のどれかを試して青タイプの調子を狂わせてみるといい。

●何もわかっていないじゃないか！

青タイプは批判を個人的に受け取らないと思われるかもしれないが、その批判が歪曲《わいきょく》されていたら――ただし青タイプの見方による――根拠のない批判だととらえ、彼らにとっては面倒なものとなる。人との対立や、人と仲が悪くなってしまうことを恐れているわけではなく、「何でも完璧であるべきだ」という姿勢が崩れてしまうからである。

●リーダーが即効的に結論を下す

現状のままではいけないというとき、青タイプ自身もそれが問題なのをわかっているため、そこで改善することに関しては特に悪いことではない。ただ何かを変えるとき、彼らはその理由を知りたがる。計画に組み込まれていないということは、計画外に起こったことで、それは彼らにとって不完全なやり方だ。よくない。頭痛の種となる。

◈成功するか不安だけど、それでもとにかくやってみることにしよう

何においても少なからずリスクはあるが、青タイプはすべてが危険なものだと感じる。赤タイプにとってのリスクというのは、たとえばパラシュートなしに飛行機から飛び降りることだが、彼らは、新たに芝刈り機を買わなくてはいけないときにもリスクが潜んでいると考える。人は何が起こるのか予測できない。テンポが速くなればなるほどリスクの可能性も高まるのだ。

◈「あっ！　来てほしくなかったけど、親戚が突然来てしまった！」

規則に従ってきちんとしていることが青タイプにとっては重要である。落ち着いたテンポで仕事をしたり、しっかり計画通りにキッチンの改装をしたりといったことである。そのため突然、親戚が前触れもなしに遊びに来たりしたら、何もできなくなってしまう。彼らを驚かせるということはしないほうがいい。そうすると、計画していたことをも実行できなくなるため、自分の中で衝突してしまうのだ。

- 「まあ！　どうしちゃったの？」

間違いというのは、不器用でいい加減な人が起こすものだ。青タイプは間違いをしない。そのため、誰かがその場を台なしにして計画も無茶苦茶になった場合、彼らはその場から離れ、誰の話を聞こうともしなくなるだろう。プロジェクトが台なしになったということは聞きたくもない。だからそうなったとしても、意味がないのに自分の担当のことはやり続けたりするのだ。

- 「そのあなたのお役所的なやり方、イライラします」

「想像力とかってないんですか？　ここは少し柔軟にいかなくてはいけませんよ」。青タイプのバランスを崩したければ最高のセリフである。規則や手順に従わないと、彼らから疑いの目で見られ厳しくされる。所属している組織で、何か問題が発生したときに誰も何も手を打たないと彼らが気付くと、まったく逆の結果をもたらすことになるかもしれない。

- 「ちょっと試してみますか？」

これは1つ前のことと関係している。青タイプにとっては、何事も正しくなければいけないし、準備をすることはとても重要である。本にもそう書いてあるのだから……。そのため、彼らが自分のやり方――だからさらに面倒になることもある――で準備ができないと、それがストレスの原因となる。彼らは「急に」ということに対処できない。また、まったく馴染みのないことに関して彼らから答えを仰ぐことは無理である。そんなことをしたら、できないことばかり言うだけで何も役に立たない。

◈大袈裟な感情を持った人

いやいや。青タイプにとって、感情的になるというのは不快なものだ。面倒で面白くないだけだ。彼らはそんなことが嫌いである。何でも論理的にいかなくてはいけないし、そうでないと彼らにとってはただただ面倒になるだけだ。感情に走ってしまうと、その場を避け、あなたのことは感情的な人だと認識し、自分と同じように頭を使ってものを考えているのではないと人を見るようになる。

青タイプがストレスやプレッシャーを感じたときの行動は？

青タイプがストレスやプレッシャーを感じると、思い切り悲観的になる。これ以上ないというぐらい悲観的になってしまう。自分の周りが急に真っ暗になってしまい、鬱状態になることもある。当たり前のように気力がなくなってしまい、何に対しても興味を示さなくなってしまう。周りは天罰が下されてしまったのか？　と感じてしまうかもしれない。

耐え難いほど、あれやこれやと口出しをもする。人はストレスを感じ始めていてもタスクをやり終えなくてはいけないときは、いろいろと考えながら作業をするが、青タイプに限ってそれはない。「ここで間違いを絶対にしてはいけない」ということでブレーキをかけ、スピードを落とす。そうなると、周りにいる人は、彼らからかなりの批判を受ける心の準備をしておくべきだ。青タイプは、自分が見つけた間違いを１つひとつ、それもかなりの量を指摘し始めるはずだ。耐え難いほどの「知ったかぶり」となる。

青タイプのストレス対処に手を貸すことはできるか？

青タイプがストレスを感じ始めたら、１人にさせてやることである。考える時間と場所が必要だ。彼らは状況を分析して、どういう事実関係にあるのかを確かめたいため、それだけの時間も必要だ。そのような場所を与えると、最後には元の場所に戻ってくるはずである。もし青タイプが鬱状態に陥るようだったら、きちんとした助けを提供すべきである。

結論

ストレスにさらされたそれぞれのタイプの態度や行動を知ることによって、わかったことはあるだろうか。

ストレスは誰にとってもネガティブなものだということはもう承知の事実かとは思うが、それ以外にも、自身の状態や態度が普段以上に強く特徴となって現れるということがおわかりになったかと思う。

赤タイプは、普段以上に周りに対して強固で攻撃的な態度になるし、黄タイプはいつも以上に機嫌を損ねてしまったり、体系づけて行動をすることができなくなる。緑タイプは、これでもかというぐらいに受け身態勢に入り、それまで以上に何もしなくなってしまう。青タイプは内に閉じこもり、あれこれとこれでもかというぐらい細かいことに目をつけ始める。あまりにも細かいので、最後に見えなくなってしまうほどだ。

必要以上に人にストレスを与えないことが重要だ。もちろんすでにご存じかと思うが、タイプ別にストレスの原因を覚えておくといい。

緑タイプや青タイプにプレッシャーを与えるとストレスを感じる原因となるかもしれないが、同じことを赤タイプにしてもそれほどストレスを感じない。逆に赤タイプには、活力を上げてもらうためプレッシャーを与えるのがいい。物事がスムーズにいくというのは、赤タイプにとってはつまらないことだ。

ストレスが原因で態度や行動に変化が起こるが、それはさまざまな理由がある。そのときの状況だったり、関わっている人のバックグラウンドだったり、周りにいる人かもしれない。時間や仕事量、チームのメンバー、あるいは天気によって変化するかもしれない。

だが、耳をそばだてることにより、うまく対応できるはずである。

第18章 歴史的観念から人間というものを知る

実は昔から何も変わっていない。人間というのはずっとこんな感じだった

●これまで読んできたことの研究的な背景

この本はさまざまな研究結果に基づいて書かれているが、この章では、その研究の歴史的背景を紹介したいと思う。そのような歴史や研究内容、また何が元になっている研究なのかといったことに興味がなかったり、あなたの貴重な時間をそんなことを知るためにムダにしたくないのであれば、この章は飛ばしてもらってもかまわない。そんなことはないというのであれば、まずは歴史から見ていくことにしよう。

どの文化においても、昔から人を類別する必要性があった。原始時代が終わりを告げると、人間は人というものを哲学的に考えるようになり、世界中にいる人間というものは違うのではないか？　ということがわかるようになっていった。驚きである。

では、人間というのはどう違うのか？　その違いをどう表現してきたであろうか？　世界中にある文化の数と同じぐらいの方法があると思うが、ここではいくつかの例を挙げてみたいと思う。

●古代ギリシャのヒポクラテスの理論

紀元前４００年頃生きていたヒポクラテスは、古代医学の父と呼ばれている。ヒポクラテスは当時のほかの医者のように「迷信」というものを信じていなかった。病気というものは神が与えた試練ではなく、自然になるものであると考えていた。

たとえば、人が癲癇《てんかん》を起こすのは脳に何かが詰まっているからだと信じていた。今では常識だが、当時そのように考えていたのは画期的だったのだ。

ヒポクラテスの「体液病理説」、あるいは「四体液説」とも呼ばれるものには４つの気性がある。ヒポクラテスによると、気性というのは人が何かに対して反応をする基礎となるものである。その気性は個性や機嫌などが基盤となっている。つまり、気性により人の行動が決まるのである。

血液、黄胆汁《おうたんじゅう》、黒胆汁《こくたんじゅう》、粘液のそれぞれのバランスが取れていると人は健康でいられる。たとえば嘔吐《おうと》をしたり、咳《せき》が出たり汗が出るときは、体がこれらのどれか１つ、あるいはそれ以上のものを取り除こうと反応するのである。

「Chole」とはギリシャ語で「黄胆汁」という意味である。気の短さ（choleric）はつまり、黄胆汁あるいは肝臓によって支配されている。カッとなったり、神経質な人、短気な人は、かなりきついやり方で周囲を怖がらせる。「短気」（choleric）という単語は「血の気の多い」とも訳すことができる。

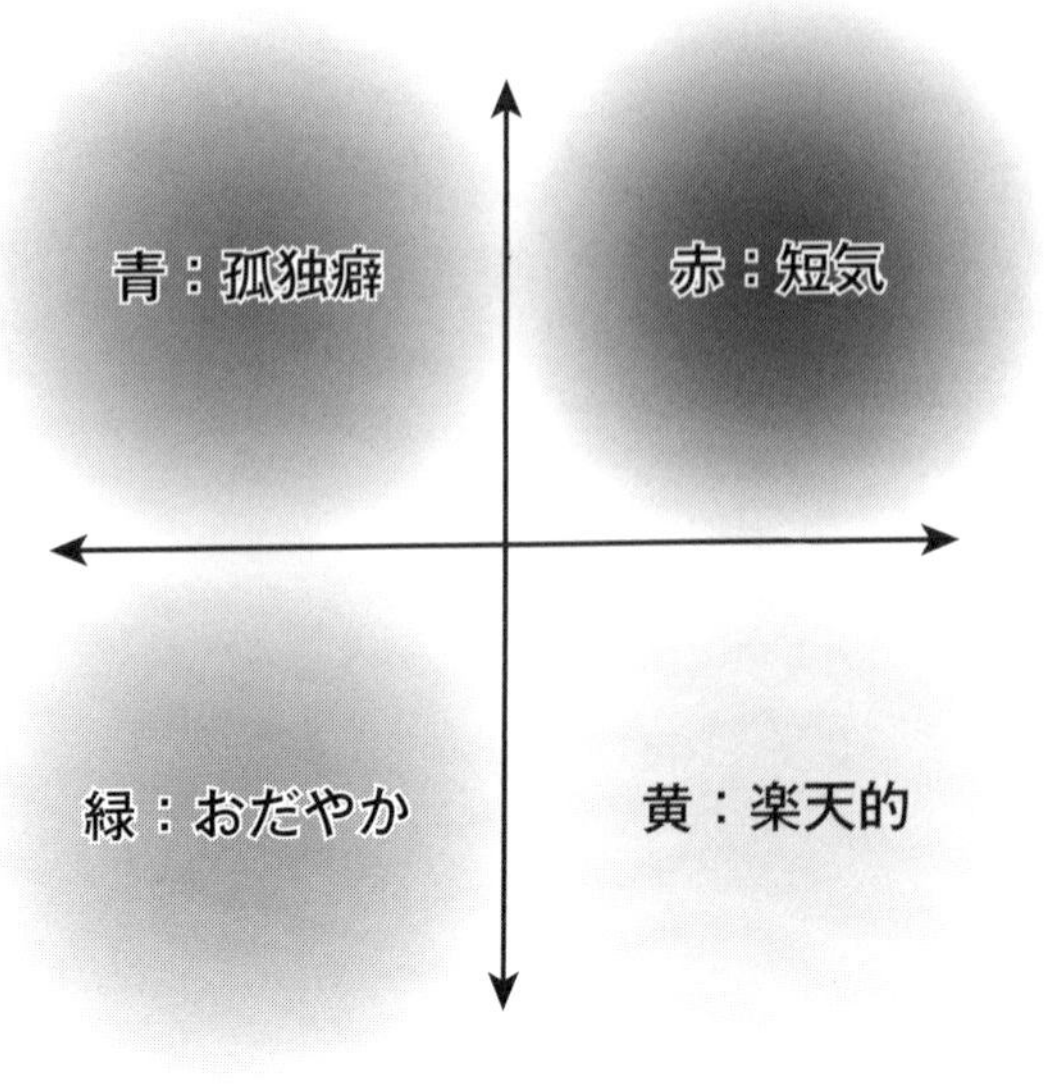

ラテン語で「sanguis」とは「血」を意味する。血や心臓が楽観的（sanguine）な性格を形成する。創造力があり、のんきな性格は周りにポジティブな空気を広める。血液が充満しているから、楽観的でいられ人を楽しませることが自然にできるのだ。「楽観的」の同義語に「のんきな」という言葉もある。

　おだやかな（phlegmatic）性格は脳からの影響がある。「phlegm」とは、粘液という意味でしかない。粘液は粘りがあるが、おだやかな性格を象徴しているとも言える。おだやかな人は簡単に言うと粘りっ気のある性格でもある。

　最後の孤独癖（melancholic）なタイプだが、これは黒胆汁が大いに関係してくる。ギリシャ語の「melaina chole」は脾臓《ひぞう》にある「黒胆汁」という意味である。そのため、一番重々しくて陰気に見られがちだ。孤独癖のある人がよく陥ってしまうのが、悲観主義になるということだ。
ということで、ヒポクラテスの理論はここまでにしよう。

●2012年に世界中を驚かせた部族、アステカ族

アステカ族は、14世紀から数百年にわたって存在したメキシコ中心部に住んでいた部族の1つである。アステカ族は自然と調和しながら生活をしていた。有名なのは、2012年の「人類滅亡説」であるが、これは彼らがそれ以降の年を数えることができなかったから出てきた説とも言われている(2012年以降の年を彫り込むことができる石が足りなかったのではないかという理論が、滅亡しないことがわかったときから登場した)。

どちらにせよ、彼らが人間を4つのカテゴリーに類別したのは事実だ。そのカテゴリーというのは今ではよく知られている4元素、つまり、「火、空気、土、そして水」である。人の機嫌を表すのに今でもこの4元素は使われているが、アステカ族こそが、人類史上初、それまで誰も使っていなかったやり方で人を類別したのである。その証拠は石に刻まれ残っている。

火タイプの人はまさに名前が示す通りだ。炎に包まれて、爆発性があり、熱いタイプだ。自分の思い通りになるためには剣を自ら持ち戦いに挑んできた。まさにリーダータイプである。

空気タイプの人間はほかとは少し違っていた。目標はきちんと掲げているのだが、かなりゆるいタイプである。空気タイプは、少しばかりのチリを取り除くような爽《さわ》やかな風の動きのようである。

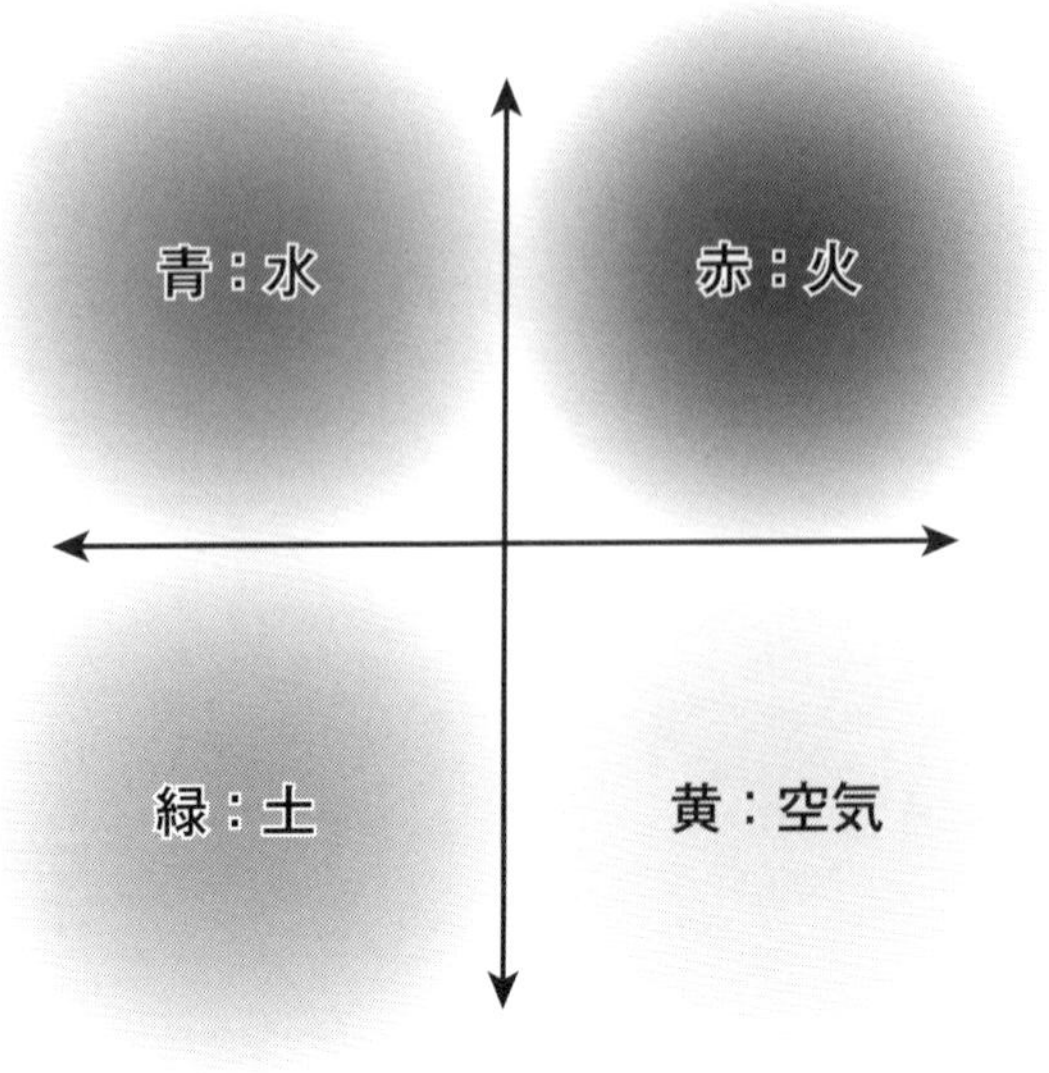

土タイプの人間は、自分の住む村や公共のために一生懸命働いていたタイプである。彼らのおかげで村には平穏がもたらされ、人々は安心できていたのだろう。未来のため、持続可能なものを作り上げていったのも土タイプの人間だった。

では水タイプはどのような人間だったのだろうか？　アステカ族は水を大切にしていた。水があれば何でも破壊することができたし、容器に水を入れておくことも可能だった。ただ、その方法を知らなくてはならなかった。水タイプは、何が起ころうとも落ち着き安心してその出来事を観察することができた。

これらアステカ族の人の類別方法も、ヒポクラテスの理論と似ているのがおわかりであろう。呼び方は違うが、同じように人を類別していたのである。

●ウィリアム・M・マーストン――健康な人間にしか行動パターンの説明が通用しない理由

人が嘘をついているかを見分けることのできる収縮血圧テストを発明したのが、ウィリアム・M・マーストン教授である。

のちにそれが、いわゆる嘘発見器の基盤となった。マーストン教授は、それ以外にもポピュラーサイエンスの論文も発表をしている。彼は1928年、「Emotions of normal people（普通の人の感情）」というタイトルで論文を発表したのだが、彼はその論文で、健康な人間にはそれぞれ違った行動タイプが見られることを論じている。

それ以前にも、ユングとフロイトが患者に関する分析結果を発表しているが、マーストン教授のその論文により、のちに「DiSCモデル」と呼ばれる理論の基礎ができ上がった。その分野では先駆者であろう。

ただ、「DISC」という言葉はその何年かのちに、ウォルター・クラークスによるベクトル解析が発表されたときに名付けられた。これまで見てきたように、このモデルこそが人間同士のコミュニケーションにおける違いを示したモデルなのである。マーストン教授のおかげで、自分自身を理解できる計り知れない貴重な理論が確立されたのである。

マーストン教授は、人間同士にはどのような違いがあるのかを明らかにする方法を発見した。彼は、この本で取り上げているモデルを構築するいくつかの特徴的な違いを見つけた。

- 主導型は悪い状況下において能動的になる。
- 感化型は良い状況下において能動的になる。
- 安定型は良い状況下において受動的になる。
- 慎重型は悪い状況下において受動的になる。

現在、世界中で使われている、「DiSCモデル」がベースになったこの理論は、それぞれの頭文字(Dominance, Influence, Steadiness, Compliance)を取って、「DiSCプロフィール」と呼ばれている。マーストン教授は英語でcompliance、つまり適合性という言葉を使っているが、私はそれをこの本では慎重型という言葉で使っている。というのも、青タイプはそちらのほうがしっくりする性格だと思うからだ。

個人に見られる「主導型」の特徴は、発生した問題にどうやって近づいて、それをどのように解決していくかというところにある。だが、これだけしか指標がないとも言える。

「感化型」は人に影響を与えるのを好むタイプである。この性格を持った人は、常に他人を説得したがる。簡潔に言うと、主導型は自らがどう反応するかであるが、感化型は他人とどう関わっていくかである。

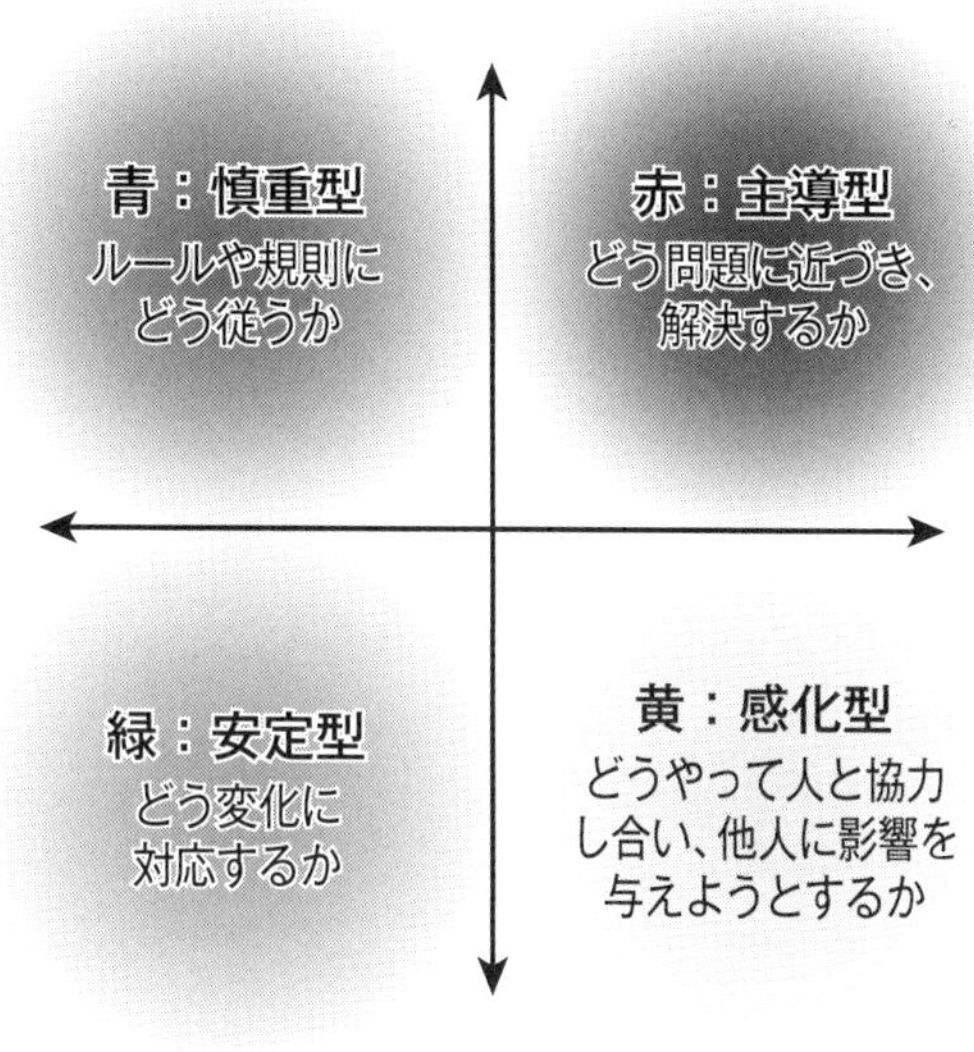

「安定型」のレベルは、個人がどう変化に対応するかというところを主に見る。安定度が高いということは、変化が少ないということであり、安定度が低いということは変化が多いということである。これにより、特別な行動様式が見られるのは確かである。昔のほうが良かったという態度もそんな例の１つである。

最後に「慎重型」である。慎重型は、ルールや規則にどれだけ従っていきたいかというところに注目をする。そこから、間違ったことを受け入れることができないといったほかの特徴へともつながっていくのである。質が重要なのだ。

お気付きかと思うが、これら４つの類別方法を見ると、現代心理学であろうが、北アメリカの部族であろうが、どれも同じ色を使っていることがわかる。色自体は重要ではないが、色を使うことにより、このシステムに馴染みがない人にとっては理解しやすい方法となっている。コンサルタントとして、このテーマで20年にわたり人を指導してきたが、色で類別することにより人の理解度が高まるというのを見てきている。

マーストン教授は、研究以外のことで多忙となり１９３０年代に研究をやめてしまった。それでも彼の研究結果を多くの人が使用してきたし、ここ35年ほどのあいだに、５０００万ほどの人が彼の理論に基づいたツールを使ってきたとも言われている。

アメリカ人のビル・ボンステッター（訳注・アメリカの企業家）もその１人である。彼はこの性格類別システムを確立すべきツールを作るため計り知れないほどの時間を費やしてきた。ＩＰＵ自己啓発研究所の創立者スーネ・イェルベリ氏は、このツールをスウェーデンでも使い始め、どの分野でも活用することができる分析ツールをいくつか開発してきた。

ＩＰＵの事業内容についてさらに詳しく知りたければ、また、自身でＩＰＵのツールを使いたければ、ホームページ（http://www.ipu-profilanalys.se）をご覧いただきたい。

ただ、これだけは覚えておいていただきたい。理論上では、理論内容が実生活にも当てはまるのだが、実際にはそうではないということだ。

マーストン教授が示した４つの大きな性格タイプをこの本で説明してきた。が、多くの人が１つだけの色ではなく、２色以上の性格を持っているということも覚えておいていただきたい。

第19章 4つのタイプ（または組み合わせ）の生の声

この『世界にバカは4人いる』のスウェーデン語版は第4版になる。この本が発売された当初は、約1万5000人のスウェーデン人に読まれた。この本を書こうと思ったのは、学校だったりセミナーだったりで何年にもわたり「（行動様式について）もっと知りたいんですが、何かいい本はありますか？」という質問をよく受けていたからだ。この本が発売されるまでは「ありません」と答えるしかなかったのだが、今ではこうやって多くの方に読まれている。

著者として、自分が書いた作品に対する読者の感想がいつも気になってしまう。私は文芸作品も書いているので、正直な感想を聞くと落ち込んでしまうこともあるが、自分にもっと挑戦していきたいという気持ちも同時にある。

ということで、それぞれの色のタイプから1人ずつの読者をインタビューしてみた。本を読んだ感想、分析プロフィールについてどう思うか、色を意識したうえでの日常生活はどんな様子かということを聞いてみた。

どんな返答があったのかだけではなく、その答え方にも注目していただきたい。そこから何かがわかるはずである。

約50名の社員を抱える社長ヘレーナ

赤タイプの性格が強いが、黄タイプの性格も。緑と青タイプの性格はまったくなし

——この本で取り扱っている分析ツールについてどう思いますか?「DiSCモデル」については?

人を誤解してしまうのを避けるには効果的だと思います。もっと短く、半分ぐらいの量で十分だったとは思いますが、著者が何を言いたいのかはすぐに理解できました。

ただ、私が著者だったら、もう少し文章のことを考えていたかもしれません。同じことを繰り返し言うのは好きではないんです。役に立つことは立つのですが。去年末、クリスマスプレゼントとしてこの本を社員に贈りました。ほとんどの社員が読んだと言っていました。

——実践で使えそうだと思った知識はありますか?

緑タイプが怒っているときはできるだけ気をつけて近づく必要はないということですね。あと、私がただ赤タイプな性格なだけで、意地悪な上司ではないということを社員が認識してくれたことです。怒っているのではなく、目標に向かっているんだということをわかってくれたみたいです。

一番興味深かったのは、青タイプの性格ですね。同じことでも彼らのとらえ方と私の考え方に違いがあるとは思いもしなかったです。青タイプにとってはプロセスが重要だということも知らなかったです。だからいつも時間がかかっていたのかと理解できました。

――ほかにはありますか？

ありませんね……いや、あります。黄タイプのことです。実はずっと不思議だったんです。何であんなに話してばかりなのかと。知り合いにもいるんです。しゃべりまくって人の顔に空気を吹きかけているみたいな人ですが、実行に移らないんです。

たとえば、私の近所に住む人がそんな感じですね。計画することはするのに、行動はしないんです。私には関係ないことなので無視していますが、奥さんはかなり怒っているでしょうね。

あと、私の会社でも黄タイプが関わるとあまり実行されることはありませんね。まぁ、特に大きな問題だとは思いません。ちょっと痛めつけて、きちんとやりなさいと命令すればいいだけですから。それでイライラされても何とも思いません。別に楽しもうと思って仕事をしているわけではないですからね。

――緑タイプとはどんなことがありましたか？

あぁ、そうですね。あのね（窓の外を見ながら少し間を置いて）。もちろん緑タイプも会社にとっては大切な存在です。会社に対して忠誠心があるし、きちんとやるべきこともやってくれます。でも正直言うと……私のことを陰で悪口を言っているとは思いもしませんでした。

たしかに思い当たることはあるんですよね。緑タイプは噂話を広めるのが本当に得意ですし。ちょっとした何かを変えただけでも休憩室でグチ大会ですからね。何か1つのことを疑い始めたらあれもこれもと信じられなくなるんでしょうか。

だいたい、初めから間違っていることが多いんです。質問があれば、直接私のところに来て話せばいいだけのことじゃないですか？　上司のところに行って質問することがそんなに難しいことですかね？

彼らは私が正直に答えるというのはわかっているはずだから、裏でコソコソされるのは正直言ってイライラしてしまいます。会社では自由に意見を言ってもいいということになっているのに、何度もそれを指摘しなくてはいけません。誰も私の話を聞いてくれないのでしょうか？

――あなたの指示にも従わず、言いたいことを直接言わないのは、何が原因だと思いますか？

もちろん、それは私が怒ってしまうからですよ。この本を読む前には思いもしなかったのですが。声が大きくなってしまったり、人の目をジッと見てしまったりすると、私が今にでも怒り出しそうだと思うみたいなんですが、本当はそうじゃなくて、重要な点を今話していますよということを人に教えたくてそうなってしまうんです。

（間を空けて）会話が口論調になろうが私は特に何とも思いません。何かをしたいということと、怒るというのはまったく別のものなんですから。

自分よりもはるかに強い人を目の前にするときは、少し控え目に対応すればよいというのは初耳でした。でも、そんなことが大人を相手にしてもあり得るというのがいまだによくわかりません。この本ではそれについては取り上げていませんよね。

――自分が思っていることを口に出さない、というのは子どもじみた態度だと思いますか？

子どもっぽすぎますね。誠実ではないと言ったほうがいいかもしれません。お菓子を隠れて食べたのに、お菓子なんてもらっていないと言い張っている子どもみたいなものです。お菓子を食べているのは見られているのに、なんでそれを自ら否定するのでしょう？　そこが理解できないんです。

ミスや間違っていることをしたらそれを認めること！　そんなに難しいことですか？　やってしまったこと、あとやっていないことを認めることによって次へ進めるんです。でも、そこで姿を隠してしまうというのは……本当にイライラしますね。

――わかりました。ではほかのタイプはどうですか？　青タイプが一番とっつきやすいとおっしゃっていましたが。あと、黄タイプも比較的付き合いやすいんですよね。それと、自分と同じ赤タイプとはどうですか？

たいていの場合、問題はありません。私が命令したことを皆さん実行してくれますから。うちの会社のリーダーチームは私も含めて6人いるんですが、そのうち3人が赤タイプですね。いや、違うわ。2人が赤タイプで1人が赤&黄タイプ。もう1人は管理者なんですが、彼は青タイプ。残りの1人は……難しいですね。ビジョンがあるのに、かなり細かいことを気にするタイプなんです。黄タイプと青タイプが混ざっているということもありますか？

――はい。かなり見られるタイプですね。でも、チームの中に緑タイプはいませんか？

（笑顔で）いませんね。

――一般論として、あなたのタイプ、赤タイプはどんな感じだと思いますか？

この本を読む前に、自分でプロフィールを見てみたんですが、あまり気にはしていませんでした。特に何も思わなかったんです。でも、読めば読むほど、今までのキャリアの中で遭遇してきたトラブルの原因は私にあったのかもしれないと思うようになりました。

他人の物事に対する理解の仕方を知ろうとしない、これも原因の1つだったと思います。あと、人が私の態度を怖がっていることもあるということは思いもしませんでした。

もちろん、深く考えずにさっさと決断や結論を出したときに問題が起こったこともありますが、でも私にはそれだけやる気があっただけなんです。もちろん、何かを決めるときにはきちんと考えてから決断することというのはわかっています。でも、どうしても決断は速く、深く考えないようにとなってしまうのです。アイデアが浮かんだらすぐに実行なんです。お昼前にもうやってしまう、そんな感じなんです。

――深く考えずに出した決断によってどんなことが起こりましたか？　何かいい例はありますか？

たくさんありますね（笑）。一度、報酬額を聞かずに仕事を引き受けてしまったことがあります。蓋を開けてみると、1週間に60時間の仕事で、残業代はゼロだったということがありました。仕事がまったくできない人を雇ってしまったということもありました。

というのも、その人が言っていることを信じてしまって、誰からの推薦状ももらわずに採用してしまったんです。これも蓋を開けてみると、業界のことも製品についての知識もまったくない人だったんです。本当に役に立たない人でした。解雇するまでに彼のために使った経費は相当なものでしたね。かなり大きな金額でした。100万クローナ（訳注・約1100万円）ほどですかね。

——それはよくないですね。では、仕事以外ではどうですか？　プライベートでの人との関係では

どうでしょう？

プライベートですか。仕事のことほど考えたことはありませんでしたね。でも、まぁ不思議なこともあります。夫にこの本を読んでみて、とお願いしたんですが、まだ読んでいません。たぶん、本のことを私も言いすぎたのでしょうね。読む前に聞いた情報量が多すぎて読みたくなってしまったのだと思います。でも、ここだけは読むべきだという箇所はありましたよ。

——赤タイプのところですか？

はい、その通りです。夫は少し読んでくれて、自分の妻のことだとわかったようでした。笑いながら読んでいましたが、今考えてみると、その後、それに関しては何も話してくれていませんね。

——緑タイプについては何か言っていましたか？

いいえ、何も言っていませんね。

——夫婦というチームとしては、うまくいっていると思いますか？

（爆笑）夫婦としてうまくいっているかですって？　何かをしなくちゃいけないというとき、それを話すと夫はそれをやってくれますね。でも、それが終わる前に私もまた新たにこれをやってということが出てくるので、お願いをします。

ただ、やっていないことがわかるとイライラしてしまうんです。夫は人生で完了させたというこ

とが何ひとつないんですよ。混乱させてしまうのは私なのに、私はそれを夫のせいにしてしまう。夫にとっては迷惑な話ですよね。そんなことに気付くと2人で大笑いしてしまうんですけどね。

——わかります。では、赤タイプの性格を持つ人間として、一番難しいけれどもやりがいがあることは何ですか？

簡単な決断を下すのにも、かなりの時間をかけてしまう人がいますが、そういう人を見ると私は単純にイライラしてしまいますね。私が何でも素早いのはわかっていますが、あまりに遅い人というのもいますよね。

これは仕事だろうがプライベートのことだろうが関係ありません。たとえば、家に読書用の椅子を買おうと提案したとします。私は仕事で忙しいので、夫と話して、夫が……（ここでヘレーナは目を見開いて、ニヤリと笑った）、いや、私が決めたんでした。ネットやオークション会社や、中古品のお店を見ていろいろと調べるのは夫の役目だということを。

でも、彼は何もしてくれなかったんですよ！　買うと決めた2日後に聞いてみたんですが、何もしていなかったんです！

私はその翌日、ランチのあいだ、トイレに座りながら調べていいなと思う椅子を5つ選んで夫に送ってやりました。帰宅したのはそれから5時間後のことだったんですが、それでも夫は何もしておらず……私は怒ってしまい、夫は地下室に隠れてしまいました。

——ありがとうございます。なかなかいい例でしたね。ご結婚されて何年経ちますか？

14年です。夫との出会いは偶然でした。私といるとしゃべる必要がないというところに夫は惹《ひ》かれたみたいです、とよく言うんですが、今でもあまりしゃべらないんですよね。でももうちょっと積極的になっていろいろとやってもらいたいと思っています。彼が私を見てどう思っているかは聞いたことありませんが。

――彼が緑タイプであなたが赤タイプですが、口論になったらどうやって解決していますか？

解決も何もないです。そんなにケンカをしているとは思いませんし、何かがあったらどちらかというと私が口論をしているという感じですかね。それで夫はすねてしまいます。

――すねてしまうとは？

まるで世界が彼に降りかかってきたかのようにガックリして何もしなくなってしまうんです。私はそんなことになってもたいてい気にかけませんね。すぐに回復しますから。でも、こちらもときどきイライラして、いったい何？　と聞くこともあります。夫と向かい合うというわけです。

（間を置いて）

――そうすると何が起こりますか？

何が起こるかですって？　うーん。夫は、大丈夫だ、何も問題ないって言うんですがそんなことないですよね。彼の表情から気持ちを読み取ることは比較的簡単にできますし、何か問題があると遠くから見ていてもわかるぐらいなんですよね。

でもここで一番の問題は、夫が機嫌が悪いと自ら認めてくれないことなんです。彼が認めてくれないということは、私がやったことや私の発言にすねてしまったという証拠でもあります。でも何のどんな行動だったのか、どんな発言だったのか、私は覚えていないんです。

だから推測するしかないんですが、無理なんですよね。というのも、通りすがりに言ったひと言だったり、口に出した瞬間に忘れてしまうぐらいの小さなことだったりすることが多いんです。私の推測が間違っていると、夫は余計にすねてしまうんです。何週間と続くこともありますが、そんなに長いあいだ不機嫌でいられるのが私には理解できませんね。

――でも、仲直りできなかったらどうするんですか？　もし答えたくなければ結構ですが。

マットの下にゴミを隠してしまうように、何もかも隠しちゃうんです。もう全部のことを忘れてしまうんです。というのも、私は夫とのやり取りをケンカとして見ていたわけではないですし、夫は「ケンカ／口論」を自分だけの書庫として心に収めてしまいますから。彼の中の書庫は今ごろいっぱいいっぱいでしょうね。

（ヘレーナはそこで少し考えてこう続けた）

あのですね。私、昔から何かを言ったり、自分のやり方でするというときによく叱られていたんですよ。誰ともウマが合わなかったんです。

子どもの頃からおかしなことを考えついたり、危険なことでも思い切ってやってみようとしたり。でも、年を取ってからですかね、リスクがあったにもかかわらず思い切ってやってよかったと思えるようになったのは。だから今の私がいるんですし。もちろんかなり頑張らなくてはいけなかったですけどね。

――リスクがあってもやってみよう、という姿勢でいることによって、そういう姿勢ではない人と比べて何がいいと思いますか？

ただ座って考えているだけでは何も起きません。いくら大きな計画をしていても、実行しないと意味がないです。ときどき自分がどこに向かっているのかわからなくなってしまいますが、私にとっては特に問題にはなりません。失敗したことも何度もありますし、会社が倒産して仕事を辞めなくてはいけないことだってありました。全然面白くもないですよ。

でも、そんなことがあったからこそ、ここまでたどり着けたんです。知識がどれだけあるかとか、何ができるかとかじゃないんです。何をやるかだと思うんです。私はそうやって実行することが昔から得意でした。何かをすることとです。

――あなたに会う人にアドバイスをするならどんなことですか？　どういう姿勢であなたと向かうべきだと伝えますか？

（間を置いて）ときどき私がカッとなってしまっても、怖がらないことですね。私がガミガミ言っているからといって、そこであと退《ずさ》りしないことです。ときどき厳しくなってしまいますが、怒っているわけではないんです。

また、自分たちがするべきことをきちんと実行してもらいたいですね。よく夫と、私たちのものの伝え方の違いについてよく話します。夫は、話の核心にたどり着くまで10分ほど、ああだこうだと話しますが、私は最も重要なことをストレートにすぐ言います。その前にも少しその背景を話すこともあるかもしれませんが、いや、そんなことはないですね。ずっと話してばかりでは仕事にならないということを知るべきです。タスクに力を注ぐんです。ほかのことにではありません。人との交流は、フリーの時間にすればいいことなんです。

民放テレビ局のコマーシャル枠を売る営業マン、ホーカン——黄タイプの性格が強いが、緑タイプの性格も少しあり。青と赤タイプの性格はまったくなし

——この本で取り扱っている分析ツールについてどう思いますか？「DiSCモデル」については？

すごくよかったです！　会う人全員に勧めたいツールですね。レポートを見ても、すごくわかるということばかりでした。たった24の質問に答えただけなのに、自分の性格をここまでピッタリと当てられるとはすごいと思いました。すごくよかったです。

知り合い全員にレポートを見せたんですが、私と一緒に大笑いしていました。ほとんどの章は読みましたが、黄タイプのところを一番読みましたね。書かれていること全部に賛同はしませんが、「わかるわかる」ということばかりでした。

——黄タイプの性格で一番わかる、と思ったのはどんなことですか？

黄タイプは創造力が豊かで、アイデアにあふれているというところですね。今までにも、複雑な問題を解決するのがすごく得意だねと人からよく言われていました。ほかの人とは違うような解決法を思いつくことができるんです。

――人とは違う、とはどういうことですか？

「どんな問題も、それを作ってしまった意識で解決することはできない」そんな感じの言葉をアインシュタインは残していますが、私もそう思うんです。問題があったら、その問題を今までとはまったく違った見方で見るようにするんです。お客さんが私のやり方で満足しているということがあれば、そうやって独創的な目で問題を見るからかもしれません。

あと、単純に人からの賛同を得ることも得意ですね。人を受け入れることも簡単にできるんですが、自然に備わっている本能ですかね。昔から知り合いがたくさんいますよ。あと多くの人の前で話すことも得意です。学校でも生徒会長をしていましたから、全生徒の前でよく話をしていました。

――全生徒の前で？

はい、全生徒の前です。いや、厳密に言うと全員じゃないかな。まぁ、同学年のほぼ全員の前ですね。9年生（訳注・日本で言う中学3年生）のときでした。私が話しているときは、その場の雰囲気もよかったですし、ほかの生徒たちにも印象がよかったみたいです。そのときから同じようなことがずっと続いています。いろいろなところでスポークスマンに選ばれました。

――どんなところか例を挙げていただけますか？

もちろんです。セミナーのときやチームで作業をしたときなど、常に私が前に立って人と話す担当になりますね。うまくいきます。人にものを伝えることが昔から得意なんです。顧客と会うときにも、私が代表になって顧客と話をしますね。

――あなたがそうやって代表として顧客と話したりすることを周りの人はどう思っていますか？

いいと思っていますよ。というのも、ほかの人たちにとってみれば、その役を引き受けなくてもいいですからね。ご存じかとは思いますが、人前で話すのが苦手だと思っている人が多いです。

そう言えば、あなたは心理学者でしたっけ？　私の知り合いに心理学者の女性がいます。刑務所で働いているんですが、とても面白そうですね。ほとんどの受刑者の精神状態があまりよくないって言っていますよ。でもまぁおかしくないですよね。刑務所なんかに閉じ込められていたら私だってそんなふうになってしまいます。やってらんないですね。

――私は心理学者ではなくて、行動学の専門家です。

レポートの中で1つわからないことがあったんですが。人はどうやって向上していくかについて書かれている箇所です。

――具体的には？

もっと素早く結論を下すべきだ、と書いてあってまぁわかるんですが、その結論を出すとき、細かいことを考慮しないで必要最小限の分析だけを使って出すべきだというのには賛同しませんね。というのも、私は逆にきちんと分析をするタイプなんです。リサーチを丁寧にしっかりとします。

何かを決める前に、事実関係をたくさん集めて調べます。だからその箇所は誤りですね。

――わかります。ほかにも間違っているところはありましたか？

批判するときに、言葉数が多くなりすぎるというところです。これは正しくありません。私はかなり物事を簡潔に言う人間です。言葉の使い方をきちんと知っているので、この分析結果は意味不明です。あと、事実をきちんと見ることが苦手で、たいていの場合は感情を当てにするというところも間違っていますね。苦手なんじゃなくて得意なことですよ。

――事実よりも感情を大切にするというところがですか？

はい。人間には感情がありますよね。だから事実よりも感情に従う、当たり前のことです。特に私はそうですね。それまでとは違う方法を使って勘を頼りにするのが私はすごく得意なんです。そんな勘を頼りにできるのは誰もができることではありませんよね。

――そうかもしれませんね。勘を頼りにするというのは学習して習得できるものだと思いますか？

できません。私みたいに生まれたときから備わっている能力か、そうじゃないか、ですね。なければもうそれ以上見込みはないですね。

――じゃあ、勘を頼りにできない人というのはもうそれで終わりということですか？

いいえ、そういう意味で言ったんじゃないです。

――勘を頼りにすることができなければ、もうそれ以上見込みはないとおっしゃいましたよね？

まぁ、大袈裟に言ってしまったかもしれません。でも、重要なことだというのはわかってくださいよ！

――でもたとえば、チェスをしているときは、感情よりも論理的思考のほうが大切ではないですか？

もちろんです。論理的、理性的に考えることはとても大切です。今までもそう言ってきました。何がうまく機能するのかは、きちんと見る必要がありますが、学べることでもあります。私みたいにそれまでもそうやってきちんと観察してきた人間にとっては簡単なことかもしれません。もう何年も営業マンをしていますし、違いがわかります。どの事実を見るべきかはしっかりわかっています。

――すみません、ちょっとわからないのですが。ついさっき、勘だけを頼りにしているとおっしゃっていましたよね？　事実を見ることと、どういう関係があるのですか？

私の言葉を曲解されていますよね。論理的に考えるべきではないとは言っていませんよ（ここで彼は手を胸に当て、口をギュッと閉じた）。勘を頼りにするべきだと言ったんです。（間を空けて）あと、事実もです。

――わかりました。もうこれ以上はやめましょう。この本を読んだあとに最も役に立ったと思ったのはどんなことですか？

青タイプの人間が本当につまらない人間だということです。読む前から知ってはいたんですが、つまらないと思っていた人間が青タイプだということは知らなかったですね。にしても、あのお役所仕事的なやり方……そう言えばこんなことがありました。未開拓のマーケットで商品を売るというプロジェクトがあったのですが、以前にもしたことのあるプロジェクトだったので、特に複雑でもありませんでした。

ただただ実行すればよかったのですが、チームに青タイプのヤツが何人かいたんです。賢くてきちんとやり方もわかっている人たちだったのですが、プロジェクト自体に手をつけようとしなかったんです。計画をしてリストも作って、予算も立てて、詳細にわたって調べてはいたんですが、何も起こらなかったんです。それも一度ではありません。

――きっと勘を頼りにするのが苦手だったのでしょうね。

どういうことですか？

――青タイプと一緒に仕事をするのは難しかったということですよね？

青タイプの仕事のテンポは遅すぎてほかの人についていけませんでした。そこに何かありますね。

――この本を読んで色別の行動様式について学ばれたと思いますが、プライベートの生活においてなにかいいことはありましたか？

いいえ、ありません。私は今まで通りの私ですし、これでうまくいっています。友達も多くいますし、うちでやるパーティーはものすごく有名なんですよ。パーティーのあとも近所の人が何カ月間もそのことについて話しています。

――ああ、じゃあ近所の方もパーティーに呼んでいらっしゃるんですか。とても楽しそうですね。

いや、全然。すっごくつまらない人たちばかりなんです。

――どういうことですか？　近所の人はパーティーに来ていないということですか？

（間を置いて）まぁ、ね。どうなんでしょうかね、はは（笑）。

――あなたに会う人に、アドバイスをするならどんなことですか？　どういう姿勢であなたと向かうべきだと伝えますか？

私に会う人ですか？

――ええ、あなたに会うときにはどうやって対応すればいいのか助言をしますか？

ああ、そういうことですか。服のボタンを緩めるときみたいにリラックスして、と言いたいですね。人生をそこまで真剣に考えないこと。人生一度きりじゃないですか？　それを忘れないで、もっと意識すべきですよ。と同時に、人生を楽しむということも忘れないでほしいですね。何かにとらえられて留まらないで、前進するんです。私はそんなふうに留まったりはしません。人生、楽しむべきだと思っていますから。

――わかりました。あなたはそういうふうに考えていらっしゃるのですね。でも、あなたに会う人にはどう助言しますか？　あなた自身、人からどうやって見られたいですか？

笑顔で、と言いますね。笑顔だと良い関係も築けます。

――仕事ではどうですか？　どのように見られたいですか？

今言ったことと同じですよ。笑顔、です。笑顔でいればなんとかなるもんなんです。

――（間を空けて）わかりました。完璧な人間というのは存在しませんよね。私たちは何かしら間違いをしたり、欠点がありますが、人というのはあまりそういうことに関して話したくないものです。あなたの欠点は何だと思いますか？

いいですか？　私はそんなふうには考えません。私は常にポジティブなことに目を向けてその部分を取り上げて、強化するようにしています。もしみんなが、うまくいかないことばかりに目を向けて何もしないんだったら、何も結果は出てきませんよね。

――おっしゃることは筋が通っているとは思いますが、でも、どんな行動様式にも弱点はありますよね？　それについて話さないだけで、弱点が消えるということはありませんよね？

そういう意味じゃないですよ。私が言いたかったのは、ネガティブなことに焦点を当てるべきではないということです。ポジティブなことにもっと注目すべきだと思うんです。人をしらけさせてしまう人は周りにもう十分すぎるほどいるじゃないですか。

緑タイプの人なんかそうですね。心配性で、何に対しても怖がっている。何もかもに怖がっていたら意味がないですよ。何もできないじゃないですか。

近所の人にいますね、そうやってなにもかもが怖いという人が。特に新しいことなんか怖くて仕方ないと言います。私は得意なんですけどね。彼は自身の存在に怖がっちゃっているんじゃないかってときどき思うんです。

あと青タイプの行動もどうかと思います。リスク探し野郎ですよ！　青タイプにとっては何もかもがリスクなんですよね。結果がわかっていても、リスクのことを考えてるんです。私にはまったく理解できません。

――おっしゃる通りです。緑タイプは物事を変えたくないという性格で、青タイプはリスクは分析するのに、そこから先に進みません。赤タイプには何か欠点があると思いますか？

荒っぽいですね。これははっきりと言えますよ。あと、赤タイプには面白くない人が多いですね。結果を重視するというのはわかるんですが、だからと言って無礼な態度を見せなくてもいいと思うんです。

あと、何かを送っても返信がものすごく短い人もいますね。こちらから長くて感じのいいテキストメッセージを送っても「オッケー」とだけしか返ってこないこともあります。少しぐらい付け加えるぐらいなら時間もかからないじゃないですか。それにお金だってかかりません。ちょっとしたことだけど、ポジティブにもなれるじゃないですか。私はいつも何かを言うとき、言い方に気を付けますね。

――赤タイプ、緑タイプ、青タイプの弱点を見てきましたが、黄タイプはどうですか？　ここは改善すべきだ、というところがありますか？

はい……自己認識にかかってきますね。自分できちんと認識していないと、おかしくなっちゃいます。（間を置く）

――それはどんなことですか？

たとえば、人の話をきちんと聞かない人がそれを自身で認識していないと、会話がきちんと成り立ちません。でも、ただただ聞いているだけではいけないこともありますよね。次へ進めるようにと、会議なんかで何度も私が指揮したこともあります。私の信じられないほどやる気のあるこのやり方だと、たいていはうまくいきますね。

――わかりました。もっときちんと人の話を聞くことを学ぶべき黄タイプの人がいるということですよね。では、あなたはどうでしょうか？　何か弱点がありますか？

（かなり長い間を置いてぶっきらぼうに）何も思いつきません。

地方自治体で働いている青タイプが少し混ざった緑タイプのエリザベス――順応すれば黄タイプの性格も少しはあるが、赤タイプの兆候はまったくなし

――この本で取り扱っている分析ツールについてどう思いますか？「DiSCモデル」については？

テストをやってみて面白いと思いましたよ。自分の性格のことは前から少しわかってはいましたが、テストを通してさらに理解できました。赤タイプが、私のことを頑固で少しばかり注意深い人間だと見ているということがわかりました。でも、私はただただ、皆が同じ意見を持って同意してほしいと願っているだけなんですよ。協力し合うというのが私の中で一番重要なんです。皆にも知ってもらいたいですね。

――本を読んで、何かわかったことはありますか？

誕生日プレゼントに息子のフィリップからこの本をもらったんです。プレゼントは何もいらない

っていつも言うんですが、息子は優しいので何かしらをくれるんです。求職中だからお金もそんなにないはずなのに。思いやりのある息子です。

本に夢中になるまでにちょっと時間がかかりましたね。いつも何かに邪魔をされていたから難しかったんですよ。でも、読み始めたら面白かったですね。興味深い例もいくつかありました。

この作家さんの小説を実は読んだことあるんです。すごくドキドキして恐ろしかったですね（訳注・本書の著者トーマス・エリクソンはミステリ作品をいくつか発表している）。夫の色のところは夫に読んで聞かせましたよ。2人で大笑いしてしまいました。

――旦那さんは何色のタイプだと思いますか？

黄タイプですね。あっ、あと青タイプもです。混ざってるんです。それもありですよね？

――もちろんありですよ。どんなところが面白いと思いましたか？

はい、時間のことになると楽観主義だというところです。彼はいつも自分が間に合う以上に時間があると思っていますからね。

あと、どこかに出かけるときもいつも遅刻します。ゲストがうちに来る3分前にまだシャワーを浴びていたり、とかそんなことです。でも30年前に彼に出会ったときは、そういうところが気に入っていたんですけどね。でも、まぁそんなことはいいんです。私の夫、トミーは素敵な人ですから。

――実践に使えそうだと思う知識は何かありましたか？

私は緑タイプと相性がいいということですが、本当にいいですね。というのも、周りには緑タイプが多くいるんですよ！　常にお互いを気にし合って協力するというところがいいと思います。とても大切ですしね。人はそうあるべきですよ。まぁ、といってもそうはならないですけれどね。人のエゴがどんどん強くなってきているような気がするんですが、でもきっと長くは続かないでしょうね。夫の黄タイプの部分も読みました。あと、妹の青タイプのところも。型にはまったタイプで、結構堅苦しいですね。あと、何に対しても興味がない感じもします。

――何に興味を持たないんですか？

周りにいる人間に対する興味がないんです。元気かどうかも聞いてこないし、誕生日のときでさえも電話をほとんどしてくれません。

――電話をしてくれないんですか？　あなたの誕生日にも？

いや、してくれますね。でもどちらかというと、したいからじゃなくて義務だからという感じで電話をしてきます。あと、かなり批判的になることもあります。何年か前、トミーがキッチンを改装したんですが、妹のエイヴォーが来てすぐに批判を言い始めたんですよね。

――どんな感じに言うんですか？

うーん、たとえば、ラックの扉が曲がってるとかそんな感じです。

――でも実際に扉は曲がってたんですよね？

はい、曲がっていましたね。でも、彼女がそれを指摘する必要はありませんよね？　トミーは何週間もかけてキッチンを改装したんですよ。それが、妹が来たと思った瞬間、彼がやったことをズタズタに言うんですよ。

――じゃあ、妹さんはその扉のこと以外にも何か指摘したということですよね？

（エリザベスはここで首を横に振った）

――赤タイプについてはどう思いますか？

ええ……彼らなりにはよくやっていますよね。（間を置く）

――どういうことですか？

赤タイプは仕事を効率的にしますよね。こなす量も多いですし、素早いですし。私も、もうちょっとそんなふうにできたらなと思うんですが、できないんですよね。私は私ですから。

――でもときどき、赤タイプの性格が少しあるといいと思うことがありますか？

もちろんありますよ。でも人は人です。あと、赤タイプはちょっと頑固なところがありますよね。

――どんなふうに頑固だと思いますか？

無感情なことがあると思うんです。私の部長がかなり赤タイプな性格だと思います。言うこと自体はちょっとしたことなんですが、何に対してもあれやこれやと口を出すんです。整形外科医（訳注・スウェーデンでは地方自治体が医療機関を管轄している）なんて一番やっかいな存在ですね。自分のやりたいように人にあれをこれをと命令するんです。

――あなたにはどういった影響がありますか？

ありとあらゆる口論というのは面倒なものですよね。完全に避けることもできません、それはわかっています。でも、常に言い合っているというのもいいものではありません。

――常に言い争っているんですか？

皆が皆というわけではないかもしれません。それに、もちろんいつも、というわけでもありません。でも、うまくいかないんですよね。コミュニケーションが成り立っていないんです。いい雰囲気でもないですし、リーダーたちは話も聞いてくれないんです。実は、そういうこともあって調子が悪くなってしまっている同僚が多くいるんです。私も去年、病欠で仕事をお休みしていたことがありました。

――上司にはどうやって状況を伝えたんですか？

5年前に話してみましたが、そんなに効果はなかったです。少しのあいだ、ちょっとはよくなりましたが、すぐにまた元通りになってしまいました。

――わかりました。今はどうですか？

なんとか大丈夫ですね。今一緒に働いているチームがすごくいいんですよ。それって大切ですね。みんなで一丸となっています。同じところでだいぶ長く働いています。だから転職はしたくありません。

――自分の色についてはどう思いますか？　ほかの色がいる中で、緑タイプはどんなふうに機能しているでしょうか？

ほかの色というのは赤タイプのことですね。赤タイプは私たちみたいな緑タイプのことは好んでいませんけど、緑タイプってたくさんいるんですよね。赤タイプが緑タイプのことをあれこれ言っているのを聞いたことがあります。何かがあると思えばすぐ緑タイプのことを不必要に呼びつけるんですよ。

——どういうことですか？　もうちょっと具体的な例はありますか？

具体的にですか。何もかも口に出して言う必要はないと思うんですよね。わかっていることですし、誰かに不満があるというのは周りにも伝わってきますから。空気から伝わってくるんです。

——あなたの上司が赤タイプだとおっしゃいましたよね？

直の上司ではなく、部長がかなりの赤タイプなんです。

——どうしてその部長が赤タイプだと思うんですか？

もちろん、そうなんですもん。もうわかりやすいですよ。歩くスピードは速いし、しゃべるのも速いんです。無理な要求ばかりしますし、目標指向でもあります。厳しいですし、リストラをしたこともありますね。

——リストラをする人は厳しい人ということですか？

そうに違いありませんよ。

——では、その直の上司とはどうですか？

上司と直接話したことがないのでわかりません。でも、なんとなくわかるんですよ。

——わかるんですか？

周りから、上司に何をされたかを聞いていますからわかりますね。

——何をされたんですか？

たとえば、遅刻をしたときにものすごくきつく言われたという人がいました。直接部屋に呼び出された人もいるみたいですが、私はそんなことありません。時間には気をつけていますから。

——勤務時間に遅れて来た人が批判を受けたということですよね？

実際には叱られたんです。

——どんな感じでしたか？

私がそこにいて直接聞いたわけでもないのでわかりませんが、（遅刻などは）あってはならないことだと言われたみたいです。

——では、仕事に遅刻してくるのは特に問題ないとお考えですか？

いいえ、遅刻はいけませんよ。

——でも、誰かが遅刻をしてそれを指摘するのは上司の役目ではないですか？

そう思います。でも、やり方によると思うんです。

——叫んだり怒鳴ったりということですか？

いいえ、そうじゃなくて、遅刻などはあってはいけないと注意したことです。遅刻することがまたあったら、警告されると言われたらしいです。

——あなたのその同僚は何回ぐらい遅刻をしていますか？

時間通りに来ることはありませんね。

――わかりました。では、日常的にあなたと会う人に、どういう姿勢であなたと向かうべきだとアドバイスをしますか？　また、あなたは人にどんなふうに見られたいですか？

そうですね。ちょっと落ち着いたほうがいいということをわかってもらえると助かります。常にあれこれと変えたりする人間ではないことも覚えておいてほしいです。あと、仕事の話をする前にほかのことを話してその人のことを知りたいですね。コーヒーを飲みながらちょっと雑談をという感じにです。

楽しいじゃないですか。それから仕事に取りかかるんです。相手と仕事の前にそうやって話すことによって、その人に誠実であろうという気持ちにもなりますね。

――ほかにはありますか？

あります。緑タイプは口論や争いといったことが苦手だということですね。もうちょっときちんと対応できるようにならなければいけません。

欧州各地にある大企業の本社勤務の青タイプの会計士ステファン――

赤タイプの特徴があると言うが、分析では違う結果に。

黄タイプと緑タイプの特徴は一切見られない

――本書で取り扱っている分析ツールについてどう思いますか？　「DiSCモデル」については？

面白いと思いましたよ。行動タイプに関する研究はかなり長いあいだされてきているみたいですし興味深く感じました。以前にも同じようなツールを使ったことがありますが、いろいろなタイプの特徴の頭文字を取った名前の分析方法でした。それとこの本に書かれているツールの分析方法を比べてみるのも面白いでしょうね。

――いろいろなツールがあるというのは確かです。基盤となっているのはどのツールでもたいてい同じなのですが、時代を通して少しずつ違うやり方になってきているようです。本書のやり方は、かなり正確な分析結果がでるというツールの1つなんですよ。

信頼性において正確なのですか、それとも確実性においてですか？

――どちらもです。マーストン教授の「Emotions of normal people（普通の人の感情）」を読むことをお勧めしますよ。この本を読んで、どんな結論が導かれましたか？

著者の構成の仕方が面白いと思いましたね。まずは赤タイプのことを書いてから、それから黄タイプ、緑タイプ、そして最後に青タイプ。そこから同じ順番でそれぞれの色について書いています。かなりいい構成だと思います。

1つの色のことを読んで飽きることはありませんから。あと、どの色についてもだいたい同じぐらいの文章量で書かれているということにも気付きましたが、素晴らしいと思います。いったいどうやってやったのか知りたいぐらいです。

――行動タイプについてですが、何か学べたことはありますか？

人はそれぞれ違うということです。もちろん読む前から知っていましたが、この本に書かれているような見方をしたのはとても興味深かったです。いい例も多くありましたし。赤タイプの箇所は特に面白かったですね。

――赤タイプの特徴のどんなところが面白いと思いましたか？

赤タイプはとても前向きで活力的だということです。まさにそんな同僚が1人います。常に前向きで、いつも列の一番前にいるのが彼なんです。決断力もびっくりするほど速いです。もちろん間違いも多くありますが、それに気付くのも速いので特に問題だとは思いませんね。

――赤タイプと一緒にやっていくのはどうですか？

かなりうまくいっていると思います。先ほど言ったようにいい加減にやってしまうことも多くありますが、なんとかなるものです。私の役目は、計画通りに進んでいるかを確認することで、それは赤タイプが苦手とすることです。

赤タイプにはほかに得意なことがありますからね。たとえば、急に何かを思いついたりとかそういうことです。あまりよくはとらえられないこともあるようですが。あっ、あと、赤タイプは勇気がありますね。

――赤タイプの人と付き合っていくには特に大きな問題がないように聞こえますが？

特にありません。もちろん、あなたの言う大きな、というのはどれぐらいかにもよりますが、一般的に定義をされている赤タイプというのであれば大きな問題はありません。でも、赤タイプは私みたいな性格の人間と付き合っていくのは難しいと感じるかもしれません。

――それはどういう意味ですか？？

たとえば、私は何に関してもきちんとしていないと気が済まないタイプです。ミスは我慢できません。会計部署で働いていますから、決算の数字をはじき出すのにも正確なデータが必要です。大きな間違いなどは許される場ではありません。だからあれこれうるさくなってしまうのでしょう。

赤タイプは細かいことを気にしない性格だと読んだんですが、私のしている仕事はその細かいことが大切です。もし小数点でも間違いがあれば、大惨事ともなりかねません。そんなことがあってはいけないんです。

――わかりました。ではほかの色についてはどうですか？　たとえば緑タイプとはどんなふうに付き合っていますか？

きっとまぁ、いいほうだと思います。緑タイプも青タイプも、少なくとも本によると内向的ですし、これはうれしいことですね。というのも、緑タイプとは座って雑談をしなくてもさっさと仕事に取りかかることができますから。

（間を置いて）

――でも緑タイプはそうやって雑談をすることが好きですよね？

はい、たしかにそうですが、私はイヤなんですよね。仕事に関することじゃなければ、ですが。

仕事のことだったらどれだけでも話していられますよ。どんなプロセスでやっていくかとか、仕事の質はきちんとしているかとかそんなことです。

ただ、緑タイプで理解できないのは、お面を被る傾向にあるということです。デスクにいることはめったにないし、仕事以外のことをしているし、となると仕事のスピードも落ちるわけです。これは問題ですね。

――オフィスではそれがよく問題になりますか？

はい。

――その問題を解決するために何かしましたか？

何もしていません。

――なぜ何もしないのですか？

私の責任じゃないからです。もちろん、リーダーたちがやることです。

――リーダーたちにその問題のことを伝えましたか？

いいえ。

――ちょっと確認させてください。お面を被っている人がいるから作業が遅くなるとおっしゃいましたよね。あなたはそれを見てわかっているのに、改善しようと何もしていないということですよね？

その通りです。

――なぜですか？

そんなの単純な理由です。リーダーたちが考えるべきことだからですよ。私にそれをする権限はありません。

――もしその権限があったらどうしますか？

それって仮説的な質問ですよね。

――ではそれがもし現実だとしたら？

でもそれが現実じゃないんですよ。そんな質問に答える気はありません。リーダーたちのチームに入りたいとも思いませんし、だからもしそうだったら、ということはわかりません。

――ただ興味深かっただけなんです。もし、あなたの上司が同じ質問をしてアドバイスをあなたに求めたらどう答えますか？「あなたの同僚が仕事をきちんとしていないけど、どうやって伝えればいいのか」と聞かれたらどう答えますか？

もし、ですよね？

――はい。

その同僚に近づいてフォローアップをきちんとすること、とアドバイスをしますね。何がうまくいっていないのかを見直して、間違った行動を正すようにと注意することです。

――わかりました。では黄タイプについて少しお話ししましょうか。

（ここでステファンは腕を組んで首を縦に振った）

——黄タイプの性格が強い人のことをどう思いますか？

ちょっと面倒ですね。もうちょっと真剣に考えてくれればいいなと思います。まずは仕事ですし。もちろんオフィスに楽しいことも必要だとは思いますが、そのための時間をきちんと設けていなければ、仕事以外のアクティビティなんかもすべきじゃないと思うんです。仕事中にどれだけふざけ合っていてもいいわけがありません。

最悪なのが、オフィス中を歩き回って、人に迷惑をかけること。わけのわからないおしゃべりをして邪魔をしてきますね。もちろん、私だって黄タイプの人は面白いなと思ったことも何度もありますよ。でも仕事は仕事、自由時間は自由時間です。

あと、事実関係をきちんと把握しないというところもありましたよね。私自身も、黄タイプは事実を調べたりするのがとても苦手だということに気付きました。何でも簡単にできると思うみたいなんですが、それが原因で脱線してしまうことがあまりにも多いんですよね。

たとえば、黄タイプの監査がいたとします。そしたらどうなります？　まず、彼は何を調べたらいいのかすらもわからないことでしょう。でも一番の問題は、発言に矛盾があるということです。「（何かの）詳細を調べておいた」と口では言っていても実際にはやっていなかったり、「いい加減にやっていませんよ」と言っていても実際はいい加減に仕事をしていたり。かなりイライラしてしまいますね。

——知り合いに黄タイプの人はいますか？

いないわけがないでしょう！　黄タイプは、誰ともかまわず自分の人生について語りたがるじゃないですか。黄タイプは、たとえば別荘だとか、子犬のことだとか、子どもの歯のことだとか、兄弟が所有している漁船なんかに皆が興味を持っていると思っているんでしょうね。彼らの話ほどイライラさせられることはほかにないぐらいですよ。

――では、黄タイプとはどうやって付き合っているんですか？

付き合う必要なんてありますか？　２４６ページ（訳注：原書ページ）にも同じようなことが質問されていましたよね？　たしか24番目の質問だったと思いますが。

――自由時間にどの色と付き合うべきか、という質問ですか？

はい。私の場合答えは簡単ですよ。黄タイプの人は避ける、ということです。

――その理由は？

我慢ならないからです。黄タイプはしゃべりすぎですよ。何も聞きたくありません。それに、彼らが言っていることが本当に正しいかどうかを知るすべもありませんし、それもまたイライラする原因の１つです。いつも大袈裟にものを言うし、最後にはどうしたらいいのかわかりません。

私の義兄が新しい仕事について私に話してきたことが何度もあったんですが、話すたびに言うことが違うんですよ。いったい何をしているのかわからなかったので、「役職は何ですか」と聞いても結局あちこちに話が飛んでしまいわからず仕舞いです。

また、彼の会社の今後について疑問に思ったことが何度かありましたが、世界的な特許を取るとか何とかという話を延々とされたなんてこともありました。でも、その特許を取るためにどんな研究をしたのかとか教えてくれませんでした。絶望的ですよね。

――そのお義兄さんは答えを知らなかったのではないでしょうか？

もしそうだったら「知らない」と言えば済むことじゃないですか。難しくないですよ。でも彼はそうは言わず、私が興味のないことについてひたすら話し続けていたんです。

――日常的にあなたと会う人にアドバイスをするならどんなことですか？

いい質問ですね。私は、きちんと仕事人として仕事をしたいということを理解していただきたいです。つまり、仕事に関係のないことで貴重な時間をムダにすることには興味がないということです。また、私のところに来て何かを質問するときにはきちんと準備をしておくこと。質問をされても、きちんと答えられるようにその背景事情についてきちんと知っておきたいのです。

――最後に単刀直入に聞きますよ。

いいですよ。

――あなたの一番の弱点は何ですか？

そうですね。細かいことにこだわりすぎてしまうことがときどきあるということでしょうか。それは私もきちんとわかっています。仕事ではそんなに問題にはならないかもしれませんが、プライベートでは結構問題になりますね。

――どんなふうに？

私の妻はかなりの赤タイプです。妻は、私がノロノロと作業をしていると思うらしいのですが、まぁ、当たってはいますよね。あと、新しいアイデアなんかに対してはかなり懐疑的になってしまうというのもありますね。改善ができないというわけではなく、問題がないようなところにも問題があるんじゃないかとついつい探してしまうのです。

あと、決断力がないということです。何かを決めるのに苦労することがあります。うちのテレビが壊れそうだったので新しいテレビを買わなくてはいけなかったのですが、いろいろなモデルのテレビがありすぎて事前に調査していられる暇がありませんでした。そしたら妻が、テレビを買いに行く時間が10分だけあるわ、行きましょうよと言ってきたんです。

でも買ったのがいいテレビじゃなかったらどうするんですか？　私たちの希望通りのテレビだっていうことがどうしてわかるんですか？　かなり大きな投資です。ということで、今のところまだ買っていなくて、古いテレビを使っているんです。

——最後に言いたいことはありますか？

興味深い分析でした。マーストン教授の「Emotions of normal people（普通の人の感情）」をさっそく注文しますね。

第20章

理解度ミニテスト――チェックしてみよう

この章では、ここまでの理解度を測るテストを用意した。面白そうだなと思ったらぜひ試していただきたい。この本を読んで、人は社会でどのように機能しているのかという知識をどれだけ得られただろうか。テストを通してさらに興味を持っていただき、仕事のキックオフや家での夕食時の話題にしていただければ幸いである（□にチェックを入れてみよう）。

1．社会的に自然とうまくやっていける組み合わせは次のどれか？

□黄タイプ同士
□赤タイプ同士
□黄タイプと赤タイプ
□青タイプと緑タイプ
□右の選択肢全部

2．仕事をうまく一緒にやっていける組み合わせは次のどれか？

□緑タイプとほかの全色タイプ
□黄タイプ同士
□赤タイプ同士
□青タイプと赤タイプ
□右の選択肢全部

3．常にプロジェクトのリーダーになりたがるのはどのタイプか？

□赤タイプ
□黄タイプ
□緑タイプ
□青タイプ

4．整形外科に一番適しているのはどのタイプか？

□赤タイプ
□黄タイプ
□緑タイプ
□青タイプ

5. 人前で話したがるのはどのタイプか?

□赤タイプ
□黄タイプ
□緑タイプ
□青タイプ

6. 上司からのメールの保存場所をきちんと把握しているのはどのタイプか?

□赤タイプ
□黄タイプ
□緑タイプ
□青タイプ

7. 結論を下す前に何度も試したり、さらなる情報を得たいと思うのはどのタイプか?

□赤タイプ
□黄タイプ
□緑タイプ
□青タイプ

8．遅刻をしないのはどのタイプか？

□赤タイプ
□黄タイプ
□緑タイプ
□青タイプ

9．タスクを完了させたいがためにルールや規則を守らないのはどのタイプか？

□赤タイプ
□黄タイプ
□緑タイプ
□青タイプ

10．タスクを完了させるためならば、新しいことを試したがるのはどのタイプか？

□赤タイプ
□黄タイプ
□緑タイプ
□青タイプ

11. 自分が受けた批判をずっと覚えているのはどのタイプか？

□赤タイプ
□黄タイプ
□緑タイプ
□青タイプ

12. 個人的な批判を一番心に受けてしまうのはどのタイプか？

□赤タイプ
□黄タイプ
□緑タイプ
□青タイプ

13. 整理整頓が苦手なのに、必要なものはどこにあるかきちんとわかっているのはどのタイプか？

□赤タイプ
□黄タイプ
□緑タイプ
□青タイプ

14. 常に決定権を持っていたいのはどのタイプか？

□赤タイプ
□黄タイプ
□緑タイプ
□青タイプ

15. 最新のファッションに興味が一番あるのはどのタイプか？

□赤タイプ
□黄タイプ
□緑タイプ
□青タイプ

16. 新たな挑戦に挑むのを好むのはどのタイプか？

□赤タイプ
□黄タイプ
□緑タイプ
□青タイプ

17. 他人を素早く評価するのはどのタイプか?

□赤タイプ
□黄タイプ
□緑タイプ
□青タイプ

18. チームとして一番いい組み合わせはどれか?

□緑タイプ同士
□赤タイプ同士
□黄タイプと赤タイプ
□青タイプと緑タイプ
□全色タイプの組み合わせ

19. 一番おしゃべりだと思われるのはどのタイプか?

□赤タイプ
□黄タイプ
□緑タイプ

□青タイプ

20. 新しいアイデアを最も素早く受け入れようとするのはどのタイプか？

□赤タイプ
□黄タイプ
□緑タイプ
□青タイプ

21. タスクを人に分担するが、自分でもそのタスクを実行するのはどのタイプか？

□赤タイプ
□黄タイプ
□緑タイプ
□青タイプ

22. 人の話を聞くのが一番得意なのはどのタイプか？

□赤タイプ
□黄タイプ

□緑タイプ
□青タイプ

23. マニュアルの最後の項をも見逃さないと思われるのはどのタイプか？
□赤タイプ
□黄タイプ
□緑タイプ
□青タイプ

24. あなたの周りに一番多いのはどの色タイプか？
□赤タイプ
□黄タイプ
□緑タイプ
□青タイプ

（以上、答えは本書449ページ）

＊　＊　＊

●24の質問について次のことをぜひとも考えていただきたい

仕事で一緒に働きたいと思う人と働けることはめったにないだろう。自分が選んだ、選んでいないにかかわらず、自分の場所は決まっているので仕方ない。ゆえに、仕事場ではできる限り、うまくやっていこうとする。

だが、仕事以外の場、つまり一緒にいられる人を選べる場ではどんなタイプの人を選ぶだろうか？　自分に似た人だろうか、それともまったく逆なタイプを選ぶだろうか？

もちろん、どの選択でも間違いではない。だが、自分に選択権がある場合、誰を選ぶのかというところから面白い分析もできないだろうか。

人生を一緒に過ごしたいと思うパートナーはどうやって選んでいるのだろうか？　自分自身の鏡みたいな人か、それともまったく違うタイプの人か？

とても興味深い質問ではないだろうか。これについては次の著書で詳しく説明をする予定である。

●先へ進むことにしよう

最後のまとめに近づいてきたが、その前に、私が何年か前に経験した素晴らしいお話をしたいと思う。最後の章は、私からの視点で書いたことを理解していただきたい。

第21章　最後に私の実例より

人類史上最もためになっただろうと思われるグループワーク

何年か前、ある通信会社の経営者や部長といったリーダーを対象とした実験をするためにセミナーを開いたことがある。参加者は全員それぞれの分野において専門的知識を持った、頭の回転の速い人ばかりだった。皆が仕事で成功を収めていることは疑う余地もなかった。素晴らしい成績を持ち、輝かしいキャリアの持ち主ばかりだったのだ。

自らのコミュニケーションスタイルに関する分析アンケートを元に、私は全員のコミュニケーションプロフィールを準備した。つまり、分析はすでに終わっており、準備は完了していた。

その実験では、同じ色のタイプの参加者を集めてグループごとに分け、課題（タスク）をこなしてもらった。同じタイプであればメンバー同士で意見が一致しやすいと思ったのである。メンバーはお互いにすぐ理解し合えるだろうとも思った。

全部で参加者は20名。それぞれのチームをわかりやすいように、赤チーム、黄チーム、緑チーム、青チームと名付けた。チーム名がないと何も始められないのはおわかりいただけるだろう。

タスクをそれぞれのチームに与えたのだが、そのタスクは彼らそれぞれの仕事に関係のあることや協力しないと解決できない問題で、実験のために特別に作ったものだった。タスクを完了させるのに与えられた制限時間は1時間。指示が書かれた紙をもらい、皆の機嫌がいい中、誰もがほかのチームには負けないぞという様子だった。

開始から少し経ち、私はそれぞれのチームの作業の様子を見に行ってみた。

赤チームからは大声が聞こえてきた。4人が立ちながら「私が正しいのだ」という証拠をほかのメンバーに説明しているのが聞こえた。そのうち2人は大声で怒鳴り合っていた。残りの1人は1人で作業をすることにしたようだ。私は口論をしているところから1メートルほど離れた場所でメモを取っていたのだが、メモをしすぎたのかペンが輝いて見えたほどだ。

「大丈夫ですか？」と聞きに行くと、全員が立ち上がって驚きながら私を見た。「大丈夫ですか？」ともう一度聞いてみると、「かなり順調です。もうすぐ終わります」と、口論が得意そうな1人がニヤリとしながら答えた。

私はその場を離れ、黄チームの様子を見に行った。黄チームも、皆が必死になってタスクをこなしていた。部屋中の活気を肌で感じられるほどだった。

ここでもさまざまなことが展開されていた。黄チームも議論する声は大きくなり、皆が自分の意見をそれぞれに納得させようと必死だった。

赤チームではメンバーが激怒しながら口論をしていたのだが、ここでは、これでもかというぐらいの笑顔を見せながら議論していた。メンバーの2人はホワイトボードの場所取りをしていて、もう1人はタスクにまったく関係のない小話をして周りを笑わせていた。面白かったので私もついつい笑ってしまったほどだ。残りの1人は紙に落書きをしながら携帯でメールを送っていた。

次に緑チームのところへ行ってみたが、恐ろしいほど穏やかな雰囲気だった。静かな声で話し合いがされていたが、「話したい」という人より「聞く」姿勢が見られた。冷静に落ち着いてタスクをこなしたいという気持ちが部屋中から伝わってきた。

6人全員が落ち着いて席に座っていたのだが、皆があるメンバーの話を聞いていた。それはその冬に老衰で死んでしまった愛犬の話で、まだその犬のことが忘れられないという話だった。とてもいい雰囲気の中、話を皆が聞いていたのだ。

1人のメンバーが、タスクをどうやったら完了できるかいくつかの提案を見せた。が、どのやり方も最後はクエスチョンマークで終わっていた。もっとインプットが必要だというのだが、そのインプットをお願いしますと頼まなくてはいけないことになりそうだということで、彼女はとても心配そうにしていた。

私はさらに次のチームへと移動した。最後のチーム、青チームは恐ろしいほどの沈黙に包まれていた。とりあえず3分ほど私はそこにいたのだが、誰も話をしないので本気で心配になってしまったぐらいだ。表には見えないところでいろいろと考えていたに違いないが、人が見てわかる形でのコミュニケーションというのはまったくなかった。

チームの1人の女性が、タスクの内容を唇がかすかに動く程度の小さな声で読み上げた。私がグループに「手伝いましょうか？」と聞いても、首を振る人が何人かいるだけであった。

それでも少し経つとかなり深いディスカッションが始まった。青タイプはディスカッションが始まると深いところまで話し合うのだ。話し合っていた内容は正確なことではあったが、かなり細かいことまで話し合っていた。タスクをやり遂げるにはどのようなプランで取り組めばいいかについての話し合いが長く続いていた。

時計をこっそりと見ていたのだが、30分経ってもタスクを1つも終えることはできていなかった。こうしたらどうかという意見があるとすぐに、ほかの人は、「いいや、これこれこういうやり方があるからそれは違う」という始末である。

皆の発言はきちんと聞き入れられるのだが、発言の内容にメリットがあっても、デメリットと比べられてしまうのだ。青チームにとって大切なのはタスクを開始することではなく、正しいやり方でやるということだった。

私はその場を去り、再び大会議室へと戻った。

制限時間を迎える前に、赤チームがすでに勝利を勝ち誇ったような笑顔でやって来た。一番にタスクをやり終えたことをお互いに褒め合っていた。どのチームよりも早くタスクをこなすことができたということに。

ほかのチームも呼び集めたのだが、黄チームを戻すのにはかなり苦労した。彼らの元へ行って、戻るようにと2度もお願いをしたのだが、彼らはどこへ行くべきかわからなかったのだ。黄チームのうち2人は携帯で話をしていて、1人はコーヒーと茶菓子を取りに行っていた。

全チームが会議室に戻って来たので、それぞれのチームに発表をしてもらうことにした。

赤チームは勝利の宣言をした。ただの実験であったタスクが彼らにとっては真剣な競争となっていたのだ。時間制限は1時間だったが、30分でタスクを終わらせていた。

残りの30分は同僚に電話をして、その同僚らが何をしていたのかをチェックしたりしていた。赤チームの発表は簡潔で、しっかりと考え抜かれていた素晴らしい構成だった。だが、発表が始まって30秒も経たないうちに、赤チームがやり終えたタスクは指示されたタスクではないことが判明した。私がお願いをしたものとは違うタスクだったのだ。

指導書をきちんと読んだのか聞いてみると、チームのメンバー全員が大声で口論し始めた。そこにタスクを実際の仕事に適応させてみたと言い張る参加者が1人いた。よく見るとなるほど、素晴らしい方法を使ってタスクをこなしている。

彼は周りからの拍手を期待していたようだが、拍手喝采《かっさい》とならなかったことに気付くと、メンバーは皆、肩をすくめ、それぞれの席に戻ってしまった。と思ったらすぐに、メンバーの女性が携帯を取り出した。命に関わるような内容のショートメッセージを送る必要があったのだろう。

次は黄チームの番だ。このチームは3人の女性と2人の男性で成り立っていた。メンバーの5人がニコニコしながら前に出てきた。「誰から始めましょうか？」とメンバー同士で発表する人を決めていたのだが、1人の女性がうまく持ちかけてその場に立つこととなった。

彼女は、興味深かったというタスクの内容を取り上げ、それからチームで1時間、面白い論議ができたと話した。さらに、与えられたタスクは今後も役に立ちそうな練習だったと言い、今日学んだことをどうやって仕事で使えるかということを皆に発表した。彼女の話はとても面白くて、皆が笑っていたほどだ。

黄グループがタスクを完了できなかったということを隠していることがわかった私ですら、彼女の話に笑ってしまったほどだ。黄チームはタスクを完了させていなかったにもかかわらず、周りから拍手をいっぱいもらっていた。これは、黄タイプの「人の前に立つと人を楽しませることができる」という性格からきているものだ。

次は緑チームだ。チーム全員が皆の前に現れるまでにも時間がかかってしまった。黄チームは誰が初めに前に立つかということで言い争うが、緑タイプがまず初めにするのは心配することとなのだ。

「メンバーの皆さん、ちゃんといますか？　誰が発表します？　私がしましょうか？　あっ、でもあなたの番でしたよね？」

そのとき、メンバー6人のうち、少なくとも3人は腹痛に悩まされていたに違いない。一番人数の多いチームだったが、人の前に立った瞬間、人の視線を意識してしまったのだろう。

誰も何もアクションを起こさなかったが、ちょっとした話し合いのあと、ようやく、ある男性のメンバーが声を発した。ホワイトボードに向いて小さな声で話し、心配しながらチームのメンバーをチラチラ見ては、助けを求めているようだった。

自分の発言に慎重になりすぎて、言いたいことがきちんと伝わらずにいたのだが、彼のチームにいる「共犯者」に必死になって助けを求めていたのである。

このセミナーの目的は、同じ色のタイプの人間だけで成り立ったチームはあり得ない、さまざまな色の人間が混ざってこそうまくいくのだということを証明することだった。緑チームも黄チーム同様にタスクは完了していなかったのだが――緑チームのほうが進んではいたが――発表後、私はチームの全員に発表内容に賛成していたのかどうかを聞いてみた。

その元気がなさそうなチームの代表者は、「ほとんどのメンバーがある程度賛成していたに違いありません」と言った。

チームのほうを向いて同じ質問をしてみると、皆が一緒に首を縦に振っていた。それでもメンバーの少なくとも4人は、賛成に同意しながらも、不愉快そうな顔をして、体を腕で包み込むような姿勢をしていた。

メンバーの1人がチームの代表にイライラした視線を向けたのがわかった。だが、彼女も皆ときちんと意見が一致していたと首を縦に振ったのである。

青チームはきちんと1列に並び皆の前に登場したのだが、事前に用意をしていた計画表に基づき、名前のアルファベット順に並んだ。

アルネ（Arne）は、まずタスクのやり方を説明し、それが困難だった理由を1つひとつ説明していった。その中の1つに、私が渡していた資料にスペルミスがあった。アルネは「同僚」を意味する単語のスペルは kolleger ではなく kollegor なのだということを説明するのに時間をかけた（ちなみに、スウェーデン・アカデミー発行の辞書とオンライン辞書によると、どちらも正しい）。また、資料の1ページ目から文法の間違いも2カ所以上指摘した。

その次はベリット（Berit）の番である。彼女は、タスクのやり方の構成内容をマイクロレベルまで落として細かく説明をしていたのだが、その間にも2回、アルネに遮られていた。アルネはさらに細かく説明する必要があると思ったのだろう。

次のシェル（Kjell）の番になってもタスク完了にすら近づいてもいなかった。ステファン（Stefan）も軌道修正しようとせず、最後のエルヤン（Örjan）の番になってようやく、タスクを完了させるにはもうちょっと時間が必要だったと言ったが、そのときには会場が大混乱となっていた。

赤チームは青チームのことをバカと呼び、黄チームはこんなにつまらないタスクは今までしたことがないと言い、緑チームはと言うと、その場の雰囲気に従っているだけのようだった。

最終結論――大事なのは、そこに4人がいること

チームとして適切なのは、それぞれの色のメンバーが混ざっているときである。それがグループにダイナミックさを与える唯一の方法である。

それにもかかわらず、新しい社員を採用するときに、この基本的なことを考慮せず雇用してしまうため、失敗してしまう組織を私も多く見てきた。自分と同じようなタイプの人間を採用してしまうリーダーが多いのである。というのも、自分と同じような性格だと理解しやすいからである。

そんな似たような性格の人を見ていると「あぁ、そうだよね！」ということがあるが、私はこれを「あぁ、ダメだ経験」と呼んでいる。

先ほどのグループワークのような終わり方になることもあるが、この本ではそんな状況を避けるための方法について取り上げてきた。興味深く読んでいただけたことを願う。また、人間というのはどんなふうに機能しているのか、何が人を似させているのか、何が人を異なるものにしているかなども興味深く読んでいただけたことを願う。

人は皆違う。いや、皆ではないかもしれない。が、ほとんどの皆がかなり違うタイプの人間である。どう違うのかは、きちんと注意深く観察しているとわかるものである。

あとは、あなた次第である。

第20章の理解度ミニテストの答え

1．黄同士／2．緑タイプとほかの全色タイプ／3．赤タイプ
4．青タイプ／5．黄タイプ／6．青タイプ／7．青タイプ
8．青タイプ／9．赤タイプ／10．黄タイプ／11．緑タイプ
12．黄タイプ／13．黄タイプ／14．赤タイプ／15．黄タイプ
16．赤タイプ／17．赤タイプ／18．全色タイプの組み合わせ
19．黄タイプ／20．赤タイプ／21．赤タイプ／22．緑タイプ
23．青タイプ／24．お気付きかと思うが、この答えはない

「DiSCモデル」について

- すべての人間の行動を「DiSCモデル」で説明することは不可能である。
- 人間の行動を説明するモデルはほかにもある。「DiSCモデル」は、最もわかりやすいモデルの1つであると考え、本書で採用した。
- 人間の行動様式には、本書に書かれている「4つのタイプ」以外の要素もある。
- 「DiSCモデル」は心理学研究に基づいており、世界中で使用されている。「DiSCモデル」は35の言語に訳されている。
- 歴史的にも類似のモデルは存在する。約2500年前の古代ギリシア・ローマ時代にヒポクラテスが唱えた「四体液説」などもその1つである。
- 本書では、人間のタイプを4色に分けているが、ほとんどの人が1つのタイプ、あるいは2つのタイプの組み合わせで表現される。3つのタイプの組み合わせというパターンもある。1つのタイプだけというケースは少数である。
- 緑1色、あるいは緑とほかの色の組み合わせというのが一番よく見られる。逆にめずらしいのが、赤1色、あるいは赤とほかの組み合わせである。
- 性差はあるが、それに関しては本書では扱わない。

●「DiSCモデル」はADHD（注意欠陥多動性障害）、アスペルガー症候群、境界性人格障害といった診断を受けたことのある人には当てはまらない。

●本書には例外もある。人間というものは複雑だ。赤タイプがとても謙虚な性格だったり、黄タイプが人の話をきちんと聞いたりする場合もある。緑タイプが口論を始めることもある。青タイプでも、書類の内容が間違っていないかの確認をやめるべきときというのはわかっているはずである。

●これらの内容は、自分の状態をどれだけ把握できているかどうかに関係している。それが不十分であるとうまくいかない。

※　※　※

【参考文献】

● Benjamin, Ben, Simon, Anita & Yeager, Amy (2015) Klar kommunikation–SAVI. Studentlitteratur AB（原作はConversation Transformation: Recognize and Overcome the 6 Most Destructive Communication Patterns. McGraw-Hill Education 2012）

● Cain, Susan (2016) Tyst: de introvertas betydelse i ett samhälle där alla syns och hörs. Natur & Kultur 2016（原作はQuiet: The Power of Introverts in a World That Can't Stop Talking. Penguin）

● Carnegie, Dale (2004) How To Stop Worrying And Start Living. Ebury Publishing.（『道は開ける』デール・カーネギー著、香山晶訳、東京創元社、２０１６年）

● Carnegie, Dale (2004) How to Win Friends and Influence People. Penguin.（『人を動かす』デール・カーネギー著、山口博訳、東京創元社、２０１６年）

● Cialdini, Robert (2017) För-påverkan: ett helt nytt sätt att övertyga och påverka, Liber.（PRE-SUASION:『影響力と説得のための革命的瞬間』ロバート・チャルディーニ著、安藤清志／曽根寛樹訳、誠信書房、２０１７年）

● Cialdini, Robert (2008) Influence: The Psychology of Persuasion. Pearson（『影響力の正体　説得のカラクリを心理学があばく』ロバート・チャルディーニ著、岩田佳代子訳、ＳＢクリエイティブ、２０１３年）

- Covey, Stephen R (2015) De sju goda vanorna, Lava Förlag（『完訳　7つの習慣　人格主義の回復』スティーヴン・R・コヴィー著、フランクリン・コヴィー・ジャパン訳、キングベアー出版、２０１３年）
- Dias, Dexter (2018) The Ten Types of Human. Windmill Books
- Duhigg, Charles (2013) The Power of Habit, Random House UK（『習慣の力（The Power of Habit）』チャールズ・デュヒッグ著、渡会圭子訳、講談社、２０１６年）
- Ekberg, Stefan (2013) Konsten att hantera superjobbiga människor. Ego Förlag
- Ericsson, K Anders (2017) Peak: vetenskapen om att bli bättre på nästan allt. Sanningen bakom 10000-timmarsregeln. Volante（『超一流になるのは才能か努力か?』アンダース・エリクソン／ロバート・プール著、土方奈美訳、文藝春秋、２０１６年）
- Fexéus, Henrik (2017) Fingertoppskänsla. Bokförlaget Forum
- Freeman, Arthur & DeWolf, Rose (2008) De tio dummaste misstagen klyftiga människor gör och hur man undviker dem. Natur & Kultur（原作は10 Dumbest Mistakes Smart People Make and How To Avoid Them: Simple and Sure Techniques for Gaining Greater Control of Your Life, William Morrow Paperbacks）
- Gladwell, Malcolm (2006) Blink. The Power of thinking Without thinking. Penguin（『第1感「最初の2秒」の「なんとなく」が正しい』マルコム・グラッドウェル著、沢田博／阿部尚美訳、光文社、２００６年）

- Gladwell, Malcolm (2014) Outliers: 10 000-timmarsregeln och andra fram-gångsfaktorer. Volante（『天才！成功する人々の法則』マルコム・グラッドウェル著、勝間和代訳、講談社、２００９年）
- Goleman, Daniel (1996) Emotional Intelligence, Bloomsbury Publishing Group（『ＥＱ〜こころの知能指数』ダニエル・ゴールマン著、土屋京子訳、講談社、１９９６年）
- Goleman, Daniel (2007) Social Intelligence. Bantam（『ＳＱ〜生きかたの知能指数』ダニエル・ゴールマン著、土屋京子訳、日本経済新聞出版社、２００７年）
- Janson, Arvid & Laninge, Niklas, Beteendedesign (2017) Psykologin som förändrar tankar, känslor och handlingar. Natur & Kultur
- Jeffers, Susan (2007) Feel The Fear And Do It Anyway. Ebury Press（『とにかくやってみよう——不安や迷いが自信と行動に変わる思考法』スーザン・ジェファーズ著、山内あゆ子訳、海と月社、２００９年）
- Jonkman, Linus (2013) Den tysta revolutionen. Bokförlaget Forum
- Jonkman, Linus (2016) Själv: Kraften i egentid. Bokförlaget Forum
- Knight, Sarah (2018) Get your sh*t together. Lava Förlag（『〝ときめかない〟ことなら、やめちゃえば？ニューヨークの女性の「自分らしく」生きる考え方』サラ・ナイト著、上野陽子訳、秀和システム、２０１７年）

- Kruse, Åsa (2017) Att sätta gränser för sig själv och andra. Natur & Kultur
- Kuylenstierna, Elizabeth (2014) Framgång med feedback. Bokförlaget Forum
- Lundberg, Tommy (2016)Motivationskoden. Roos & Tegnér
- Lynard, Marita (2016) Självkänsla: när introverta och extroverta möts. Bima förlag
- Nilsson, Thomas (2016) Hur du motiverar dig själv när allt suger. Ego Förlag
- Skogholm, Lena (2017) Bemötandekoden. Konsten att förstå sig på människor och få ett bättre (arbets)liv. Talkmap förlag
- Spranger, Eduard (2013) Types of men. Target Training International
- Toll, Christopher (2017) Driven till max. Överlevnadsguide för dig som inte kan sluta prestera. Roos & Tegnér
- Törnblom, Mia (2005) Självkänsla nu!. Bokförlaget Forum

【著者】トーマス・エリクソン（Thomas Erikson）

マネジメント・コンサルタント。講演家。作家。

スウェーデンでコミュニケーション研究の第一人者として知られる。組織をリーダーシップの視点から改革し、20年間で5000人以上の経営者を指導。彼が利用する「DiSCモデル」を元にした理論は人のさまざまな行動様式を描く心理モデルとして35の言語に翻訳されている。また、コミュニケーションと人間行動に関する本だけではなく小説も執筆している。

本書はスウェーデンだけで85万部を超える異例のベストセラーとなり、現在40カ国で出版が決まっている。


【監修者】中野信子（Nobuko Nakano）

脳科学者、医学博士、認知科学者。東日本国際大学教授。

1975年生まれ。東京大学工学部応用化学科卒業、同大学院医学系研究科脳神経医学専攻博士課程修了。2008年から2010年まで、フランス国立研究所にて博士研究員として勤務。脳や心理学をテーマに研究や執筆の活動を精力的に行い、科学の視点から人間社会で起こりうる現象および人物を読み解く語り口に定評がある。メディアにも多数出演している。

著書に『脳内麻薬』（幻冬舎）、『サイコパス』（文春新書）、『メタル脳』（角川書店）、『努力不要論』（フォレスト出版）など多数ある。


【訳者】オーグレン英里子（Eriko Ågren）

スウェーデン在住。スウェーデンの出版エージェントで働くかたわら翻訳活動を行う。本書が書籍翻訳としては初めてとなる。

〈装丁〉竹内雄二　〈DTP・図版作成〉沖浦康彦

世界にバカは4人いる

2019年6月15日　　初版発行

著　者　トーマス・エリクソン
監修者　中野信子
訳　者　オーグレン英里子
発行者　太田　宏
発行所　フォレスト出版株式会社
〒162-0824 東京都新宿区揚場町2-18　白宝ビル5F
電話　03-5229-5750（営業）
03-5229-5757（編集）
URL　http://www.forestpub.co.jp

印刷・製本　日経印刷株式会社

ISBN978-4-86680-040-0　Printed in Japan
乱丁・落丁本はお取り替えいたします。